政府信息公开的豁免理由研究

孔繁华 著

Research on the Reasons for Exemption of Government Information Disclosure

法律出版社 | 北京

图书在版编目(CIP)数据

政府信息公开的豁免理由研究 / 孔繁华著. -- 北京：法律出版社，2021
ISBN 978 - 7 - 5197 - 5368 - 9

Ⅰ. ①政… Ⅱ. ①孔… Ⅲ. ①国家行政机关-信息管理-研究-中国 Ⅳ. ①D630.1

中国版本图书馆 CIP 数据核字(2021)第 031500 号

政府信息公开的豁免理由研究
ZHENGFU XINXI GONGKAI DE HUOMIAN LIYOU YANJIU

孔繁华 著

策划编辑 许 睿
责任编辑 许 睿
装帧设计 汪奇峰

出版发行 法律出版社
编辑统筹 司法实务出版分社
责任校对 朱轶佳
责任印制 胡晓雅
经　　销 新华书店

开本 710 毫米×1000 毫米 1/16
印张 18　**字数** 293 千
版本 2021 年 9 月第 1 版
印次 2021 年 9 月第 1 次印刷
印刷 唐山玺诚印务有限公司

地址：北京市丰台区莲花池西里 7 号(100073)
网址：www.lawpress.com.cn
投稿邮箱：info@lawpress.com.cn
举报盗版邮箱：jbwq@lawpress.com.cn
销售电话：010 - 83938349
客服电话：010 - 83938350
咨询电话：010 - 63939796

书号：ISBN 978 - 7 - 5197 - 5368 - 9　**定价**：68.00 元
凡购买本社图书，如有印装错误，我社负责退换。电话：010 - 83938349

目录
Contents

第一章

政府信息豁免公开概述

第一节 政府信息的公开与例外

政府信息公开缘于公众知情权，其核心问题是公开的范围，公开与例外是一对矛盾体，两者呈此消彼长的关系。豁免公开即是公开的例外事项，是对公开范围的反向界定。例外事项的范围越大，政府信息公开的范围则相应缩减。知情权要求政府信息“以公开为原则，以不公开为例外”，因此，在信息公开范围的立法技术上多采用“肯定概括 + 否定列举”的立法方式。

一、信息公开的权利基础

（一）缘于知情权的信息公开

支持政府权力公开透明运行的理论包括：“一是从制度经济学出发，认为政府权力公开有利于公共信息资源的利用。二是从公民基本权利出发，认为政府权力公开是公民知情权的要求。三是从政府行政管理出发，认为公开有助于政府廉洁办公，减少腐败。”[1]其中，知情权是最为广泛接受的理论，《关于推进知情权的亚特兰大宣言与行动计划》（2008 年）明确提出“知情权是一项基

---

〔1〕 程洁：《政府信息公开理论与法益权衡的适用》，载余凌云主编：《开放政府的中国实践——〈政府信息公开条例〉实施的问题与出路》，清华大学出版社 2016 年版，第 163 页、第 164 页、第 169 页。

本人权”。[1]《关于信息自由:知情权的布里班斯宣言》(2010 年)呼吁成员国“根据国际公认的最大信息披露原则,制定保障信息权利的立法”。[2] 作为知情权具体化的政府信息公开制度,其权利主体是不区分所有者的任何人,因为信息公开制度的基础不仅仅是表达自由,而是公民基于人民主权的监督行政以及知情权。

知情权是指“法律规定的公民或组织获取信息的权利”,根据知情权所指向的义务主体范围不同,可以分为广义的知情权和狭义的知情权。前者是指“公民、法人及其他组织依法所享有的对于国家机关、公共机构或者其他公民、法人、非法人组织要求公开信息的权利,以及在法律不禁止的范围内不受妨碍地获取各类信息的自由”。后者是指“公民、法人及其他组织依法对国家机关要求公开某些信息的权利和不受妨碍地获取国家机关公开的信息的自由”。[3] 狭义的知情权指向的义务主体是“国家机关”,包括了立法机关、行政机关和司法机关,其中建立在行政机关提供信息基础上的知情权可以称为“行政知情权”,即“公民有权知道政府持有、保存的,与其权力行使有关的一切信息,除非法律有例外的规定”。[4] 知情权的实现具有三个层次的要求:“最低层次仅禁止政府干涉人民传递、沟通有关政府事务的事实或意见;中间层次课予政府应人民请求、而提供资讯的义务;最高层次则进一步课予政府主动提供资讯予人民的义务。”[5]第一层次的义务指向政府的消极不作为义务,第二层次的义务指向政府信息公开立法上的依申请公开范围,最高层次的义务是政府信息公开立法上的主动公开范围。政府信息公开的范围和公开方式正是知情权实现的具体形式。

---

〔1〕 2008 年 2 月 29 日,来自全球 40 个国家的信息公开团体的 125 位成员,代表政府、公民社会组织、国际机构和金融机构、捐赠机构和基金会,私营公司、媒体和学者,齐聚于佐治亚州亚特兰大市,在卡特中心的主持下,通过该宣言与行动计划,以推进知情权的通过、贯彻、执行和行使。参见卡特中心网站,https://www.cartercenter.org/resources/pdfs/peace/americas/ati_atlanta_declaration_en.pdf,2017 年 9 月 28 日访问。

〔2〕 *Brisbane Declaration Freedom of Information*: *The Right to Know*, the UNESCO World Press Freedom Day conference in Brisbane, May 3, 2010, para. 17.

〔3〕 刘杰:《知情权与信息公开法》,清华大学出版社 2005 年版,第 46 页、第 48 页、第 51 页。

〔4〕 章剑生:《知情权及其保障——以〈政府信息公开条例〉为例》,载《中国法学》2008 年第 4 期。

〔5〕 汤德宗:《政府资讯公开请求权入宪之研究》,载汤德宗、廖福特主编:《宪法解释之理论与实务》(第 5 辑),台北“中央”研究院法律学研究所筹备处专书(2007 年),第 267 页。

知情权是政府信息公开制度建立的基础。一方面,政府信息是公共部门以税收为基础,行使公共权力所获取的信息,因此信息具有公共资源属性,属于“全民所有”;另一方面,公众只有了解政府活动,才能有效监督政府、防止行政权力的滥用。此外,政府信息作为一种“公共财产”应为全民所有,公众掌握更多的信息可以作出更好的理性选择和判断,政府信息本身亦可能带来经济价值和财产利益。信息公开对政府本身也有益处,程序的公开和信息的透明,可以让公众更加了解政府的运作和决策过程,增强公众对政府的信任与了解,提高决策的可接受度和执行效果。“知情权、信息自由和信息公开这三者,是密切相关的。单有知情权,而没有信息公开的法律制度,知情权就会落空;没有知情权,当然就不可能有传播信息的自由;有了获知的情报信息的权利,而无传播自由,则事实上是剥夺了表达自由或言论自由,知情权也会是‘跛脚’的权利,难以发挥其应有的作用。”〔1〕

(二)信息公开立法对知情权的保障

知情权是一项基本权利,“在一些国家,包括获得政府信息在内的信息自由权得到了宪法层面的确认。通常的方式有两种:一种方式是通过法院对表达自由的解释,将信息自由解释为宪法权利的一部分;另一种方式是宪法直接规定信息自由权,最典型的当属瑞典”。〔2〕 信息公开立法亦肇始于瑞典,以1766年的《出版自由法》为代表,美国1966年的《信息自由法》掀起了信息公开立法的高潮,在世界范围内具有里程碑的意义;以法国1978年的《自由获得行政文件》和加拿大1982年的《信息获取法》为代表,政府信息公开立法在数量和质量上都有了长足的发展;20世纪90年代以来,政府信息公开运动呈普遍化态势,信息公开立法在许多国家和地区得以推广和建立。〔3〕 一些国家信息公开立法目的开宗明义对“知情权”予以保障,南非《信息公开促进法》在导言中提出,本法的目的之一是保障公众“获取信息的权利”,瑞士《联邦信息自由法》第1条规定的立法目的之一是“赋予公众获取官方文件的知情权利”,韩国《公共机关信息公开法》第1条规定“本法的目的在于保障国民的知情”。

〔1〕 郭道晖:《知情权与信息公开制度》,载《江海学刊》2003年第1期。
〔2〕 周汉华主编:《外国政府信息公开制度比较》,中国法制出版社2003年版,第4页。
〔3〕 参见王万华:《知情权与政府信息公开制度研究》,中国政法大学出版社2013年版,第42~53页。

《中华人民共和国宪法》(以下简称《宪法》)并未明确规定公民的"知情权",但政府信息公开制度对于公民行使宪法基本权利具有十分重要的意义。有学者认为,我国政府信息公开制度的宪法基础是《宪法》第2条第3款确立的参与民主原则,即"人民依照法律规定,通过各种途径和形式,管理国家事务,管理经济和文化事业,管理社会事务"。实践中,"人民要行使这些管理国家事务和社会事务的权力,其前提条件是知情,只有知情以后才能真正谈得上行使民主管理的权力。如果人民对政府工作是如何开展的根本不知情,也就无法对政府的工作进行有力的监督"。[1] 也有学者认为,可以通过"目的解释方法,吸纳具有权威性的官方文件中的法治思想,将知情权提升为宪法基本权利"。[2]《宪法》第35条规定:"中华人民共和国公民有言论、出版、集会、结社、游行、示威的自由。"此外,《宪法》第41条第1款规定:"中华人民共和国公民对于任何国家机关和国家工作人员,有提出批评和建议的权利;对于任何国家机关和国家工作人员的违法失职行为,有向有关国家机关提出申诉、控告或者检举的权利,但是不得捏造或者歪曲事实进行诬告陷害。"尽管我国宪法中找不到"知情权"的字样,但宪法条文对知情权有不同程度的反映,上述宪法条文规定的公民基本权利从不同角度体现了知情权的具体内容。

虽然我国《宪法》和《政府信息公开条例》都没有提及知情权,但在一系列政府信息公开的文件中明确指出要保障公众的"知情权"。《关于全面推进政务公开工作的意见》(中办发〔2016〕8号)指出"公开透明是法治政府的基本特征。全面推进政务公开,让权力在阳光下运行,对于发展社会主义民主政治,提升国家治理能力,增强政府公信力执行力,保障人民群众知情权、参与权、表达权、监督权具有重要意义。"我国《政府信息公开条例》(2019年修订)第1条是立法依据和目的的直观表述,该条规定"为了保障公民、法人和其他组织依法获取政府信息,提高政府工作的透明度,建设法治政府,充分发挥政府信息对人民群众生产、生活和经济社会活动的服务作用,制定本条例"。从立法目的中可以解读出信息公开的直接和间接宪法依据,如学者所言"读罢全文它并没有'知情权'的

---

〔1〕 周汉华:《起草〈政府信息公开条例〉(专家建议稿)的基本考虑》,载《法学研究》2002年第6期。
〔2〕 章剑生:《知情权及其保障——以〈政府信息公开条例〉为例》,载《中国法学》2008年第4期。

表述”，[1]但“‘保障公民、法人和其他组织依法获取政府信息’更加切实地在我国语境下确立为参与民主前提的知情权；‘提高政府工作的透明度’更加准确地表明宪法参与民主原则在政府信息公开领域的适用对象；‘充分发挥政府信息对人民群众生产、生活和经济社会活动的服务作用’将以信息公开促进参与民主的立法目的表达得更加明晰。”[2]一些地方立法对知情权作了规定，《广州市政府信息公开规定》（广州市人民政府令第8号）第1条规定：“为保障个人和组织的知情权，规范政府信息公开，增加行政活动的透明度，监督政府机关依法行使职权，依据有关法律、法规的规定，结合本市实际，制定本规定。”此外，湖北省、杭州市等地有关政府信息公开的地方规章，也都有知情权的规定。

（三）知情权所指向的义务主体和客体范围

知情权的实现除依赖信息公开立法予以制度化，还需要落实到具体的义务主体。“权利是资格，这种资格是具有特定力量的要求的基础。……只要权利拥有者与责任承担者之间的关系是以权利为基础的，那么，权利就支配着这种关系。”[3]作为基本权利，知情权指向的义务主体主要是国家，一方面国家有义务通过立法保障知情权，另一方面国家将自己的义务落实到特定的主体，以保障权利的行使。本书所指的义务主体主要是在第二个层面上展开。概言之，凡是主体行使公共权力、利用公共资源作出的行为公众都有“知”的权利。这些主体包括了行使各种国家权力的机关、行使公共权力的机关以及其他具有公共事务管理职能的组织。他们必须公开相关的政务或公共事务信息，其中行使国家权力的部门尤其是政府及其职能部门又是信息公开的核心义务主体。《公众的知情权：信息自由的立法原则》（1999年）为了保障最大限度公开，对“信息”和“公共机构”两个概念进行了解释：“‘信息’包括公共机构掌握的所有材料，而无论信息的储存形式（文件、电脑文档或数据库、音像带、电子记录等形式）、来源（无论其是否由公共机构或其他实体或个人制作），以及制作日期；‘公共机构’的定义应包括各级政府（包含地方政府）的所有部门，选举产生的机构（包括国家议会），法定授权运作的机构，国有化行业和公营公司，非政府部门机构

[1] 章剑生：《知情权及其保障——以〈政府信息公开条例〉为例》，载《中国法学》2008年第4期。

[2] 彭錞：《我国政府信息公开制度的宪法逻辑》，载《法学》2019年第2期。

[3] [美]杰克·唐纳利：《普遍人权的理论与实践》，王浦劬等译，中国社会科学出版社2001年版，第3页。

或半官方机构(准非政府组织),司法机构和行使公共职能(如维修道路或运营铁路)或具有决策权威或花费公款的私营机构。包括国防和安全机构在内的任何机构都不应例外。"[1]

理论界对于信息公开的适用主体存在一定的争议:"信息自由法一般适用于政府的行政和管理机构。有时国家元首和政府首长被排除在该法适用的机构名单之外。某些信息自由法排除立法机关,但大部分不排除。大部分信息自由法排除司法机关,至少针对其非行政职能,但是具备独立司法机关的国家常常对公开审判有一些宪法上的保证。"[2]知情权作为公民的一项基本人权,其指向的义务主体既包括行政机关也包括立法机关和司法机关,而首要针对的是行政公开。"知情权适用于政府所有分支(包括执法、司法和立法部门,以及自治机构),所有层级(联邦、中央、区域和地方),以及上述国际组织的所有下属机构。"[3]我国信息公开遵循"谁制作(保存)谁公开的原则"。承担信息公开义务的主体不仅包括《政府信息公开条例》所指的行政机关,而涵盖所有行使公权力的国家机关,具体包括:

第一,各级人民代表大会的信息公开义务。人大的信息公开义务重点是立法公开,人民通过各种途径参与国家立法活动,使立法活动真正体现人民的意志,反映广大人民群众的根本利益和长远利益,是民主立法的重要实践。"立法过程从有限开放转向公开透明"是我国改革开放四十年立法工作的重要转变之一,[4]《立法法》(2000 年)制定之时就体现了公众参与的原则,第 5 条规定"立法应当体现人民的意志,发扬社会主义民主,保障人民通过多种途径参与立法活动"。2015 年修正时该条增加了"坚持立法公开",进一步明确了立法机关的信息公开义务。

---

[1] 参见联合国人权高级专员办事处网站,https://documents - dds - ny. un. org/doc/UNDOC/GEN/G00/102/58/IMG/G0010258. pdf? OpenElement,2016 年 5 月 18 日访问。

[2] Mitchell W. Pearlman:《信息自由》,2007 年 5 月 21 日至 22 日的演讲,参见耶鲁大学中国法中心网站,http://www. law. yale. edu/documents/pdf/Intellectual_Life/CL - OGI - Pearlman - FOI - Chinese. pdf,2014 年 12 月 12 日访问。

[3] 《关于推进知情权的亚特兰大宣言与行动计划》,原则第 4 条 b 项,2008 年 2 月 29 日公布,参见卡特中心网站,https://www. cartercenter. org/resources/pdfs/peace/americas/ati_declaration_text_ch. pdf,2017 年 3 月 29 日访问。

[4] 胡健:《改革开放四十年立法工作的七个转变》,载《中国法律评论》2018 年第 5 期。

第二,政府及其职能部门的信息公开义务。尽管信息公开的义务主体囊括了所有承担公共事务管理职能的组织和机构,但其中行使行政权的政府及其职能部门始终是各国信息公开的主要义务主体。《政府信息公开条例》第10条规定:“行政机关制作的政府信息,由制作该政府信息的行政机关负责公开。行政机关从公民、法人和其他组织获取的政府信息,由保存该政府信息的行政机关负责公开;行政机关获取的其他行政机关的政府信息,由制作或者最初获取该政府信息的行政机关负责公开。……”此外,条例还规定了涉及国家秘密、商业秘密、个人隐私以及行政机关的内部事务信息等公开的例外事项和适用条件。

第三,人民法院和人民检察院的信息公开义务。各级人民法院和人民检察院按照属地管理、归口管理、分级负责的原则,确定各项司法公开内容的责任主体。《人民法院组织法》第7条规定:“人民法院实行司法公开,法律另有规定的除外。”《人民检察院组织法》第7条规定:“人民检察院实行司法公开,法律另有规定的除外。”《最高人民法院关于司法公开的六项规定》(法发〔2009〕58号)规定:“为进一步落实公开审判的宪法原则,扩大司法公开范围,拓宽司法公开渠道,保障人民群众对人民法院工作的知情权、参与权、表达权和监督权……”《最高人民法院关于进一步深化司法公开的意见》(法发〔2018〕20号)详细列举了人民法院应当公开的基本信息、审判执行信息、诉讼服务信息、司法改革信息、司法行政事务信息、国际司法合作交流信息等,其中“国家秘密、审判秘密、商业秘密、公民隐私权和个人信息”则作为司法信息公开的例外范围。《最高人民法院关于健全完善人民法院审判委员会工作机制的意见》(法发〔2019〕20号)要求“审判委员会讨论案件的决定及其理由应当在裁判文书中公开,法律规定不公开的除外”。《最高人民检察院关于全面推进检务公开工作的意见》(2015年2月28日发布)进一步明确检务公开的内容包括检察案件信息、检察政务信息和检察队伍信息,“涉及国家秘密、商业秘密、个人隐私、未成年人犯罪和未成年被害人的案件信息,以及其他依照法律法规和最高人民检察院有关规定不应当公开的信息,不得公开。当事人申请不公开且理由符合法律规定的,不向社会公开”。

二、信息公开的基本要求

(一)以公开为原则

知情权的实现建立在政府信息公开基础上,“以公开为原则”的重要意义在于“首先，它从范围上确保信息作为政府拥有之整体（possession），公开事项的范围大于保密事项；其次，从选择优次上，明确公开优先于保密的原则，除非符合法律保留的豁免事项才得以保密；最后，从举证责任角度，将说理和举证的义务留给行政部门。”[1]以公开为原则的实现有以下三个具体要求：

首先，政府信息假定应予公开。自20世纪以来逐渐形成了以保障公民知情权为立法宗旨的信息公开法制化潮流。“必须要进行赞成信息公开的假设推定。……对公共权力机构所掌控信息的获取权是一项基本人权，该权利必须基于最大限度公开的原则，通过综合立法（如信息自由法案）在国家层面上被赋予效力，并建立起一项法律推定，即所有信息都可被获取，只有属于很小范围的一套规定内的信息可以例外。”[2]立法除了明确规定不能公开的信息外，其他应一律公开，以保证知情权的充分实现，杜绝政府通过寻找法定不公开理由之外的其他借口进行保密的行为，以最大限度保证公开信息的范围。

其次，政府信息应最大限度公开。《公众的知情权：信息自由的立法原则》（1999年）第一项原则为“最大限度的披露”，该原则确定的一个假设是“公共机构掌握的所有信息都应得到披露。只有在十分有限的情况下，该假设才可能被推翻。……立法的首要目标应是在实践中施行最大限度的披露”。[3]公众在社会生活中作出有效选择的前提是掌握充分的信息，而这些信息很大一部分掌握在政府手中，“公开假定所划定的政府信息公开总体范围，属最大限度公开，即除非必需的法定排除事项外，凡政府信息必须公开”。[4]我国《政府信息公开条例》第13条第1款规定：“除本条例第14条、第15条、第16条规定的政府信息外，政府信息应当公开。”该条规定从立法层面确立了“公开”的基本原则，即除法定事由外，政府信息一律公开，体现了以“公开为常态、不公开为例外”的立法态度，是我国《政府信息公开条例》修订内容的重大变化之一。

最后，政府信息公开不以权利人的特定需求为必要条件。综合世界各国的

---

〔1〕 蒋红珍：《从“知的需要”到“知的权利”：政府信息依申请公开制度的困境及其超越》，载《政法论坛》2012年第6期。

〔2〕 [加]托比·曼德尔：《信息自由：多国法律比较》，龚文庠等译，社会科学文献出版社2011年版，第37页。

〔3〕 参见联合国人权高级专员办事处网站，https://documents - dds - ny. un. org/doc/UNDOC/GEN/G00/102/58/IMG/G0010258. pdf? OpenElement，2016年5月18日访问。

〔4〕 杨伟东：《政府信息公开主要问题研究》，法律出版社2013年版，第129页。

政府信息公开立法，通常不对申请人的资格作出条件限制，即任何人都可以申请公开政府信息，“任何人意味着申请人的法律能力不在考虑范围之内，未成年人、外国人等，都可以申请获取信息。……任何人还意味着申请人无须证明其与所申请的信息存在利害关系或者其他法律上的联系，即申请人的资格不涉及任何先决条件”。[1] 我国修订前的《政府信息公开条例》第 13 条规定公民、法人或者其他组织可以根据“自身生产、生活、科研等特殊需要”申请公开政府信息，修订后删除了申请政府信息“特殊需要”的限制条件，进一步保障了公民、法人和其他组织依法获取政府信息的权利。

（二）以不公开为例外

政府信息公开是基本原则，不公开作为“例外”应受到严格的限制。这些限制包括：

首先，豁免公开的范围有限。《公众的知情权：信息自由的立法原则》（1999年）第四项原则为“例外范围有限”，即“应清楚和严密地规定例外情况，并根据‘危害性’和‘公共利益’对其严格检验，对公共机构提出的所有信息请求都应得到满足，除非公共机构能显示该信息属于有限的例外范围。除非公共当局能显示，该信息符合严格的三项检验，否则就不能证明拒绝披露信息的行为合理”。[2] 应当公开的信息种类繁多、纷繁复杂，难以列举穷尽，而不公开的信息范围有限，因此，信息公开立法对公开范围的描述通常采用反向界定的手段，即明确列举豁免公开的范围，不属于例外范围的信息应一律公开。

其次，豁免公开是需要加以论证的例外。公开假定意味着所有的政府信息都应予以公开，特定情况下满足一定的需求作为例外才可以不公开。政府信息豁免公开的确定方式有三种：“第一种方式是信息属性标准，这种方式是以信息的属性作为判断标准；第二种方式是以信息公开可能造成的损害为判断标准，可以称为‘公开损害标准’；第三种方式是以时间段作为信息不公开的‘时间标准’，规定在特定时间段内信息不公开。”[3] 根据信息所属的性质、牵涉的利益

---

〔1〕 后向东：《信息公开的世界经验——十六国信息公开法译介与评析》，中国法制出版社 2016 年版，第 479 页。

〔2〕 参见联合国人权高级专员办事处网站，https://documents - dds - ny. un. org/doc/UNDOC/GEN/G00/102/58/IMG/G0010258. pdf? OpenElement，2016 年 5 月 18 日访问。

〔3〕 王敬波：《政府信息公开：国际视野与中国发展》，法律出版社 2016 年版，第 78 ~ 79 页。

和保密期限的不同决定该信息是否完全不公开或在一定范围内公开，或者经过特定的时间才予以公开，这些事由作为公开的例外或者由立法者考量豁免理由的正当性和充分性通过规范明确划定为公开例外，或者由公开义务机关在面对具体的公开申请时主张不公开的理由和证据。

最后，豁免公开需要法律明确规定。知情权是一项基本人权，政府信息公开是落实和实现知情权的具体制度，豁免公开则是对知情权的限制。如果豁免公开的范围过大，或者豁免公开伤害到知情权的核心内容，那么知情权将失去价值和意义。对基本权利的限制应满足形式意义上的正当性，需要通过法律予以规定，“对某种基本权利的限制是否属于通过法律的限制，即国家立法机关直接通过法律实行这种限制；或者是对某种基本权利的限制是否属于依据法律的限制，即行政机关获得国家立法机关的授权，通过行政立法实行这种限制。”〔1〕豁免公开作为例外，其范围应当明确、界限应明晰，如果其内容模糊，实践中行政机关可能借助不确定的法律概念而曲解甚至故意规避立法的本意，扩大豁免公开的范围。“法律规定”意味着或者法律对豁免公开的条件和范围进行明确的界定，“法律的明确性原则，是指法律对公民基本权利所做的限制，必须内容明确，能够对公民的行为作确定性的指引”。〔2〕或者法律对豁免公开进行授权性的规定，在法定条件下赋予行政机关以裁量权和判断权，由行政机关决定是否符合条件和应否豁免公开。

三、信息公开范围的立法方式

世界各国对信息公开范围的界定方式大致有两种：“第一种方式是模糊概括式。这种方式就是只用模糊的、概括性的描述来说明信息公开的范围。第二种方式是肯定概括与否定列举相结合的方式。这种方式既概括性的描述可以公开的信息，同时也明确的列举不公开信息的种类。”〔3〕立法方式的不同直接影响信息公开范围的大小，以下分述之。

---

〔1〕 林来梵：《宪法学讲义》，清华大学出版社 2018 年版，第 350 页。

〔2〕 ［日］芦部信喜：《宪法》，李鸿禧译，元照出版有限公司 2001 年版，第 191 页。

〔3〕 张龙：《行政知情权的法理学研究》，吉林大学 2005 年博士学位论文。

（一）概括式

概括式是指政府信息公开立法对应当公开的信息种类或特点等加以简明阐述的表述方式，不对公开或不公开的范围做具体的列举。这种立法模式下一般都笼统地规定政府信息公开的客体范围，其优点是范围相对比较广泛，但其缺点亦显而易见，由于采用概括的表述方式，易导致范围不清、界限不明，实践中容易产生争议，也给行政机关不公开信息留下了较大的操作空间。

根据概括式立法所针对的是政府信息公开范围还是豁免公开范围，理论上又可以分为两种类型：一种是肯定概括，即应当公开的政府信息采用概括的方式，如德国《信息自由法》规定"官方信息是指服务于官方目的的任何记录，不论其储存方式如何。"[1]该条对"官方信息"的解释实际上界定了《信息自由法》的适用范围，即以任何方式存储的政府信息。具体的信息种类和范围包括哪些，该法则没有明确列举。另一种是否定概括，即概括规定豁免公开的政府信息范围，由于概括式立法方式所存在的弊端，否定式概括不利于最大限度公开原则的实施。从世界各国的政府信息公开立法来看，基本没有采用单一否定式概括的方式对豁免公开范围的规定。

（二）列举式

列举式是指立法在确定政府信息公开范围时，采用具体罗列的方式指出哪些信息属于公开或不公开的事项。这种立法模式的优点是简单明了、易于操作，采用列举式的方式，容易判断政府信息公开或不公开的范围。但由于列举有限，无法穷尽所有的情形，因此，也存在由于列举未尽导致限缩公开范围的问题。根据所列举的信息是属于公开范围还是豁免范围，此种方式也可以分为肯定列举和否定列举两种具体的体例。

肯定式列举是指针对应当公开的政府信息采用列举的方式。我国《政府信息公开条例》所规定的公开方式包括主动公开和依申请公开，针对主动公开的范围立法采用了肯定式列举的方式，条例第 20 条规定："行政机关应当依照本条例第 19 条的规定，主动公开本行政机关的下列政府信息：（一）行政法规、规章和规范性文件；（二）机关职能、机构设置、办公地址、办公时间、联系方式、负

---

〔1〕 参见德国联邦司法和消费者保护部网站，http://www.gesetze-im-internet.de/englisch_ifg/englisch_ifg.pdf，2017 年 9 月 28 日访问。

责人姓名;(三)国民经济和社会发展规划、专项规划、区域规划及相关政策;(四)国民经济和社会发展统计信息;(五)办理行政许可和其他对外管理服务事项的依据、条件、程序以及办理结果;(六)实施行政处罚、行政强制的依据、条件、程序以及本行政机关认为具有一定社会影响的行政处罚决定;(七)财政预算、决算信息;(八)行政事业性收费项目及其依据、标准;(九)政府集中采购项目的目录、标准及实施情况;(十)重大建设项目的批准和实施情况;(十一)扶贫、教育、医疗、社会保障、促进就业等方面的政策、措施及其实施情况;(十二)突发公共事件的应急预案、预警信息及应对情况;(十三)环境保护、公共卫生、安全生产、食品药品、产品质量的监督检查情况;(十四)公务员招考的职位、名额、报考条件等事项以及录用结果;(十五)法律、法规、规章和国家有关规定应当主动公开的其他政府信息。"第 21 条规定:"除本条例第 20 条规定的政府信息外,设区的市级、县级人民政府及其部门还应当根据本地方的具体情况,主动公开涉及市政建设、公共服务、公益事业、土地征收、房屋征收、治安管理、社会救助等方面的政府信息;乡(镇)人民政府还应当根据本地方的具体情况,主动公开贯彻落实农业农村政策、农田水利工程建设运营、农村土地承包经营权流转、宅基地使用情况审核、土地征收、房屋征收、筹资筹劳、社会救助等方面的政府信息。"由于列举方式存在无法穷尽所有事项的问题,通常采用此种方式的立法在最后设立兜底条款来解决挂一漏万的弊端。

否定式列举则是针对不予公开的信息采用具体列举的方式。世界上多数国家信息公开立法对不予公开的政府信息均采用了此种方式,对于不公开信息的列举又可以分为两种形式:"一种是以苏格兰、英国为代表的细致列举信息的内容;另一种是以加拿大和德国为代表的,将不公开的信息划分为大类,在每个大类下面再进行更为细致的划分。"[1]我国《政府信息公开条例》也采用了列举的方式规定豁免公开的范围,纳入不予公开范围的信息包括:第一,国家秘密信息,第 14 条规定:"依法确定为国家秘密的政府信息,法律、行政法规禁止公开的政府信息,以及公开后可能危及国家安全、公共安全、经济安全、社会稳定的政府信息,不予公开。"第二,影响第三方权益的信息,第 15 条规定:"涉及商业秘密、个人隐私等公开会对第三方合法权益造成损害的政府信息,行政机关不

---

〔1〕 王敬波:《政府信息公开:国际视野与中国发展》,法律出版社 2016 年版,第 54 页。

得公开。但是,第三方同意公开或者行政机关认为不公开会对公共利益造成重大影响的,予以公开。”第三,行政事务性和过程性信息,第16条规定:“行政机关的内部事务信息,包括人事管理、后勤管理、内部工作流程等方面的信息,可以不予公开。行政机关在履行行政管理职能过程中形成的讨论记录、过程稿、磋商信函、请示报告等过程性信息以及行政执法案卷信息,可以不予公开。法律、法规、规章规定上述信息应当公开的,从其规定。”

(三)综合式

各国政府信息公开立法兼采概括式和列举式之长,综合采用肯定概括与列举相结合的方式,可以称为“综合式”立法模式。具体又可以分为“肯定概括+肯定列举”和“肯定概括+否定列举”两种不同的立法技术路径。

在“以公开为原则、以不公开为例外”的前提下,厘定豁免公开的范围是确定政府信息公开范围的前提,也是世界各国信息公开立法所采用的通例。立法技术上,各国政府信息公开立法对公开的范围通常采用“明确列举豁免公开的事项、概括规定可以公开的政府信息事项”的方式。“‘开放式’的信息公开范围与‘列举式’的豁免事项的结合,不仅是‘知的权利’在立法结构中的逻辑展开,并且也是对‘公开为原则、限制为例外’这一基本原则的最佳诠释。”[1]这种方式的优点在于“一是可以穷尽所有政府信息公开与否,避免灰色地带。二是有利于政府信息的公开。”[2]绝大多数国家的政府信息公开立法采用“肯定概括+否定列举”的立法方式来实现政府信息公开的目标。

如前文所述,我国《政府信息公开条例》对主动公开的政府信息采用了详细列举的方式,对于豁免公开的事项采用了分类列举的立法方式。此外,《政府信息公开条例》第27条规定:“除行政机关主动公开的政府信息外,公民、法人或者其他组织可以向地方各级人民政府、对外以自己名义履行行政管理职能的县级以上人民政府部门(含本条例第10条第2款规定的派出机构、内设机构)申请获取相关政府信息。”该条规定改变了原条例所规定的申请人必须符合“三需要”的要求。至于可申请公开的信息具体包括哪些,条例则没有具体列举,可以

〔1〕 蒋红珍:《从“知的需要”到“知的权利”:政府信息依申请公开制度的困境及其超越》,载《政法论坛》2012年第6期。
〔2〕 杨伟东:《政府信息公开主要问题研究》,法律出版社2013年版,第131页。

视之为“概括式”的立法方式。综合来看,我国《政府信息公开条例》对公开范围采用了列举为主、概括为辅的立法模式,即“肯定概括＋肯定列举＋否定列举”的复杂体系。这种模式兼采了概括式和列举式的优点,面对海量、不断产生的政府信息,对主动公开的重点范围作列举,突出政府信息公开的重点领域,便于政府部门操作和群众监督;对豁免公开范围采用列举的方式,符合世界各国信息公开立法的共同特点和规律。

第二节 政府信息豁免公开的权益保护

政府信息作为公共产品,应向社会公开。然而所有国家的政府信息公开立法都包含不予公开的例外规定。这些例外事项大致包括六类:“第一,国家国防、外交、国际关系信息;第二,公共安全事项;第三,刑事犯罪的侦查、起诉,法律执行信息、审计信息;第四,政府决策过程中的讨论性信息;第五,商业秘密;第六,公民个人信息尤其是个人隐私。”[1]有学者将上述事项分为因公共利益的豁免公开和私人利益的豁免公开,前者指“政府资讯之公开将有妨碍其他公共利益之虞,而得不予公开者,如有关‘国家安全’之资讯、‘机关相互间之研商记录或机关内部之拟稿’、‘犯罪侦查、审判与执法之记录’等。”后者指“政府资讯之公开将有侵害私人权利或利益之虞,而得不予公开者,如有关‘职业秘密’、‘营业秘密’、‘因信赖保密而提供之资讯’、‘个人隐私’等”。[2] 上述豁免公开事项中,国家安全和公共安全事项直接关涉公共利益,刑事执法信息、过程性信息等免于公开的信息,虽然也与公共利益具有一定的关系,但其免于公开的理由更多的是为了保证执法程序的顺利进行、相关权力的有效行使,与直接保障“国家利益”不同,可以单独作为一项豁免公开的事由。综上所述,限制公开的理由可以分为三类,即保障国家利益、保护私人利益和维护行政权的有效运行。

[1] 王敬波:《政府信息公开:国际视野与中国发展》,法律出版社2016年版,第232页。

[2] 汤德宗:《政府资讯公开请求权人宪之研究》,载汤德宗、廖福特主编:《宪法解释之理论与实务》(第五辑),台北“中央”研究院法律学研究所筹备处专书(2007年),第269页、第270页。

一、保障公共利益

(一)公共利益对知情权的限制

政府信息公开是公民知情权的基本要求,豁免公开是对知情权的限制。基本权利具有内在界限和外在界限,知情权亦无例外,“内在界限指的就是基本权利在其自身的性质上理所当然所应伴随的、源于基本权利之中的界限。内在界限一般是基于某种权利的行使可能对其他权利构成积极的侵害,或存在明显的权利冲突而存在的。基本权利自身的性质决定了基本权利的主体在享有基本权利的同时,可能侵害其他主体的基本权利或者公共利益,因此有其内在界限,而需要加以限制”。[1] 公共利益作为政府信息豁免公开的理由是由知情权作为基本权利的性质所决定的。任何权利的行使都具有边界,这种边界既有来自外部的制约,也有来自内部的限制,“对基本权利的限制需要满足实质意义的正当化,这种正当化往往需要提出公共利益的理由,或基本权利的内在制约与外在制约的理由来论证”。[2] 政府信息公开中的公共利益包括了“促进公开的公共利益”和“例外事项中的公共利益”,“作为信息不公开依据的公共利益则源于表达自由的限制,其内涵接近信息公开的危害,并外化于信息公开法的例外事项,其外延具有限缩性,限于法律明确规定的范围。从总体上看,促进公开的公共利益更接近一般的、普遍的公共利益。不公开的公共利益则是特殊的、具体的公共利益”。[3] 承认特定公共利益对知情权的限制既是理论共识也是各国立法的通例,“将公共利益作为公民基本权利的界限,同时作为立法机关限制基本权利的唯一理由,是当今世界各国宪法的通例”。[4]

(二)政府信息豁免公开中的公共利益

公共利益是争议较多且内容不确定的法律概念,免除公开应有正当的理由并且这一理由的重要性足以构成对知情权的暂时性限制,限制公开的公共利益应由法律加以规定,“公共利益条款必须由立法机关制定法律明确化后才可以成为限制基本权利的具体条件。‘法律保留’的一项基本原则是‘法律的明确

---

〔1〕 林来梵:《宪法学讲义》,清华大学出版社 2018 年版,第 345 页。

〔2〕 林来梵:《宪法学讲义》,清华大学出版社 2018 年版,第 350 页。

〔3〕 王敬波:《政府信息公开中的公共利益衡量》,载《中国社会科学》2014 年第 9 期。

〔4〕 张翔:《基本权利的规范建构》,高等教育出版社 2008 年版,第 63 页。

性’原则,就公共利益限制基本权利问题而言,法律明确性原则意味着:立法机关在制定关于某项基本权利的法律的时候,在完成了公益与私益的立法衡量之后,必须将何种情形下公益优先而私益受限作出明确规定。”[1]

我国《宪法》中除了公共利益的表述外,还有国家的利益、社会的利益、集体的利益、公共秩序、社会秩序、社会治安、国家安全等表述,《宪法》第13条第3款规定:“国家为了公共利益的需要,可以依照法律规定对公民的私有财产实行征收或者征用并给予补偿。”在我国现行有效的约270部法律中,正文中规定“公共利益”的法律有109部,其中宪法相关法17部、民法商法24部、行政法30部、经济法24部、社会法7部、刑法2部、诉讼与非诉讼程序法5部。[2] 由此可见,公共利益涉及的事项广泛,在不同领域具有不同的指向,其核心重在“公共”和“利益”。“公共利益是一个不确定的法律概念,以价值选择为基础,呈现历史性特征。公共利益必须具有公共性质,公共利益是不确定的多数人的利益。”[3]

基于公共利益豁免公开政府信息是一项普遍的原则,但各国信息公开立法对“公共利益”的解释差别很大,而公共利益外延大小直接决定了信息公开的范围。《关于国家安全、言论自由和使用信息的约翰内斯堡原则》(1996年)[4]原则11(获得信息的一般规定):“每个人有权利从公共权力机构那里获得信息,包括与国家安全有关的信息。不能以国家安全为理由对这种权利施加任何限制,除非政府证明这种限制有法律规定并且在民主社会为了保护合法的国家安全利益是必要的。”基于公共利益豁免公开的直接理由是保障“国家利益”,也就是说,对于知情权构成正当限制的公共利益基础一般是国家利益。《关于国家安全、言论自由和使用信息的约翰内斯堡原则》原则12(狭窄确定有关国家安全的排外信息)规定:“一个国家不应绝对禁止使用所有与国家安全有关的信息,而应当在法律中仅仅确定那些为了保护合法的国家安全利益而有必要保守

---

[1] 张翔:《公共利益限制基本权利的逻辑》,载《法学论坛》2005年第1期。

[2] 参见中国法律法规信息库,http://law.npc.gov.cn:8081/FLFG/gjSearch.action,2019年1月6日访问。

[3] 胡鸿高:《论公共利益的法律界定——从要素解释的路径》,载《中国法学》2008年第4期。

[4] 该原则是1995年10月1日在约翰内斯堡召开的国际会议上,由一群国际法、国家安全和人权方面的专家共同制定,参见第19条组织网站,https://www.article19.org/data/files/medialibrary/1803/11-08-08-STANDARDS-Johannesburg-ZH.pdf,2017年9月28日访问。

机密的特定的和范围狭窄的信息类别。"[1]"欧洲理事会建议书"在第Ⅳ条原则中,对可能限制信息权的各种原因开列出一份详细和专属的清单,包括"国家安全,国防和国际关系;公共安全;防止、调查和起诉犯罪活动;隐私和其他合法的私人利益;商业和其他经济利益,可以是私人或公共的;涉及司法程序的诉讼各方平等;自然;公共权力机构的调查、控制和监督;国家经济、货币和汇率政策;在事务内部准备过程中,公共权力机构之内或之间的审议机密"。[2] 德国《信息自由法》规定基于特定公共利益的豁免公开包括:"一、公开将损害国际关系、军事等核心安全利益、国内和国际安全、金融和反垄断监管、国际金融控制等根本利益;二、信息公开可能危害公共安全;三、公开后将妨碍国际谈判中必要的保密,或者危害联邦政府部门之间的磋商;四、依照法规、行政规章或者其他特别规定需要保密的;五、从其他公共机构处临时获取的、不纳入本机关文件的信息;六、公开后可能损害联邦政府的商贸利益,或者损害社保机构的经济利益;七、基于保密承诺从第三人获取的信息;八、情报机构的特定信息。"[3]我国《政府信息公开条例》虽然没有使用"公共利益"的概念,但第 14 条所规定的"国家安全、公共安全、经济安全和社会稳定"所指向的利益与公共利益直接相关。上述分析可见,政府信息豁免公开中所指向的公共利益核心内容是国家利益。

(三)基于公共利益豁免公开的一般情形

即使将政府信息豁免公开中的公共利益限缩为国家利益,仍然存在一定的不确定性,或存在对国家利益扩大解释的可能。因此,信息公开立法应对豁免公开的国家利益信息作出明确的规定。国家利益既包括对外交往中的国家利益,也包括对内管理中的国家利益。综观各国信息公开立法,涉及国家利益豁免公开的政府信息包括:第一,国防信息。国防是指"国家为防备和抵抗侵略,制止武装颠覆,保卫国家的主权统一、领土完整和安全所进行的军事活动,以及与军事有关的政治、经济、外交、科技、教育等方面的活动"[4]。国防信息包括

---

〔1〕 参见第 19 条组织网站,https://www.article19.org/data/files/medialibrary/1803/11-08-08-STANDARDS-Johannesburg-ZH.pdf,2017 年 9 月 28 日访问。

〔2〕 [加]托比·曼德尔:《信息自由:多国法律比较》,龚文庠等译,社会科学文献出版社 2011 年版,第 43~44 页。

〔3〕 参见德国联邦司法和消费者保护部网站,http://www.gesetze-im-internet.de/englisch_ifg/englisch_ifg.pdf,2017 年 9 月 28 日访问。

〔4〕 《国防法》(2009 年修正)第 2 条。

一国的武装力量、边防、海防和空防、国防科研生产和军事订货、国防经费和国防资产、国防教育、国防动员和战争状态等信息。第二,国际关系信息,主要包括国家与国家之间、国家与国际组织之间各种经贸交易、人员往来、协商洽谈等信息。第三,国家经济安全信息,主要包括金融监管类信息、科技类信息、自然资源信息(保护动物物种、地理信息)、文化资产类信息等。上述信息并非全部被无条件纳入豁免公开的范围,只有这些信息所牵涉的国家利益需要"充足"的保障时才获得免于公开的正当性。而如何判断利益是否充足、必要又是一个难题,这类信息通常会被冠以"国家秘密"之名,通过与政府信息公开相对的单行法即《国家秘密法》予以规范,判断利益充足、必要的过程留给立法者决定。正因立法者已经对是否公开的利益进行了衡量,因保障国家利益被纳入国家秘密免于公开的政府信息属于绝对豁免公开,不需要行政机关在政府信息公开程序中再进行利益衡量和判断是否应公开。

二、保护私人权益

(一)权利行使的边界

权利的行使和实现并非毫无边界。对公民基本权利的限制有"外部理论"和"内部理论"。"外部理论"认为"通过衡量公共利益、他人权利、国家功能的实现等因素,从外部去确定什么样的权利主张不能得到支持。"内部理论"则认为"任何权利都是有着自然而然的、固定的范围。"[1]上述两种理论都承认权利应受到限制,根据外部理论,知情权应受到公共利益、其他私人权利等方面的限制和制约;根据内部理论,知情权的范围并非毫无边界,知情权本身应有其固定的延展范围。

当知情权与其他权利发生冲突时,应进行利益衡量,"一般来说,宪法上对基本权利的界限规定有二:第一,基本权利的行使不得侵犯其他人的合法权益。第二,基本权利的行使不得侵犯公共利益。合起来称之为'权利不得滥用'的原则。"[2]我国《宪法》第 51 条的规定即是该原则的体现,"中华人民共和国公民在行使自由和权利的时候,不得损害国家的、社会的、集体的利益和其他公民的

---

〔1〕 参见张翔:《基本权利的规范建构》,高等教育出版社 2008 年版,第 144 ~ 145 页。

〔2〕 胡锦光、王锴:《论我国宪法中"公共利益"的界定》,载《中国法学》2005 年第 1 期。

合法的自由和权利”。政府信息公开豁免涉及公众知情权与私人权利(权益)保障之间的关系,“政府信息公开的例外规则是为了解决信息公开过程中公权力与私权利、权利与权利之间的冲突而设置的。公开或豁免的决定过程反映出其实际上是一个行政机关调和知情权与公共利益、知情权与其他权利之间的冲突,最终达至利益最大化的过程”。[1]

(二)权利的冲突与平衡

权利与权利之间存在冲突,政府信息豁免公开是权利存在冲突时法律的倾向性选择。对于权利冲突问题学界曾存在激烈的争论,反对者认为“权利冲突实际上是一场误会,是一个伪问题。产生该问题的原因是大家忽略了任何权利都有自己的特定边界(范围),只要人们找到边界,不越雷池一步,根本就不会发生所谓的权利冲突。这种边界,有的被立法者明确标出,有的因为立法粗糙而被疏漏需要去解释,有的被法理统摄,有的被公序良俗昭示。守望权利边界,即可避免权利冲突。”[2]学界通说则认为权利冲突是客观存在的,也有学者称之为“权利的相互性”,权利冲突产生的根本原因在于“权利是交叉重叠的,在两个权利之间无法找到一个互不侵犯的界限。”[3]

解决权利冲突需要具体问题具体分析,权利冲突的实质是“利益和价值”的冲突。[4]“权利位阶是存在的,但并没有形成可认识的确定性的位阶秩序整体,为此,要解决现实中广泛存在的权利冲突,不得不需要就个案进行具体的价值衡量”[5]。个案中进行法益衡量的方法主要有两个:“参考权利位阶和诉诸比例原则。”按照第一种方法,“那些位阶高的权利通常会被视为具有更高的价值,应当得到优先保障”[6]。然而,“任何权利都只有相对的优先性,即在特定场景和条件下具有优先性,而并非不受任何的限制”。因此,权利位阶只具有有限的参考价值,还应借助于比例原则得以实现权利之间的平衡,“对权利的衡量

---

[1] 申静:《政府信息公开的例外研究》,法律出版社 2016 年版,第 27 页。

[2] 郝铁川:《权利冲突:一个不成为问题的问题》,载《法学》2004 年第 9 期。

[3] 苏力:《〈秋菊打官司〉案、邱氏鼠药案和言论自由》,载《法学研究》1996 年第 3 期。

[4] 参见刘作翔:《权利冲突的几个理论问题》,载《中国法学》2002 年第 2 期。

[5] 林来梵、张卓明:《论权利冲突中的权利位阶——规范法学视角下的透析》,载《浙江大学学报》(人文社会科学版)2003 年第 6 期。

[6] 梁迎修:《权利冲突的司法化解》,载《法学研究》2014 年第 2 期。

结果,必须使相互竞争的权利之间维持合适的比例”。[1]

上述权利冲突的利益衡量方法是解决权利冲突的一般规则,也适用于政府信息公开中知情权与私人权益保护之间的冲突解决。既是行政机关在具体个案中选择何种权利予以保护的方法,也是司法机关化解权利冲突的方法。政府信息公开立法中,当信息公开涉及私人权利问题时,立法往往赋予行政机关根据公共利益的需要决定是否公开的选择判断权,而行政机关的选择应遵循权利位阶和公共利益与私人利益之间的损害比例,寻找权利冲突的解决方案,寻求知情权与其他权利的平衡。

(三)基于保障私人权益豁免公开的一般情形

政府信息公开中,与知情权产生冲突的私人权益主要涉及两类事项:一是人身权及相关权益,二是财产权及相关权益。权利的载体体现为个人隐私信息和商业秘密信息。“个人信息(隐私)和商业信息(秘密)之所以无争议地成为免除公开事项,重要原因在于不能因为抽象的公开公共利益的需要牺牲个人和企业的利益。”[2]如何判断个人利益和公共利益孰轻孰重,如前所述,一方面通过实定法规范确定权利位阶,另一方面在个案中运用比例原则进行利益衡量。由于利益的轻重需要进行个案判断,因此,无法像国家秘密豁免公开一样通过立法完成判断过程,而需要由行政机关在具体的信息公开过程中通过个案进行说理和判断,并接受比例原则、正当程序原则和司法救济原则的制约,由法院对行政机关的判断是否正确进行审查。这种信息公开豁免是基于损害大小而产生的,可以称为“损害基础豁免模式”,即“仅其公开将对特定利益造成损害或有损害之虞时,机关始得豁免公开”。[3]

知情权源于言论自由,相较于其他权利而言,言论自由具有一定的优先性,“尽管言论自由不是唯一的表达途径(人们的社会生活的行为本身往往就在表达认定和确立这种权利的相互性)但言论自由往往是表达的一种最重要、最便利的方式。因此,在这个意义上,言论自由可以说本身就是这样一种公共选择或社会选择得以进行的先决条件和前提条件;因此具有一种逻辑上的先

[1] 梁迎修:《权利冲突的司法化解》,载《法学研究》2014 年第 2 期。

[2] 杨伟东:《政府信息公开主要问题研究》,法律出版社 2013 年版,第 183 页。

[3] 汤德宗:《政府资讯公开法比较评析》,载《台大法学论丛》2006 年第 35 卷第 6 期。

在。”[1]也就是说，根据权利位阶的判断方法，知情权优先于隐私权和商业利益，隐私权和商业利益退居次要的地位。其结果是即使信息公开可能侵犯个人隐私和商业秘密，但由于知情权的优位性，仍应公开信息以保障更重要的权利得以实现。

然而，问题并非如此简单，个案的判断和利益衡量仍然是必要的。任何权利的行使都有边界，知情权也不例外。当知情权与个人隐私权和商业利益碰撞时，不仅仅是后者让位的问题，还涉及知情权的实现会侵犯个人隐私和商业秘密，这就超过了权利的必要界限，因此需要进行利益衡量。知情权所代表和维护的是一般公共利益，这种利益的实现不能以侵犯特定人或群体的权利为前提，因此信息的公开不能侵犯个人隐私和商业秘密，或者说个人隐私信息和商业秘密信息因保护特定利益而获得豁免公开的正当性。特殊情况下，如果知情权所维护的是“特别重要的公共利益”，此时需要在一定程度上牺牲个体利益，行政机关经过利益衡量后可以决定公开政府信息。“杨政权诉山东省肥城市房产管理局案”涉及保障公众知情权与保护公民隐私权两者发生冲突时的处理规则。法院认为“在保障性住房的分配过程中，当享受保障性住房人的隐私权直接与竞争权人的知情权、监督权发生冲突时，应根据比例原则，以享受保障性住房人让渡部分个人信息的方式优先保护较大利益的知情权、监督权”。[2]

三、保证行政管理秩序

（一）行政特权与行政保留理论

行政特权理论源于美国，按照美国宪法的分权原则，总统负责行政事务的执行。“行政特权是总统和高级行政官员所具有的保留政府信息不向其他有强制权的部门（国会和法院）公开的权力。”[3]行政特权在美国具有悠久的历史，不过，行政特权并非美国宪法或其他法律明确阐释的原则，而是通过先例、法院

---

[1] 苏力：《〈秋菊打官司〉案、邱氏鼠药案和言论自由》，载《法学研究》1996年第3期。

[2] 杨政权诉山东省肥城市房产管理局案，最高人民法院公布全国法院政府信息公开十大案例（2014年9月13日）之四。

[3] Mark J. Rozell, *Executive Privilege: Definition and Standards of Application*, 29 Presidential Studies Quarterly 918，918（1999）.

判例和总统声明等不断发展起来的。行政特权从其诞生之日起就伴随质疑之声,反对者提出其欠缺宪法依据、享有主体过于宽泛以及担心行政特权被滥用。从华盛顿总统到奥巴马总统的不同时期,行政特权都被不同程度地加以运用,尤其在尼克松总统的“水门事件”和克林顿总统的“莱温斯基事件”中,行政特权都被作为对抗信息公开的重要武器。虽然存在一定的争议,但通过立法、判例和行政命令的不断阐释,行政特权的界限相对明确:其事项及于国家安全、总统及其近臣的审议过程;行政特权的行使用以对抗来自议会和法院的资讯公开要求。

严格意义上的行政保留是指“行政权不受其他权力部门介入的自主空间”。广义上来说“由法律所创造,并交由行政权专管的保留模式,固然不能对抗立法权本身,但也可算是行政保留领域”〔1〕。行政保留理论源于德国,学者对行政保留的解释又可具体分为“特别权限说”“个人事件说”“核心范围说”。“特别权限说”认为“就行政与立法两权之关系而言,按事务性质有不同程度关联性,如外交权、防卫权,其运作具有特殊性,只在有限范围内受立法之拘束,可称为‘特别权’。除此之外,在决策层次上可能更具有自主性之行政权活动,诸如机关之组织权限、计划权限,以及政治上之领导或可称为‘政府权’等均属行政保留之范围”。〔2〕 行政保留理论承认权力分工原则下行政权的独特价值与地位,防止立法对行政的过度干预和立法统领一切,科学地划定行政保留领域的空间与范围,承认行政享有一定程度的自主规范制定权和个案决定权,有助于更好地实现权力分工原则。

(二)避免行政权的行使受到干扰

行政特权虽然在美国具有悠久的历史,但其范围并没有统一的规定,基本原则是行政特权的行使必须遵循“公共利益的限制”。虽然理论上对行政特权的范围仍然存在不确定性和较大的争议。但通常来说,下述两种情况下运用行政特权具有正当性:“第一,保障国家安全;第二,基于公共利益的需要保障白宫官员的审议过程处于保密中。”〔3〕行政特权理论的发展由最初宪法上的行政特

〔1〕 陈敦文:《行政保留之比较研究》,载《中研院法学期刊》2012 年第 10 期。

〔2〕 吴庚:《行政法之理论与实用》,中国人民大学出版社 2008 年版,第 89 页。

〔3〕 Mark J. Rozell, *Executive Privilege: Definition and Standards of Application*, 29 Presidential Studies Quarterly 918 ,927(1999).

权进一步明确区分为"总统行政特权"和"行政机关的审议过程特权",后者为美国《信息自由法》所规定的政府信息豁免公开事项奠定了基础。美国 1966 年《信息自由法》没有明确提及"行政特权"或"审议过程特权",但规定了九项豁免公开的事项。《信息自由法》和行政特权的关系一直没有被明确阐释,但可以肯定的是,《信息自由法》的豁免公开范围覆盖了一些普通法上的行政特权内容。

从美国行政特权的历史发展、司法实践和总统行政命令规定的内容来看,该项特权属于总统及近臣已并无多大争议,理论和实践上对拒绝公开政府信息亦区分为"总统行政特权"和"行政机关的审议过程特权"。然而从《信息自由法》所规定的豁免公开范围来看,行政机关豁免公开信息的范围相当大程度上覆盖了总统行政特权的范围。由此不难看出"行政特权"实际上已不专属于总统,而是所有的行政机关。行政机关根据《信息自由法》的豁免公开条款拒绝公众的信息公开要求,已成为"事实上"的一种行政特权。为什么行政部门享有这种特权,或者说《信息自由法》中的豁免公开条款为何要如此规定?迈克尔(Michael)教授认为行政机关的官员所起的作用同等重要,因此对行政特权应寻求一种更加令人满意和切实可行的解释以求豁免公开问题上的平等保护,即将"协助总统工作的人"界定为"整个执行部门"。因为总统交换意见与一般行政审议程序的界限并没有宪法依据,而且这个区分界限在理论和实践上也相当模糊。[1] 从豁免公开的范围来看部分来源于行政特权,从公共利益出发,保障行政部门一定范围内的信息不予公开是为了维护公共利益的根本需要。行政机关审议过程特权的存在理由与总统行政特权并无二致。尽管历史上对行政特权的适用主体存在争议,但通过实践的发展和立法的规定,所有的行政机关事实上已享有行政特权的部分内容,其与总统行政特权的区别在于:前者属于所有的行政机关,后者专属于总统;前者是根据《信息自由法》所享有的,后者是根据宪法原则和实践发展起来的;前者的范围由立法明确规定,后者由实践积累并由总统在个案中主张。

---

〔1〕 Michael N. Kennedy, *Escaping The Fishbowl: A Proposal To Fortify The Deliberative Process Privilege*, Northwestern University Law Review, 99 Northwestern University Law Review1769, 1815(2005).

(三)基于"审议过程特权"的豁免公开

审议过程特权理论为保护过程性政府信息在特定期间免于公开提供了理论阐释,基于公共利益的考量,避免行政行为在不成熟时受到不必要的干扰,保障行政机关工作人员能坦诚地表达意见。"各国信息公开法律制度虽然没有明确规定'必要的行政特权'的字眼,但是却多多少少都包含着确认必要行政特权的内容,即大多在信息公开法律中将行政机关内部的人事规则与办公制度、政府机关的内部联系与执法文件规定为不予公开的例外信息。"[1]基于审议过程特权而豁免公开的信息包括:第一,过程类信息,行政行为正在作出过程中收集的信息;正在进行中的犯罪侦查信息。第二,意见类信息,行政行为作出过程中内部工作人员的讨论性意见,不同行政部门之间的交流意见等。这些信息的公开会影响公务活动的正常进行或公开会导致公务活动失去效果。即使存在豁免公开,也存在政府信息公开例外的"例外",即豁免公开的政府信息在特定情况下可能因为公共利益的需求而让步,如案件涉及重大腐败或危害人类犯罪、刑事诉讼中的证据需求、民事程序中涉及重大利益的事项等。即便是经过这种测试某项信息具有豁免公开的正当性,这种正当性也仅仅在"当下"具有意义,豁免公开所保护的信息可能因时间的经过、程序的结束、其他重大利益以及权利人的许可等因素而重新获得公开的基础。因此,豁免公开是相对的,而知情权才是绝对、永恒的主题。

不过,过程性政府信息豁免公开的理由受到诸多挑战。一种声音认为应取消过程性政府信息的豁免公开。韦特劳弗(Wetlaufer)教授认为过程性政府信息豁免公开可以保障行政官员"坦率地表达意见"的理由并不充分且容易被推翻,且与行政官员被选择出来以执行他们所负担的行政事务方式不一致。首先,作一个公开发言者的危险是很低的,政府官员效忠于他们所服务的机构,有强烈的动机帮助行政机关去解决所面临的难题,且应该发挥自己的作用,审议中的特权作为鼓励官员尽力行为并不必要。其次,保障过程性信息豁免公开对提高行政效率并没有帮助。过度的保密将限制可利用的信息向最终决策者流动,剥夺决策者在意见上接近一个积极、探究性、测验性和可替代的市场。最后,他反驳了审议过程中的特权具有宪法依据的观点。美国联邦最高法院在

---

〔1〕 张龙:《行政知情权的法理学研究》,吉林大学2005年博士学位论文。

"美国诉尼克松"案件中明确地区分了总统行政特权和审议过程中的一般特权。对审议过程中的特权具有行政法上的摩根学说依据提出了质疑，他认为摩根主义仅限于行政机关的首脑作为法官发挥裁判者作用时。因此，摩根案例并没有为执行中的审议过程信息豁免特权提供依据。综上所述，审议过程中的政府信息豁免公开既没有宪法上的依据，也没有完成它所负有的使命，因此应予废除。[1] 与此相对的一种观点是加强过程性政府信息的豁免公开，这种观点不是通过直接承认审议过程中的政府信息豁免公开，而是首先认为这种特权是不合格的，然后通过将审议过程中的政府信息公开与国家安全等绝对豁免公开的理由联系在一起从而取得豁免公开的特权，所以听起来没那么激进。"政府只要满足证明处于审议过程中的政府信息如果公开将损害国家安全，那么就拥有'国家秘密'豁免公开的特权。"[2]在上述"取消论"和"加强论"之外的则是"改造论"。麦克(Michael)教授提出了改造论，他认为行政部门官员所起的作用同等重要，因此在公共政策上应寻求一种更加令人满意和切实可行的解释以求平等的保护，即将"协助总统工作的人"界定为"整个执行部门"。因为总统交换意见与一般行政审议程序的界限并没有宪法依据，而且这个区分界限在理论和实践上也相当模糊。改革的第一步是在民主政治的框架下进行长期的思考，使行政部门与其他两大部门获得同等的对待；第二步应承认总统协商特权与审议过程中的特权是相同的，基于实质的理由和司法效率的考虑，合并这两种特权为"执行特权"更具有现实意义。[3]

第三节　政府信息豁免公开的限制

政府信息豁免公开的存在具有一定的正当性基础，但例外范围的大小直接

---

〔1〕 See Gerald Wetlaufer, *Justifying Secrecy: An Objection to the General Deliberative Privilege*, 65 Indiana Law Journal 845, 845 (1990).

〔2〕 See Michael N. Kennedy, *Escaping The Fishbowl: A Proposal To Fortify The Deliberative Process Privilege*, 99 Northwestern University Law Review1769, 1815 (2005).

〔3〕 See Michael N. Kennedy, *Escaping The Fishbowl: A Proposal To Fortify The Deliberative Process Privilege*, 99 Northwestern University Law Review1769, 1815 (2005).

决定了公开的范围与程度，对豁免公开应设定必要的限制，以防止豁免公开的范围过大，以例外代替公开。这些限制既需要从立法上对不予公开的范围和理由进行厘定，也需要行政机关在个案中进行利益衡量，以及对公开或不予公开的决定进行必要的监督和救济。

一、法律保留原则的制约

（一）法律保留界说

法律保留原则诞生于德国，其作用在于划分立法权对行政权的制约程度，“法律保留原则是指对人民基本权利的侵犯，必须依法律方得为之”〔1〕。要求行政须有法律的明文依据，才可以对人民的自由和权利有所限制，其理论依据是民主原则与法治原则。法律保留原则的适用范围传统上有“侵害保留说”与“全面保留说”之争。自1970年代以来，德国联邦宪法法院不断适用“重要性理论”来阐释法律保留的范围和密度，“倘若在对基本权的实现越重要的事务领域，就越有必要将主导权交给国会”〔2〕。

法律保留的难题在于如何确定其适用范围，在“重要性理论”的基础上，划分出事务的“相对重要”“重要”与“更重要”等不同的层次。阶层式判断法应用到基本权利的法律保留上，“只有对基本权的实现具‘重要意义’，原则上就应适用法律保留；具‘更强烈重要意义者’，即进一步适用国会保留。”由于“重要”与“更重要”实在难以区分，因此，有学者从消极的角度以扣除法反面界定绝对保留的范围，下列事项不属于绝对保留的领域：“a. 不适用法律保留的事务；b. 须做弹性反应的事务；c. 发展、变迁中的事务；d. 事务本质上固有的自主规律性；e. 试验；f. 有因地制宜需要的事务；g. 施行或细节性规范；h. 自治保留。”〔3〕尽管对重要性问题进行不同层级的区分具有相当的难度，但法律保留的要义依然明晰，即对公民权利影响越重要的事项越需要高位阶的立法予以规范。

---

〔1〕 陈新民：《德国公法学基础理论》（下），山东人民出版社2001年版，第354页。

〔2〕 黄舒芃：《法律保留原则在德国法秩序下的意涵与特征》，载《中原财经法学》总第13期（2004年）。

〔3〕 许宗力：《法与国家权力（一）》，元照出版有限公司2006年版，第200～204页。

(二)法律保留原则对政府信息豁免公开的限制

政府信息公开建立在知情权基础之上,知情权源于“表达自由”。《公民权利和政治权利国际公约》[A/RES/2200(XXI)][1]第19条第2款规定:“人人有自由发表意见的权利;此项权利包括寻求、接受和传递各种消息和思想的自由,而不论国界,也不论口头的、书写的、印刷的、采取艺术形式的、或通过他所选择的任何其他媒介。”第19条第2款不仅保护意见的表达,也保护“寻求、接受和传递信息的自由”同时,第19条第3款也规定了对“表达自由”的限制,“本条第二款所规定的权利的行使带有特殊的义务和责任,因此得受某些限制,但这些限制只应由法律规定并为下列条件所必需:(甲)尊重他人的权利或名誉;(乙)保障国家安全或公共秩序,或公共卫生或道德”。

首先,对表达自由和信息获取权的限制只能由“法律”作出规定。“‘由法律规定’这一术语意味着对于表达和信息自由的限制必须被制定在正式意义上的,一般、抽象的立法机关法令中,或是同等的、非成文的普通法规范中。”[2]信息自由权属于公民基本权利之一,一方面对该项权利的限制是对公民基本权利的限制或权利行使的削减,另一方面涉及人数众多。此外,采用前述扣除法的方式,从消极标准来看,对公民基本权利的限制不属于相对保留的领域。因此,对基本权利的限制或剥夺属于重要性事项中“更重要”的权利。公约规定对表达自由或信息权的限制应属于“绝对法律保留”的范畴,即只能由立法机关亲自制定法律加以限制,不能授权行政机关制定任何规范加以制约和削减权利。

其次,对言论和信息作任何限制都应当由法律作出规定,这些法律应当符合“明确性原则”,法律必须以易理解、清楚、狭义的方式进行明确的规定,使每个人了解何等信息不予公开、何等信息应予以披露及与信息有关的何等行为将受制裁。“法律保留原则除要求限制人民自由权利必须有法律根据外,也要求

---

〔1〕 参见联合国网站,https://documents - dds - ny. un. org/doc/RESOLUTION/GEN/NR0/783/02/IMG/NR078302. pdf. OpenElement,2016年3月12日访问。

〔2〕 [奥]诺瓦克:《民权公约评注:联合国〈公民权利和政治权利国际公约〉》,毕小青、孙世彦等译,生活·读书·新知三联书店2003年版,第232页。

该法律具备‘明确性原则’。”[1]《关于国家安全、言论自由和使用信息的约翰内斯堡原则》(1996年)1.1将“由法律规定”解释为:“(a)对言论和信息作任何限制都应当由法律作出规定。这些法律应当容易理解、不含糊和规定严密与准确,使得个人可以事先预见某项行动是否违法。(b)法律应当作出规定保护人们免受法律滥用,包括通过独立的法院或法庭对限制的合法性进行立即、全面和有效的司法审查。”[2]

最后,由法律对基本权利作出限制还应符合特定的条件,并且对不予公开的信息进行狭义界定。根据公约的规定,可以限制表达自由的条件包括两个正当事由:一是他人的权益,即“尊重他人的权利或名誉”;二是公共利益,即“保障国家安全、公共秩序、公共卫生或道德”。《公众的知情权:信息自由的立法原则》(1999年)第4条“例外范围情况有限”规定:“法律应规定有一套完整的合法目标清单,这些目的可能证明不披露信息的行为是合理的。该清单应仅包括构成拒绝披露文件行为合理根据的利益,并应限于国际法承认的事宜,例如执法、隐私、国家安全、商业和其他机密、公共或个人安全以及政府决策程序的有效性和完整性”[3]。

(三)法律保留原则在我国政府信息公开立法中的适用

我国政府信息公开的立法体系以《政府信息公开条例》为核心,涉及法律(如《保守国家秘密法》《反不正当竞争法》等)、行政法规、地方性法规、规章和规范性文件共同构成的规范体系,豁免公开的事项范围在上述规范体系中都有涉及,具体可以分为三个层次:第一,原条例规定的豁免公开事项,即“行政机关不得公开涉及国家秘密、商业秘密、个人隐私的政府信息”。第二,国务院文件规定的“三安全一稳定”、内部管理和过程性信息。《国务院办公厅关于施行〈中华人民共和国政府信息公开条例〉若干问题的意见》(国办发〔2008〕36号)第3条规定:“凡属国家秘密或者公开后可能危及国家安全、公共安全、经济安全和社会稳定的政府信息,不得公开。”《国务院办公厅关于做好政府信息依申

---

〔1〕 翁岳生主编:《行政法》,中国法制出版社2002年版,第192页。

〔2〕 参见第19条组织网站,https://www.article19.org/data/files/medialibrary/1803/11-08-08-STANDARDS-Johannesburg-ZH.pdf,2017年9月28日访问。

〔3〕 参见联合国人权高级专员办事处网站,https://documents-dds-ny.un.org/doc/UNDOC/GEN/G00/102/58/IMG/G0010258.pdf.OpenElement,2016年5月18日访问。

请公开工作的意见》(国办发〔2010〕5号)第2条规定:“行政机关在日常工作中制作或者获取的内部管理信息以及处于讨论、研究或者审查中的过程性信息,一般不属于条例所指应公开的政府信息。”第三,行政执法类信息,一些部门和地方立法明确将“行政执法类信息”排除在信息公开范围之外。第二和第三类豁免公开的信息始于国务院的文件和地方立法,即在《政府信息公开条例》之外通过下位法和文件做了排除性的解释和规定,经过各地行政机关的多年实践,上述信息作为公开的例外逐步获得承认,《政府信息公开条例》修订后吸收了这些内容,将上述信息均纳入豁免公开的范围。此外,其他法律、行政法规等单行法作出不予公开的规定,由于法律具有高于行政法规的效力,其他行政法规基于后法优于先法、特别法优于普通法等法律适用的原则,这些法律规范的排除规定也属于政府信息豁免公开的范畴。

我国没有“政府信息公开法”,信息公开主要以“行政法规”的形式加以规范,排除公开的事项同时出现在条例中。如前所述,政府信息公开涉及公民的“表达自由”和“知情权”,政府信息豁免公开涉及对基本权利的限制,受法律保留原则的制约。进一步而言,属于法律保留中的“绝对保留”事项,只能由立法机关通过“法律”来规定。从规范层面来看,我国《立法法》(2015年修正)第8条规定:“下列事项只能制定法律……(五)对公民政治权利的剥夺、限制人身自由的强制措施和处罚。”政府信息豁免公开属于“对公民基本权利的剥夺”,也属于法律保留的范畴。不过,《立法法》(2015年修正)第9条规定:“本法第八条规定的事项尚未制定法律的,全国人民代表大会及其常务委员会有权作出决定,授权国务院可以根据实际需要,对其中的部分事项先制定行政法规,但是有关犯罪和刑罚、对公民政治权利的剥夺和限制人身自由的强制措施和处罚、司法制度等事项除外。”也就是说,属于法律保留的事项也可以由全国人大授权国务院制定行政法规来规范,但“有关犯罪和刑罚、对公民政治权利的剥夺和限制人身自由的强制措施和处罚、司法制度等”属于核心的法律保留内容,不能通过委任立法来规定。《政府信息公开条例》并非全国人大授权的立法,而是国务院的自主性立法。无论是根据法律保留原则的要求还是《立法法》的要求,政府信息豁免公开事项都属于“绝对保留”的重要领域,不宜由法律位阶以下的规范作出规定,也就是说,行政法规不应设定排除公开的范围,国务院文件、地方性法规、规章及以下的规范性文件更无权作出这样的规定,我国《政府信息公开条例》在总结实践经验和域外立法的基础上宜早日升级为法律。

二、比例原则的限制

(一)比例原则的内容

国家对人民基本权利的限制,一方面要符合法律保留原则,另一方面在目的和手段上也应符合一定的要求。比例原则的核心要义即是制约公权力对人民基本权利的制约,德国宪法法院在1958年作出的"药店案"判决中阐述了比例原则的三阶标准,学界通常将其概括为比例原则的三个子原则,即"妥当性原则、必要性原则和狭义的比例原则(均衡原则)"[1]。近年来,我国学者总结域外司法实践,认为比例原则应包括四个子原则,即目的正当原则、妥当性原则、必要性原则和狭义比例原则。[2]

适当性原则,又称合目的性原则或妥当性原则,"所采取之公权力措施,须有助于目的之达成,故亦可称为有效性原则"[3]。必要性原则是指"行为不超越实现目的之必要程度,亦即有多种同样能达成目的之方法时,应选择影响最轻微之手段"[4]。"必要性原则要求立法者、行政者所运用的手段是最小损害的,这就需要立法者、行政者首先应确定各个手段的损害大小,然后再对这些不同的具有适当性的手段进行比较分析,以最终挑选出一个最小损害的手段"[5]。均衡原则,又称为狭义比例原则,是指"判断公权力采取之方法所造成之损害不得与欲达成目的之利益显失均衡"[6]。如何进行利益衡量,域外学者提出了两种模式:"一种是从权衡者的角度出发,以德国学者罗伯特·阿列克西(Robert Alexy)为代表的数学计算模式;另一种是从当事人的角度出发,以加拿大学者戴维·M. 贝蒂(David M. Beatty)为代表的事实问题商谈模式。"我国学者则在上述两种模式的基础上,提出"通过吸收成本收益分析方法,并借助于均衡性判断公式,计算出某个最小损害性手段所促进的公益与所造成的损害的比

---

〔1〕 陈新民:《德国公法学基础理论》(下),山东人民出版社2001年版,第368页。

〔2〕 参见刘权:《目的正当性与比例原则的重构》,载《中国法学》2014年第4期;范进学:《论宪法比例原则》,载《比较法研究》2018年第5期。

〔3〕 周佳宥:《行政法基本原则》,三民书局股份有限公司2016年版,第106页。

〔4〕 周佳宥:《行政法基本原则》,三民书局股份有限公司2016年版,第106页。

〔5〕 刘权:《论必要性原则的客观化》,载《中国法学》2016年第5期。

〔6〕 周佳宥:《行政法基本原则》,三民书局股份有限公司2016年版,第107页。

例值,再根据均衡性判断法则,具体权衡该最小损害性手段是否具有均衡性”。[1]

(二)比例原则对政府信息豁免公开的限制

政府信息豁免公开中对比例原则的适用体现在两个方面:一是立法过程中的豁免公开,适用于绝对豁免公开事项,立法者在制定规范过程中通过妥当性、必要性和均衡性的考量,最终决定特定事由适用绝对豁免公开。对于行政而言,此种规定为羁束规范,立法者已明确规定法律效果,行政不再有裁量的空间,按照立法的规定直接适用豁免公开。二是立法留给行政自由裁量的空间,主要针对相对豁免公开的事项,立法者留给行政机关裁量余地,由行政机关根据比例原则对基本权利的限制是否适当、必要和均衡进行具体判断,行政机关既有裁量的余地也有说明理由的义务。《公众的知情权:信息自由的立法原则》(1999 年)提出了适用例外情况的三项检验,即“信息必须和国际法中规定的合法目标相关;其披露必须可能对该目标造成严重损害;对目标的损害必须大于获取信息方面的公共利益。”[2]

首先,例外情况具有目的正当性。《世界人权宣言》第 29 条第 2 款规定:“人人在行使他的权利和自由时,只受法律所确定的限制,确定此种限制的唯一目的在于保证对旁人的权利和自由给予应有的承认和尊重,并在一个民主的社会中适应道德、公共秩序和普遍福利的正当需要。”如前所述,豁免公开的正当性理由包括“保障公共利益、维护私人权益和确保行政权行使顺畅”。《公众的知情权:信息自由的立法原则》(1999 年)规定:“合法目标证明例外情况合理。法律应规定有一套完整的合法目标清单,这些目的可能证明不披露信息的行为是合理的。该清单应仅包括构成拒绝披露文件行为合理根据的利益,并应限于国际法承认的事宜,如执法、隐私、国家安全、商业和其他机密、公共或个人安全以及政府决策程序的有效性和完整性。”[3]

其次,豁免公开信息对于正当目的的实现是所有可采用的手段中损害最小

---

〔1〕 刘权:《均衡性原则的具体化》,载《法学家》2017 年第 2 期。

〔2〕 参见联合国人权高级专员办事处网站,https://documents - dds - ny. un. org/doc/UNDOC/GEN/G00/102/58/IMG/G0010258. pdf. OpenElement,2016 年 5 月 18 日访问。

〔3〕 参见联合国人权高级专员办事处网站,https://documents - dds - ny. un. org/doc/UNDOC/GEN/G00/102/58/IMG/G0010258. pdf. OpenElement,2016 年 5 月 23 日访问。

的手段，没有其他更好的选择。《公民权利和政治权利国际公约》第19条第3款规定了对“意见自由”的限制，但同时亦规定了这些限制是“必须”的，第10号一般性意见提出缔约国有义务证明“为了这些目的，该缔约国‘必须’实行限制。”《公众的知情权：信息自由的立法原则》第4条“例外情况范围有限”原则要求政府“应清楚和严密地规定例外情况，并根据‘危害性’和‘公共利益’对其严格检验”。

最后，豁免公开信息所欲保护的利益与对知情权的损害相比是适度的。“一项法律制度由两部分构成：一是立法欲实现的目的，是制度利益之所在；二是实现该目的欲使用的手段。目的与手段之间应当有妥适的配合，制度利益的获取应当采取适当的手段。所以，手段不当不但会直接影响制度利益的实现，甚至直接影响该制度的法律效力。这是因为手段不当不仅会损害当事人的利益，也会损害与此有联系的社会公共利益。”〔1〕《公众的知情权：信息自由的立法原则》(1999年)强调保障公共利益的重要性，特定情况下，“即使可以显示披露信息会对一项合法目标造成严重损害，如果披露的益处超出损害，该信息则仍应被披露。例如，某些信息具有隐私性质，但同时揭露政府内部的高层腐败。对合法目标的损害必须与公布信息方面的公共利益相衡量，如果后者大于前者，法律就应规定披露信息。其他公共利益包括对正在进行的公共辩论产生重大帮助；促进公众参与政治辩论；完善公共事务一般运行方面的问责，特别是在公共资金使用方面的问责；揭露严重的恶行，包括侵犯人权行为、其他犯罪行为、滥用公职和对严重恶行的故意隐瞒；以及有益于公众健康或安全”。

（三）比例原则在我国立法和司法实践中的体现

我国《政府信息公开条例》所规定的豁免公开范围分为三类：第一类是属于国家秘密、危及“三安全一稳定”以及法律、行政法规禁止公开的信息。这类信息属于绝对豁免公开，是立法者适用比例原则的结果。第二类是涉及商业秘密和个人隐私的政府信息，这类信息并非绝对不能公开，而属于相对豁免公开的事项，按照条例第15条的规定“第三方同意公开或者行政机关认为不公开可能对公共利益造成重大影响的，予以公开”。相对豁免公开是立法与行政结合适用比例原则的结果，立法者给行政机关留有裁量的空间，在具体个案中适用比

---

〔1〕 梁上上：《制度利益衡量的逻辑》，载《中国法学》2012年第4期。

例原则决定是否应豁免公开相关信息。条例虽然没有直接规定比例原则，但“行政机关认为不公开可能对公共利益造成重大影响”蕴含了比例原则的内容。这一规定意味着“行政机关在政府信息公开工作中，并非只要政府信息涉及个人隐私的就一概不予公开，要看相关信息是否能够作区分处理，能区分处理的不属于个人隐私范畴的部分行政机关应向申请人公开，涉及个人隐私的，即使第三人不同意公开的，还应当充分考量公共利益需要，依比例原则在公共利益和个人隐私之间做出衡平”。[1] 司法实践中，法院在政府信息公开案件中针对涉及个人隐私的信息是否公开的判断中适用比例原则的情况相对较多。全国政府信息公开十大案例之四“杨政权诉山东省肥城市房产管理局案”中法院认为“当享受保障性住房人的隐私权直接与竞争权人的知情权、监督权发生冲突时，应根据比例原则，以享受保障性住房人让渡部分个人信息的方式优先保护较大利益的知情权、监督权”。此案是比例原则在个人隐私信息豁免公开适用中的典型例证。第三类是行政机关的内部事务信息、过程性信息以及行政执法案卷信息，条例规定这些信息“可以不予公开”，如果单行法律、法规和规章没有例外的规定，行政享有是否公开信息的选择权。行政机关在自主决定过程中考量的重要因素是建立在比例原则基础上、公开与不公开之间的利益衡量。

根据《政府信息公开条例》的规定，政府信息公开的方式分为主动公开和依申请公开，第 19 条规定：“对涉及公众利益调整、需要公众广泛知晓或者需要公众参与决策的政府信息，行政机关应当主动公开。”第 20 条和第 21 条明确列举了各级政府应主动公开的政府信息范围。“如皋市人民政府如城街道办事处与钱某某信息公开上诉案”中法院认为“本案中申请人申请公开的‘如皋花木大世界扩建工程涉及的如城街道大明居委会所属的 163 户拆迁户拆迁补偿费用明细’属于《政府信息公开条例》规定的如城街道办应当主动公开的信息。房屋拆迁补偿过程中，当被拆迁人的隐私权直接与其他被拆迁人的知情权、监督权发生冲突时，根据行政比例原则，应以被拆迁人让渡部分个人信息的方式优先保护较大利益的知情权、监督权，作为相关主动公开的政府信息，其公开不应也不

[1] 韩某某与如皋市住房和城乡建设局行政监督案，江苏省海安县人民法院（2016）苏 0621 行初 252 号行政判决书。

必以权利人的同意为前提"[1]。同样,在"朱勇如与南通市崇川区钟秀街道办事处案"中二审法院认为"对于主动公开的信息,条例已经考虑了私权利的保护与公众知情权之间的利益平衡,故并没有作出需要征求第三方意见的规定"[2]。根据上述审判观点,主动公开的政府信息由立法者衡量适用比例原则,故政府信息即使涉及商业秘密和个人隐私,行政机关亦应主动公开,没有选择是否公开的余地,也不必征求相关利害关系人的意见;而依申请公开的政府信息行政机关在裁量范围内适用比例原则,根据公共利益和私人权益损害的大小决定是否公开信息。

三、司法审查的保障

(一)司法审查的可得性

司法审查的可得性意味着行政机关对政府信息豁免公开的适用应受司法机关的监督和制约,也是司法权对相对人知情权提供的救济。有权利必有救济,没有救济就没有权利,甚至在西方一度存在"救济先于权利"的观念,立法机关在赋予公民权利的同时,也应设置相应的救济途径和救济手段,以便使权利受到侵害时能及时得到补救。"就'有权利,即有救济'之法理言,其为所有权利保护制度之根本思想,亦为行政救济制度之发端基础,尤其是以保护人民权利为目的导向之行政救济,更是非以之为思想基础不可。虽然依法行政原则为行政救济之前提之一,但从有依法行政之原则,并不当然或必然导出行政救济制度。尤其是以保障人民权利为目的之行政救济制度"[3]。信息公开中的权利救济尤其是司法权的救济被国际文件所认可并提及,《关于知情权的十项原则》(Ten Principles on the Right to Know,2005 年)之八"所有申请人针对公共机构拒绝或不予公开信息的行为均有权获得及时、有效的司法审查"[4]。《关于国家安全和信息权利的全球性原则》(The Global Principles on National Security and the Right to Information,简称"茨瓦内原则",2013 年)第 27 条原则规定:

---

〔1〕 江苏省南通市中级人民法院(2015)通中行终字第 00075 号行政判决书。

〔2〕 江苏省南通市中级人民法院(2017)苏 06 行终 390 号行政判决书。

〔3〕 蔡志方:《行政救济法论》,月旦出版社股份有限公司 1995 年版,第 20 页。

〔4〕 参见美洲国家组织网站,https://www.oas.org/dil/access_to_information_human_Policy_Recommendations_10_Principles_on_the_Right_to_Know.pdf,2017 年 9 月 28 日访问。

“(a)国家安全的要求不得破坏由依法设立的主管、独立和公正的法庭进行公平审判的基本权利。(b)在任何法律程序中,如果公共机构以国家安全为由拒绝公开信息,法院应该有权审查并确定此等信息是否应保密。未经审查相关信息,法院不得驳回异议”[1]。

我国《行政诉讼法》第12条第2款规定:“除前款规定外,人民法院受理法律、法规规定可以提起诉讼的其他行政案件。”《政府信息公开条例》第51条规定:“公民、法人或者其他组织认为行政机关在政府信息公开工作中侵犯其合法权益的,可以向上一级行政机关或者政府信息公开工作主管部门投诉、举报,也可以依法申请行政复议或者提起行政诉讼。”《最高人民法院关于审理政府信息公开行政案件若干问题的规定》(法释〔2011〕17号)第1条第1款规定:“公民、法人或者其他组织认为下列政府信息公开工作中的具体行政行为侵犯其合法权益,依法提起行政诉讼的,人民法院应当受理……”司法实践中,政府信息公开行政案件是近年来法院受理案件较多的一类案件,2017年全国行政应诉案件涉及政府信息公开事项16,667件,占全部案件总数的9.02%[2];2018年全国行政应诉案件涉及政府信息公开事项15,962件,占全部案件总数的7.55%[3];2019年全国行政应诉案件涉及政府信息公开事项16,303件,占全部案件总数的7.29%。[4]

(二)不公开审理原则

因信息豁免公开而产生争议的,法院应采用秘密审查的方式判断争议信息是否属于特定豁免公开的信息范围。秘密审查是指“将请求资讯公开之原告及诉讼代理人隔离于外,由法官于特别办公室内进行系争资讯调查程序。对系争资讯之实质内容进行检阅调查,以得到是否该当于限制公开事由之心证;如此审理方式可有效进行诉讼,为较正确之判断,一方面亦发挥遏止政府机关滥行

〔1〕参见开放社会基金会网站,https://www.opensocietyfoundations.org/sites/default/files/tshwane-mandarin-20150217.pdf,2017年9月28日访问。

〔2〕《2017年全国行政复议和行政应诉案件统计数据》,载司法部网站,http://www.moj.gov.cn/government_public/content/2019-01/11/xxgk_226425.html。

〔3〕《2018年全国行政复议和行政应诉案件统计数据》,载司法部网站,http://www.moj.gov.cn/organization/content/2019-05/09/560_234638.html。

〔4〕《2019年全国行政复议、行政应诉案件统计数据》,载司法部网站,http://www.moj.gov.cn/organization/content/2020-09/29/560_3257263.html。

核定机密,违法不当限制资讯公开之监督功能”[1]。我国《最高人民法院关于审理政府信息公开行政案件若干问题的规定》(法释〔2011〕17 号)第 6 条规定:“人民法院审理政府信息公开行政案件,应当视情采取适当的审理方式,以避免泄露涉及国家秘密、商业秘密、个人隐私或者法律规定的其他应当保密的政府信息。”秘密审查仅意味着司法审查程序不对一般人、社会公众公开,但不能剥夺被告、相关利害关系人参与程序的权利。有学者通过对我国司法实践案例的研究发现“法院将‘适当’理解为一种真空隔离的秘密审查,连相关材料的名称、文号都不能向私方当事人披露”[2]。

秘密审查可以防止信息公开申请人利用诉讼的方式获得信息内容,以规避政府信息豁免公开的相关规定和特定利益。“高某某与天津市蓟县人民政府信息公开行政纠纷再审案”中,最高人民法院认为:“国家秘密确定权和国家秘密争议的裁决权具有专属性,再审申请人对涉案政府信息是否属于国家秘密持有异议,依法不属于行政审判职权范围。政府信息公开诉讼的目的就是获悉政府信息的内容,因此,政府信息并非作为证据存在,无论是公开审理还是不公开审理,均不得在法庭上出示、宣读以及质证。否则,本不应公开的政府信息因出示、宣读、质证而事实上公开之后,诉讼也会变得毫无意义”[3]。

(三)司法审查的强度

政府信息公开争议中司法机关的介入可以避免行政的专断和滥权,确保豁免公开被限制在立法者所允许的范围内。然而,司法审查能否真正发挥作用,很大程度上依赖于法院是否愿意真正介入行政对豁免公开的判断,通过司法审查强度的大小体现出司法审查的有效性。在司法审查实践中,针对手段的主观适当性,德国联邦宪法法院在判决中发展出了三种不同强度的审查基准,“即明白性审查标准、可支持性审查和强烈的内容审查。……何种情形适用何种审查或认定标准,联邦宪法法院以为应依所涉及规范领域的性质、形成有足够把握之决定的可能性的大小,以及所涉及相关法益之重要性等等而定”[4]。而美国

---

〔1〕 范姜真媺:《政府资讯公开与国家机密保护——以日本之学说及实务见解为主》,载《政大法学评论》2007 年总第 100 期。

〔2〕 郑春燕:《政府信息公开与国家秘密保护》,载《中国法学》2014 年第 1 期。

〔3〕 最高人民法院(2016)最高法行申 1351 号行政裁定书。

〔4〕 许宗力:《法与国家权力》(二),元照出版有限公司 2006 年版,第 79 ~ 80 页。

则适用三种不同的审查基准“最宽者乃合理审查基准；最严的是严格审查基准；严格程序居中的是中度审查基准”。“严格审查基准通常适用于基本性权利，如亲权、结社自由、选举权、州际履行自由、隐私权、生命权、针对高价值言论自由之言论限制等等的法律”〔1〕。在日本，“法院应立于尊重行政机关第一次判断之前提下，审查其限制系争资讯之公开决定是否为裁量权范围内具有合理性之判断。……违法之限制公开处分，系指行政机关首长第一次判断，超越合理性判断得容许之限度；换言之，该当限制公开处分被认为系行政机关首长逾越或滥用裁量权者，始足当之”〔2〕。

针对政府信息公开豁免问题，法院往往适用最宽松的审查标准。尤其当信息涉及国家安全时，许多国家的法院对政府要求表现出最低的独立性和最高的服从性。“一方面，法院在审查涉及国家安全事项时采取不公开审理的方式，以避免泄密。另一方面，法院在审理这一类案件时，也倾向于尊重行政机关判断，奉行司法谦抑原则。特别是当政府方面以定密为行政特权作为抗辩理由时，法院鲜少不予以支持”〔3〕。一方面是出于对行政权的尊重，另一方面法院亦缺乏足够的判断能力。“法院虽有权秘密审查争议信息的实体内容，国家秘密的专业性和政治敏感性也会让法官觉得无从下手”〔4〕。2001 年“9·11”事件对政府信息公开实践具有重要的影响，以美国为代表的信息公开国家在“9·11”后对国家安全类信息采取了更为保守的态度，互联网技术的发展和大数据的传播则起了推波助澜的作用，针对国家安全信息的镶嵌理论（或称为马赛克理论）为这种趋势提供了理论支撑，“通过信息镶嵌：一种点金术的技巧分析，将某些单独无害的信息转化为有用的信息即镶嵌理论描述了一种信息收集的基本规则：单独有限的、对其所有人无用的信息，当这些信息与其他信息结合时，可以变成有重要意义的信息”〔5〕。如此，无论是政府还是法院，都惧怕在新技术手段下碎片信息的公开可能造成更多秘密信息的泄露，从而影响国家安全和国家利益，

〔1〕 许宗力：《法与国家权力》（二），元照出版有限公司 2006 年版，第 80～81 页。

〔2〕 范姜真媺：《政府资讯公开与国家机密保护——以日本之学说及实务见解为主》，载《政大法学评论》2007 年总第 100 期。

〔3〕 程洁：《美国的密级审查制度：依据、程序与理念》，载《保密工作》2012 年第 10 期。

〔4〕 郑春燕：《政府信息公开与国家秘密保护》，载《中国法学》2014 年第 1 期。

〔5〕 杨建生：《政府信息公开中镶嵌理论的适用与国家安全信息保护》，载《社会科学家》2014 年第 1 期。

本就倾向保守的国家安全信息公开问题变得更加保守。

第四节　数据时代政府信息豁免公开的挑战

科技发展和信息技术渗透到社会生活的各个领域,也改变了传统的政府治理方式,由于采用数字化的方式存储和获取信息,政府因此掌握大量的基础数据,促进政府数据的开放、共享和利用,已成为大数据时代社会的迫切需求。大数据的发展既为政府信息公开带来了便利,也提出了新的挑战。

一、从政府信息公开到政府数据开放

政府信息是指“行政机关在履行行政管理职能过程中制作或者获取的,以一定形式记录、保存的信息。”政府数据也称为政务数据,是指“各级行政机关在依法履行职责过程中制作或者获取的,以一定形式记录、保存的文件、资料、图表等各类数据,包括行政机关直接或者通过第三方依法采集的、依法经授权管理的和因履行职责需要依托政务信息系统形成的数据等”。[1] 学界通说认为政府信息与政府数据至少存在以下区别:第一,数据是第一手的原始记录,未经加工与解读,不具有明确意义,而信息是经过连接、加工或解读之后被赋予了意义的数据。第二,政府信息公开更强调公众知情的权利,其重心在于“知”,侧重于信息公开的政治和行政价值,而开放政府数据更强调公众利用数据的权利,重心在于“用”,侧重于数据被开发利用后所产生的经济与社会价值。[2]

从实践发展来看,我国政府数据开放采用了不同于政府信息公开的立法路径。2015 年国务院印发《促进大数据发展行动纲要》(国发〔2015〕50 号)提出建立“用数据说话、用数据决策、用数据管理、用数据创新”的管理机制。之后,《国家信息化发展战略纲要》(中共中央办公厅、国务院办公厅 2016 年 7 月发布)、《政务信息资源共享管理暂行办法》(国发〔2016〕51 号)、《政务信息系统

---

〔1〕《山东省电子政务和政务数据管理办法》(山东省人民政府令第 329 号,2019 年 12 月 25 日发布)第 3 条第 2 款。

〔2〕郑磊:《开放政府数据研究:概念辨析、关键因素及其互动关系》,载《中国行政管理》2015 年第 11 期。

整合共享实施方案的通知》(国办发〔2017〕39 号)、《关于开展国家电子政务综合试点的通知》(中网办秘字〔2017〕907 号)等一系列中央文件出台,促使我国政府数据共享和开放驶进快车道。与政府信息公开一样,政府数据开放依然实行地方立法先行的模式,如《贵阳市政府数据共享开放条例》(市人大字〔2017〕4 号)、《浙江省公共数据开放与安全管理暂行办法》(浙江省人民政府令第 381 号)、《上海市公共数据开放暂行办法》(上海市人民政府令第 21 号)等地方立法已陆续出台。

政府信息公开与政府数据开放虽然存在诸多差异,但政府信息公开是政务公开在数据时代的表现,两者在开放内容、范围、形式等方面存在交叉和重叠。政府数据强调"原始性、可机器读取、可供社会化再利用"的特征,"政府数据开放是要求对底层的、原始的数据加以公开,《政府信息公开条例》中公开的政府信息,则是经过加工和分析的信息,而往往并非原始的数据。"〔1〕但过于强调数据的原始性和符号特征没有太多意义,政府数据依然是通过符号所承载的意义对外传递信息,"政府数据开放与政府信息公开关系的基本定位为'承继但不取代'。"〔2〕"数据集的开放无论从法律还是形式上都是信息公开的一部分。""数据是按照一定的形式规则和意义规则对若干符号进行排列组合并且反映另一事物属性的产物或呈现物;信息是数据荷载或记录另一事物属性的内容或意义,符号是数据呈现的形式,两者分别构成数据的信息属性和物质属性;数据可以在不同符号体系之间转换,从而使信息得以传播。"〔3〕即使是对政府信息和政府数据严格区分的学者也承认"政府信息公开为政府数据开放在法律层面奠定了基础,是政府数据开放的前提,而开放政府数据则是政府信息公开在大数据时代的延伸和跃进,在开放的深度和广度上都达到了新的水平。"〔4〕"政府数据开放是对政府信息公开的全面提升。"〔5〕

---

〔1〕 宋华琳:《中国政府数据开放法制的发展与建构》,载《行政法学研究》2018 年第 2 期。

〔2〕 王万华:《论政府数据开放与政府信息公开的关系》,载《财经法学》2020 年第 1 期。

〔3〕 黄璜、赵倩、张锐昕:《论数据开放与信息公开——对现有观点的反思与重构》,载《中国行政管理》2016 年第 11 期。

〔4〕 郑磊:《开放政府数据研究:概念辨析、关键因素及其互动关系》,载《中国行政管理》2015 年第 11 期;郑磊:《开放不等于公开、共享和交易:政府数据开放与相近概念的界定与辨析》,载《南京社会科学》2018 年第 9 期。

〔5〕 胡小明:《从政府信息公开到政府数据开放》,载《电子政务》2015 年第 1 期。

随着互联网的普及和应用,政府信息越来越多采用电子化的形式。《政府信息公开条例》第24条规定:“各级人民政府应当加强依托政府门户网站公开政府信息的工作,利用统一的政府信息公开平台集中发布主动公开的政府信息。政府信息公开平台应当具备信息检索、查阅、下载等功能。”有学者调查了100个左右的政府部门,发现“一半以上的政府部门都采用了在部门网站上主动公开并提供下载,这是政府机关信息公开的主要途径”。[1] 行政实践中,政府及其相关部门并没有严格区分“政府信息”和“政府数据”,如《山东省电子政务和政务数据管理办法》第25条第3款规定:“公民、法人和其他组织申请获取政务数据的,县级以上人民政府有关部门应当按照国家和省有关政府信息公开的规定及时予以办理。”从技术层面看,政府信息公开是“窄带互联网”时代的产物,而政府数据开放是“宽带互联网”提供的更多数据资源应用。

二、数据信息给豁免公开带来的难题

政府数据开放仍然需要解决国家秘密、商业秘密和个人隐私保护问题,电子数据的发展使信息数量激增,改变了信息存储和获取方式以及传播速度,其最大的挑战是豁免公开的信息更加难以识别,信息的关联度更高、侵权风险易发。传统政府信息公开法律框架将豁免公开的信息与其他信息分割,实现保障公共利益、特定私人权益和行政管理秩序的目标。但在政府大数据公开的背景下,政府数据的原始性、符号化和数字化,为判断数据是否应当公开带来了新的挑战;特定数据即使不涉及应当保密的信息,但数据的关联、整合又提供了新的信息,新信息与需要保障的豁免公开利益关联度更高,其直接结果是传统信息公开领域分割原则的部分失灵,以往的信息分割、匿名、知情同意程序都不再完全有效。这是大数据时代政府信息公开至今难以破解的局面。

其一,国家秘密属绝对豁免公开的信息,通过法律、指南和目录等完成定密过程,明确标识的国家秘密为豁免公开奠定基础。“政府数据是没有经过加工的原始数据,开放后经过加工关联是否会产生国家秘密的预先评判及风险评估更加困难,涉及数据挖掘、情报意识、风险感知等诸多能力,这也为精准定密提

---

〔1〕 韦景竹、马翠嫦:《政府信息公开与保密协调机制实证研究——基于百个政府机关的调查》,载《档案学研究》2016年第3期。

出了极大的挑战。"[1]碎片化信息的关联、整合和重组,增加了预先判断涉密信息的难度和技术要求,"马赛克理论"认为"一些本身属非重大的信息,由于可能与其他公开信息结合起来,从而形成影响国家安全和利益的重要信息,被有关部门保护起来,不予公开"。[2]

其二,通过反向工程获取的商业秘密不被认定为侵权行为,反向工程"是指通过技术手段对从公开渠道取得的产品进行拆卸、测绘、分析等而获得该产品的有关技术信息"。[3] 技术的发展使反向工程比以往更加容易,政府数据即使不与商业秘密直接相关,但海量数据为反向工程破解技术秘密提供了更多可能性。

其三,大数据导致个人隐私与个人信息的界限更加模糊,姓名、电话号码等传统上没有被严格作为个人隐私的信息变得更加敏感。通过公开的个人信息获取个人健康记录、行踪信息已不再是难题。"即使最初阶段政府公开的数据中没有个人隐私或者个人信息已被匿名化,但是通过把这些开放的数据与其他数据相联系能够重新识别个人,从而威胁到个人隐私。"[4]

上述困境带来的直接结果,一方面是政府机构不能准确识别应当保密的信息范围而开放了本不应该开放的数据资源,另一方面可能是政府机构以"保密"为由拒绝公开某些数据资源,使可以开放的数据没有开放。《促进大数据发展行动纲要》(国发〔2015〕50 号)提出"稳步推动公共数据资源开放。在依法加强安全保障和隐私保护的前提下,稳步推动公共数据资源开放"。从规范角度看,一方面要加强政府信息公开过程中对豁免信息的识别和判断;另一方面通过立法严格限制和禁止对政府数据的非法利用。

三、以豁免公开信息为基础构建政府数据分类开放框架

政府信息公开中关于豁免公开范围的规定,为政府数据开放的例外范围奠

---

〔1〕 侯晓丽、彭靖、赵需要:《政府数据开放中国家秘密的泄露风险与保护策略》,载《情报理论与实践》2018 年第 7 期。

〔2〕 David E. Pozen. *The Mosaic Theory*, *National Security*, *and the Freedom of Information Act*, 115 Yale Law Journal 628, 628(2005).

〔3〕《最高人民法院关于审理侵犯商业秘密民事案件适用法律若干问题的规定》(法释〔2020〕7 号)第 14 条第 3 款。

〔4〕 邹东升:《政府开放数据和个人隐私保护:加拿大的例证》,载《中国行政管理》2018 年第 6 期。

定了基础。政府数据开放是政府信息公开的进一步发展，其开放与免除开放的内容、范围、形式等和政府信息公开有所重叠，因此在政府数据开放层面缺失的相关法律法规一般沿用信息公开方面的法律法规。[1] 地方立法对政府数据开放规定了分级分类制度、目录制度、负面清单制度，这些制度所确定的政府数据开放框架体系是对现有政府信息公开制度的参照和模仿。

（一）依法开放、安全可控的原则

政府信息公开遵循“以公开为原则、以不公开为例外”的原则，学者亦倡导政府数据开放应“以开放为原则，以不开放为例外”。[2] 无论是信息公开还是数据开放，例外的范围均建立在“国家秘密、商业秘密和个人隐私”这一例外前提下，2007 年开放数据小组提出《政府数据开放八项基本原则》，第一项原则为“完整”，即“除非涉及国家秘密、个人隐私和其他特别权利，所有政府数据都应开放”。[3] 2015 年《开放数据宪章》倡导政府数据应遵循五项原则，第一项原则为“默认开放”，除涉及国家安全、知识产权、个人身份识别和敏感信息外，政府数据应最大限度地开放。[4] 我国《网络安全法》第 45 条规定：“依法负有网络安全监督管理职责的部门及其工作人员，必须对在履行职责中知悉的个人信息、隐私和商业秘密严格保密，不得泄露、出售或者非法向他人提供。”

由于政府数据开放面临新的挑战，在政府开放立法和实践探索中，目前并没有完全实行“最大限度开放原则”，而是在“依法开放”的前提下，遵循“安全可控原则”逐步推进数据开放，例如，《贵阳市政府数据共享开放条例》（人大字〔2017〕4 号）第 3 条规定：“政府数据共享开放应当以问题和需求为导向，遵循统筹规划、全面推进、统一标准、便捷高效、主动提供、无偿服务、依法管理、安全可控的原则。”《浙江省公共数据开放与安全管理暂行办法》（浙江省人民政府令第 381 号）第 6 条规定：“公共数据开放应当遵循依法开放的原则，法律、法规、规章以及国家规定要求开放或者规定可以开放的，应当开放；未明确开放

---

〔1〕 郑磊：《开放政府数据研究：概念辨析、关键因素及互动关系》，载《中国行政管理》2015 年第 11 期。

〔2〕 参见宋华琳：《中国政府数据开放法制的发展与建构》，载《行政法学研究》2018 年第 2 期；王万华：《论政府数据开放与政府信息公开的关系》，载《财经法学》2020 年第 1 期。

〔3〕《政府数据开放八项基本原则》，载开放政府数据网站，https://opengovdata.org/，2020 年 10 月 2 日访问。

〔4〕《开放数据宪章》，载英国政府网，https://www.gov.uk/government/publications/open-data-charter，2020 年 10 月 2 日访问。

的，应当安全有序开放；禁止开放的，不得开放。公共数据开放主体应当积极推进公共数据开放工作，建立公共数据开放范围的动态调整机制，逐步扩大公共数据开放范围。”《上海市公共数据开放暂行办法》（上海市人民政府令第21号）第4条（工作原则）规定：“本市公共数据开放工作，遵循‘需求导向、安全可控、分级分类、统一标准、便捷高效’的原则。”

（二）豁免公开的信息原则上纳入禁止开放数据

政府数据开放实行分级分类开放制度，地方立法将政府数据分为“禁止开放、受限开放、无条件开放”三类，其中涉及国家秘密、商业秘密和个人隐私的数据原则上属于禁止开放的事项，这一立法思路与政府信息公开一脉相承。例如，《贵阳市政府数据共享开放条例》（人大字〔2017〕4号）第8条规定：“实施政府数据共享开放，应当依法维护国家安全和社会公共安全，保守国家秘密、商业秘密，保护个人隐私。任何组织和个人不得利用共享、开放的政府数据进行违法犯罪活动。”第18条规定：“行政机关应当向社会开放下列情形以外的政府数据：（一）涉及国家秘密的；（二）涉及商业秘密的；（三）涉及个人隐私的；（四）法律法规规定不得开放的其他政府数据。”《浙江省公共数据开放与安全管理暂行办法》（浙江省人民政府令第381号）第14条规定：“禁止开放具有下列情形的公共数据：（一）依法确定为国家秘密的；（二）开放后可能危及国家安全、公共安全、经济安全和社会稳定的；（三）涉及商业秘密、个人隐私的；（四）因数据获取协议或者知识产权保护等禁止开放的；（五）法律、法规规定不得开放或者应当通过其他途径获取的。”

（三）豁免公开的信息可以成为有条件开放或无条件开放数据

根据《政府信息公开条例》的规定，国家秘密、商业秘密和个人隐私虽同属于豁免公开的事由，但国家秘密属于绝对豁免公开的事项，而商业秘密和个人隐私属于相对豁免公开的事项，即后者在符合法定条件的情形下可以公开。政府数据开放同样秉承了对公开数据进行区分处理的做法，涉及商业秘密和个人隐私的政府数据可以有条件成为受限开放数据，这些条件包括：第一，不开放数据将会对公共利益造成重大影响的，例如，《浙江省公共数据开放与安全管理暂行办法》（浙江省人民政府令第381号）第14条第3款规定：“涉及商业秘密、个人隐私的公共数据不开放将会对公共利益造成重大影响的，公共数据开放主体可以将其列为无条件开放类或者受限开放类公共数据。”第二，数据指向的权利人同意开放的，例如，《浙江省公共数据开放与安全管理暂行办法》（浙江省人民政府令第381号）第15条规定："公共数据开放主体可以将具备下列条件之一的公共数据确定为受限开放类数据：（一）涉及商业秘密、个人信息的公共数据，其指向的特定公民、法人和其他组织同意开放，且法律、法规未禁止的……"第三，基于安全可控原则，在数据开放风险难以预测的情况下，作为有条件开放数据，限制数据开放范围，例如，《浙江省公共数据开放与安全管理暂行办法》（浙江省人民政府令第381号）第15条规定："公共数据开放主体可以将具备下列条件之一的公共数据确定为受限开放类数据……（二）开放将严重挤占公共数据基础设施资源，影响公共数据处理运行效率的；（三）开放后预计带来特别显著的经济社会效益，但现阶段安全风险难以评估的。"《上海市公共数据开放暂行办法》（上海市人民政府令第21号）第11条（分级分类）第2款规定："……对数据安全和处理能力要求较高、时效性较强或者需要持续获取的公共数据，列入有条件开放类；其他公共数据列入无条件开放类。"第四，参照政府信息公开的分割原则，隐匿数据所涉及的敏感信息后可以开放。《上海市公共数据开放暂行办法》（上海市人民政府令第21号）第11条（分级分类）第3款规定："非开放类公共数据依法进行脱密、脱敏处理，或者相关权利人同意开放的，可以列入无条件开放类或者有条件开放类。"《浙江省公共数据开放与安全管理暂行办法》（浙江省人民政府令第381号）第14条规定："前款所列的公共数据，依法已经脱敏、脱密等技术处理，符合开放条件的，可以列为无条件开放类或者受限开放类公共数据。"

第二章

政府信息豁免公开的域外立法撮要

第一节　国际与区域公约和文件对知情权的保障与限制

无论是国际公约、条约，还是国内立法，都承认公开例外事项存在的合理性。综观国际与域外立法的规定，豁免公开的理由既有一致性，也具有不同国家的立法特色。总体而言，保护国家利益、公共利益和私人利益具有豁免公开的正当性基础。立法在承认上述理由时又针对不同的理由赋予行政机关在个案中是否公开信息的裁量权，通过利益衡量和危害测试最终决定信息能否公开。即使存在不予公开信息的法定事由，这些事由也可能因时间的经过、绝对的公共利益以及利害关系人同意等情形而消失，公开是永恒和绝对的主题。

一、国际与区域性公约规定的信息公开例外

（一）普遍性人权公约

知情权作为一项基本人权，被普遍性人权宣言和公约所广泛承认，但同时宣言和公约也承认对知情权进行适当限制的必要性。《世界人权宣言》第 19 条规定："人人有权享有主张和发表意见的自由：此项权利包括持有主张而不受干涉的自由；和通过任何媒介和不论国界寻求、接受和传递消息和思想的自由。"[1]《联合国千年宣言》（A/RES/55/2）第 25 条规定："确保新闻媒体有发

〔1〕 参见联合国网站，http://www. un. org/zh/universal - declaration - human - rights/index. html，2016 年 3 月 12 日访问。

挥其重要作用的自由,也确保公众有获取信息的权利。"[1]《关于个人、群体和社会机构在促进和保护普遍公认的人权和基本自由方面的权利和责任宣言》(A/RES/53/144,以下简称《人权护卫者宣言》)第6条第1项规定:"了解、索取、获得、接受并保存一切有关人权和基本自由的资料,包括取得有关国内立法、司法或行政系统如何实施这些权利和自由的资料。"[2]《公民权利和政治权利国际公约》[A/RES/2200(XXI)]第19条第2款规定:"人人有自由发表意见的权利;此项权利包括寻求、接受和传递各种消息和思想的自由,而不论国界,也不论口头的、书写的、印刷的、采取艺术形式的或通过他所选择的任何其他媒介。"第3款规定:"本条第2款所规定的权利的行使带有特殊的义务和责任,因此得受某些限制,但这些限制只应由法律规定并为下列条件所必需:(甲)尊重他人的权利或名誉;(乙)保障国家安全或公共秩序,或公共卫生或道德。"2011年7月,第102次联合国人权委员会会议通过了关于《公民权利和政治权利国际公约》第19条(言论自由)的第34号一般性意见。第34号一般性意见(意见自由和言论自由)第22条规定:"第3款规定了具体条件,只能在符合这些条件时实行限制:限制必须由'法律规定';只能出于第3款(甲)项和(乙)项所列任一理由实行限制;以及必须符合关于必要性和相称性的严格判断标准。不得以第3款未规定之理由实行限制,即使这些理由证明是对《公约》所保护的其他权利的合理限制。施加限制的目的仅限于明文规定的,并且必须与所指特定需要直接相关。"

(二)区域性人权公约

《欧洲保障人权和基本自由公约》(Convention for the Protection of Human Rights and Fundamental Freedoms,以下简称《欧洲人权公约》,1950年)是第一个区域性国际人权条约,第10条规定:"一、人人有言论自由的权利。此项权利应包括保持主张的自由,以及在不受公共机关干预和不分国界的情况下,接受并传播消息和思想的自由。本条不应阻止各国对广播、电视、电影等企业规定许可证制度。二、上述自由的行使既然带有责任和义务得受法律所规定的程

[1] 参见联合国网站,https://documents - dds - ny. un. org/doc/UNDOC/GEN/N00/559/50/PDF/N0055950. pdf. OpenElement,2016年3月12日访问。

[2] 参见联合国网站,https://documents - dds - ny. un. org/doc/UNDOC/GEN/N99/770/88/PDF/N9977088. pdf. OpenElement,2016年3月12日访问。

序、条件、限制或惩罚的约束；并受在民主社会中为了国家安全、领土完整或公共安全的利益，为了防止混乱或犯罪，保护健康或道德，为了维护他人的名誉或权利，为了防止秘密收到的情报的泄露，或者为了维护司法官的权威与公正性所需要的约束。"[1]2008年欧洲理事会制定了《欧洲人权委员会官方文件访问权公约》(Council of Europe Convention on Access to Official Documents)，这是第一个关于公众获得信息权利的区域性公约，一旦得到十个国家批准，公约立即生效。目前已有10个国家批准了这一公约[2]，且该公约已于2020年12月1日生效。公约的重要特点是列举了豁免公开的范围，所列各项均须接受"损害"检测，对拒绝公布信息的任何情形进行内部复审，并允许向法庭和/或监察专员进行申诉。该公约第3条(信息获取权的可能限制)规定："公约每一方都可能限制公众获取信息的权利，这些限制应由法律明确规定，对于民主社会是必需的且对于保护下列目标是成比例的：a. 国家安全、防御和国际关系；b. 公共安全；c. 犯罪活动的阻止、调查和起诉；d. 纪律调查；e. 公共当局所进行的检测、控制和监督；f. 隐私和其他合法的私人利益；g. 商业和其他经济利益；h. 国家的经济、财政和汇率政策；i. 各方在诉讼中的平等和有效实现正义；j. 环境；k. 公共当局内部或之间的审议意见。"[3]如果公开信息将损害上述利益，获得信息的权利可以被拒绝，除非存在压倒一切的公共利益。公约各方可以考虑增加时间限制，超过时间限制则上述理由不再适用。

《美洲人权公约》(American Convention on Human Rights，1969年)第13条第1款规定："人人都有思想和发表意见的自由。这种权利包括寻求、接受和传递各种消息和思想的自由。而不论国界，或者通过口头、书写、印刷和艺术形式，或者通过自己选择的任何其他手段表达出来。"第2款规定："前款规定的权利的行使不应受到事先审查，但随后应受到法律明确规定的义务的限制，其程序保证达到下列条件所必需：(一)尊重他人的权利或名誉；或者(二)保护国家

---

〔1〕参见欧洲人权法院网站，https://www.echr.coe.int/pages/home.aspx.p = basictexts，2016年3月18日访问。

〔2〕参见欧洲理事会网站，https://www.coe.int/en/web/conventions/full - list/ - /conventions/treaty/205/signatures.p_auth = wzOKL8Ob，2020年10月16日访问。

〔3〕参见欧洲理事会网站，https://rm.coe.int/CoERMPublicCommonSearchServices/DisplayDCTMContent.documentId = 0900001680084826，2017年4月6日访问。

安全、公共秩序、公共卫生或道德。”[1]《美洲人权委员会言论自由原则宣言》(Declaration of Principles on Freedom of Expression,2000 年)是迄今为止美洲国家关于表达自由的一个最全面的官方文件,第 4 条规定:“获取政府掌握的信息是每个人的基本权利。政府有义务保障这项权利的充分实现。这一原则仅允许有限的例外,这些例外必须由法律事先规定且在民主社会中存在真实的、迫切的危害国家安全的事由。”[2]2008 年美洲司法委员会通过了《美洲信息获取原则》,第 1 条规定:“原则上,所有的信息都是可获取的。获取信息是一项基本人权,这意味着人人都能从公共机构获得信息,仅在契合民主社会并符合比例的原则下承认有限的例外。政府应通过采取恰当的立法和必要的执行措施对获取信息权予以充分的尊重。”美洲国家组织于 2010 年通过《美洲信息获取示范法》(Model Inter – American Law on Access to Public Information),第四章是关于信息公开的例外,第 40 条规定:“公共部门仅在建立于美洲的标准和法律体系基础之上的下列情况下可以拒绝公开信息,在民主社会才是合法和必需的:a)允许公开将损害下列私人利益:1. 隐私权,包括生命、健康和安全;2. 合法的商业和经济利益;3. 专利、著作和商业秘密。个人同意公开或者这些信息作为一类可以公开信息之一部分时,这些例外将失去效力。关于隐私权的例外不适用于公共官员,或者个人已死亡超过 20 年。b)允许公开将对下列公共利益造成清楚的、可能的和具体的实质损害:1. 公共安全;2. 国家安全;3. 未来在政府部门内部或之间提供开放、自由的意见;4. 公共政策的有效形成和发展;5. 国际或政府间的关系;6. 法律的执行,预防、调查和起诉犯罪;7. 政府管理经济的能力;8. 公共部门合法的财政利益;9. 考试和审计以及相关程序。其中 b)3、4 和 9 项例外不适用于事实、对事实的分析、技术数据和统计类信息。一旦政策已制定 b)4 项例外也将失效。一旦已作出结论,b)9 项例外即不适用于特定考试或审计的结果。c)允许公开信息将造成可诉的违反交流保密义务,包括合法的特权信息。”即使存在上述例外,也应对不公开的信息予以分割。b)款下的不公开例外最长不得超过 12 年,如果公共机关想继续保持信息不予公开,在获得

[1] 参见美洲国家组织网站,http://www.oas.org/dil/treaties_b – 32_american_convention_on_human_rights.htm,2016 年 5 月 22 日访问。

[2] 参见美洲国家组织网站,http://www.cidh.oas.org/Basicos/English/Basic21.Principles%20Freedom%20of%20Expression.htm,2016 年 5 月 22 日访问。

信息委员会的同意后可以延长12年。在存在严重侵犯人权或反人类罪的情况下，上述不予公开的例外都将失去作用。[1]

《非洲人权和民族权宪章》(African Charter on Human and Peoples' Rights, 1981年)第9条规定："人人享有获取信息的权利；人人享有在法律范围内表达和传播意见的权利。"[2]《非洲言论自由原则宣言》(Declaration of Principles on Freedom of Expression in Africa, 2002年)是对《非洲人权和民族权宪章》第9条的权威阐释。第四部分第2条规定："信息权基于下列原则由法律所保障：人人有权获取公共机构所持有的信息；为了行使权利或保护其他权利人，有权获得私人机构所持有的信息；拒绝公开信息可以被诉至独立的机构或法庭；即使在没有特定请求的情况下，公共部门也应被要求公开涉及重大公共利益的重要信息；没有人因善意的不当行为公开信息而受到制裁，除非施加制裁是为了合法的利益且在民主社会是必需的，这些利益包括公开信息将对健康、安全或拯救环境造成严重威胁；隐私权法应遵守信息自由原则在必要时予以修改。"[3]然而，《非洲信息获取示范法》(Model Law on Access to Information for Africa)第三部分对关于信息公开豁免进行了规定，豁免理由包括："压倒一切的公共利益；机密信息；第三方的个人信息；第三方的商业或机密信息；公开可能威胁个人生命、健康或安全的信息；国家安全和防御信息；国际关系类信息；国家的经济类信息；法律执行类信息；享有合法免除公开特权的文件；与学术或专业性检查及信息收集过程有关的信息，若公开将危及研究问题的本质；信息应分割或编辑；明显无理纠缠的请求。"[4]即便存在上述理由，政府部门负有拒绝公开的举证责任。

《英联邦信息自由原则》(Commonwealth Freedom of Information Principles, 1999年)强调"信息自由应当作为一个法定的和可以实施的权利得到保障，使每个人都能获取由国家行政、立法、司法部门，以及政府拥有的公司和其他执行

---

[1] 参见美洲国家组织网站，http://www. oas. org/en/sla/dil/docs/AG - RES_2607 - 2010_eng. pdf, 2017年9月28日访问。

[2] 参见非洲人权委员会网站，http://www. achpr. org/instruments/achpr/, 2017年9月28日访问。

[3] 参见联合国人权事务高级专员办公室网站，https://www. ohchr. org/EN/Issues/FreedomOpinion/Pages/Standards. aspx, 2017年4月3日访问。

[4] 参见非洲人权委员会网站，http://www. achpr. org/files/instruments/access - information/achpr_instr_model_law_access_to_information_eng. pdf, 2017年9月28日访问。

公共职责的组织所掌握的信息。”[1]2002 年 9 月英联邦制定了《信息自由法案》（Freedom of Information Act），根据该法案可以豁免公开的信息包括（第 25 ~ 36 条）：“内阁文件；影响国家安全、防御和国际关系的文件；影响法律执行或实施的文件；影响诉讼进程或具有法律上职业特权的文件；保密条款所适用的文件；影响个人隐私的文件；与商业秘密和商业事务相关的文件；影响国家经济的文件；包含通过秘密方式获得的文件；公开将导致藐视国会或法庭的文件；基于公共利益而免于公开的文件；行政机关基于诚信所做的行为。”[2]

二、国际文件承认的信息公开例外

（一）专门性国际文件

《公共信息公开政策》（Information Disclosure Policy，1997 年）由联合国开发计划署（UNDP）制定，其基本观点是承认信息是人类可持续发展的关键，该政策除具体列举必须向公众公开的文件外，同时承认信息公开的例外，并列举了不予公开的范围，其中第 11 条规定：“（a）从第三方获取或给予第三方的信息，且第三方期望保密；（b）信息公开将有可能危及个人安全、侵犯个人权利或隐私；（c）信息公开将有可能危及成员国的安全或损害开发计划署活动或适当行为的安全；（d）涉及法定特权或特定个人调查中的案件信息；（e）开发计划署内部审议、交流或者开发计划署与成员国或其他实体间基于工作上的审议过程信息；（f）公开将损害开发计划署和与之有关的第三方的金融利益的商业信息；（g）信息公开将严重破坏会员国或执行伙伴之间的政策对话。”[3]

《在环境问题上获得信息、公众参与决策和诉诸法律的奥尔胡斯公约》（Convention on Access to Information，Public Participation in Decision – Making and Access to Justice in Environmental Matters，the Aarhus Convention，2014 年第二版）（以下简称《奥尔胡斯公约》）在 1998 年由联合国欧洲经济委员会（United

---

〔1〕 参见人权倡议网站，https://www.humanrightsinitiative.org/programs/ai/rti/international/cw_standards.htm，2017 年 9 月 28 日访问。

〔2〕 参见知情权网站，http://www.right2info.org/resources/publications/chri – model – foi – law，2017 年 9 月 28 日访问。

〔3〕 参见联合国开发计划署网站，http://www.undp.org/content/undp/en/home/operations/transparency/information_disclosurepolicy.html，2017 年 4 月 9 日访问。

Nations Economic Commission for Europe，UNECE）与欧盟共同签署，2001 年 10 月生效。公约有三大支柱——获得信息、公众参与和诉诸法律。获得信息是第一大支柱，该公约第 1 条规定："为促进保护今世后代人人得在适合其健康和福祉的环境中生活的权利，每个缔约方应按照本公约的规定，保障在环境问题上获得信息、公众参与决策和诉诸法律的权利。"第 4 条规定了获得环境信息的权利，其中第 3 款规定："如有以下情况，可以驳回索取环境信息的请求：(1)收到请求的公共当局不具备请求所指的环境信息；(2)请求明显不合理或范围过泛；(3)请求涉及尚待完成的材料或涉及公共当局内部通信，且按照国家法律或习惯做法可以作为例外对待，同时顾及能够因该信息的公开而获益的公众利益。"第 4 款规定："如公开请求所指环境信息会对以下诸项造成不利影响，可以驳回请求：(1)国家法律规定的公共当局工作事务的保密；(2)国际关系、国防或公共安全；(3)司法审理、个人受到公正审判的权利或公共当局进行刑事调查或纪律调查的能力；(4)为保护正当经济利益由法律规定予以保护的商业信息和工业信息的保密，在这个范围内，与环境保护有关的排放信息应公开；(5)知识产权；(6)当事人不同意公开且国家法律规定予以保护的与自然人相关的个人数据和/或档案；(7)本身没有法律义务或不可能被要求承担法律义务提供请求所指信息但提供了这种信息，且不同意将其予以公开的第三方的利益；(8)珍稀品种养殖场等与请求所指信息相关的环境。"对上述驳回请求理由的解释应有限定，要顾及能够因请求所指信息的公开而获益的公共利益，并考虑到请求所指信息是否涉及向环境的排放。第 6 条规定："每个缔约方应确保，如果根据以上第 3 款第 3 项和第 4 款免于公开的信息可以在不减损此种信息保密的前提下以与请求所指环境信息的其余部分分开，则公共当局将提供该信息的其余部分。"如果公共当局确定某些信息根据例外条款应当予以保密，并不意味着可以拒绝公开请求所指的全部文件。根据《奥尔胡斯公约》的规定，公共当局必须提供信息中非保密的部分。[1]

（二）非政府组织文件

《公众的知情权：信息自由的立法原则》（1999 年）提出了信息权立法的最

---

〔1〕 参见联合国欧洲经济委员会网站，http://www.unece.org:8080/fileadmin/DAM/env/pp/Publications/Aarhus_AIG_2015_Chinese.pdf，2017 年 3 月 19 日访问。

佳实践标准,原则 4 规定:“例外情况应明确规定,范围要窄,要通过严格的‘损害’和‘公共利益’的检验。向公共机构索取信息的所有个人要求应予以满足,除非公共机构能表明该信息属于受限制例外情况的范围。拒绝透漏信息是没有道理的,除非公共当局能表明该信息符合严格的三方面的检验:信息必须涉及法律所列的合法目的;透露信息必将有对该目的造成重大损害的威胁;对目的的损害程度必须大于公共当局拥有该信息产生的利益。”“证明例外有理的正当的目的:该法应该规定可证明不公布信息有理的正当目的的完整清单。该清单应该仅包括构成拒绝公布文件的合法理由的利益,并应限于执法、隐私、国家安全、商业和其他机密、公共或个人安全以及政府决策进程的效力和完整等事务。”〔1〕《信息自由示范法》(A Model Freedom of Information Law,2001 年)第三部分是关于信息公开的例外,该示范法承认的信息公开例外包括(第 22 ~ 33 条):“压倒一切的公共利益;信息已经公开;个人信息;法律特权;商业和机密信息;健康和安全;法律执行;防御与安全;公共经济利益;公共部门政策的制定和执行。”〔2〕即使基于保护上述利益不公开相关信息,也应遵守信息的“可分割性”和“时间限制”,即将不能公开的信息和可以公开的信息进行分割,经过一定的时间后当保护特定利益的需要不存在时,信息仍应公开。

《关于知情权的十项原则》(2005 年)原则 2 规定“信息公开是原则,秘密是例外。原则上所有政府机关掌握的信息都应当公开,仅基于有限的合法理由才能保留信息不予公开,且这些理由应建立在国际法和国内成文法基础上。”原则 6 规定:“拒绝公开应有正当的理由。政府仅在公开信息会对合法利益引起显而易见之伤害的情况下才能保留信息不予公开,合法利益包括国家安全和隐私。公开的例外必须由法律作出明确、具体的规定。任何拒绝公开的行为都应明确说明保留信息的理由。”原则 7 规定:“公共利益优先于保密。如果公共利益比公开可能带来的损害更大,信息应予公开。当信息可能给环境、健康……和揭

---

〔1〕 参见联合国人权高级专员办事处网站,https://documents - dds - ny. un. org/doc/UNDOC/GEN/G00/102/58/IMG/G0010258. pdf. OpenElement,2016 年 5 月 23 日访问。

〔2〕 参见 https://www. article19. org/data/files/medialibrary/1796/model - freedom - of - information - law. pdf,2017 年 7 月 28 日访问。

露腐败带来威胁时,鉴于高度存在的公共利益,这些信息应予公开”。[1]

《关于推进知情权的亚特兰大宣言与行动计划》(2008 年)明确承认“知情权是一项基本人权”,为了保障知情权,“对信息公开的豁免,尤其在法律中,应予以谨慎规定,且其范围应在国际法所允许的程度以内。所有豁免应服从于公共利益的考虑,即当且仅当信息公开的潜在公共危害大于公共利益时才能适用豁免;不公开信息的举证责任归于信息持有者;若新近拟定之文件因特殊原因被设为保密或机密,在经过一段合理期限后也应按照相应法律文书的规定完全公开。”[2]

《关于国家安全和信息权利的全球性原则》(2013 年)对以国家安全为由不公开信息作了明确、详尽的限制。第 3 条原则(以国家安全为由限制信息权)规定:“除非政府可以证明以下情形,否则不得以国家安全为由对信息权加以限制:(1)限制系法律规定、系民主社会之必要,且为保护合法的国家安全利益之目的;(2)法律规定了防止权力滥用的充分保障,包括独立监督机构对此等限制的效力进行及时、完整、可获取且有效的监督及法院对此等事项的全面审查。”首先,法律规定的限制。法律必须以易理解、清楚、狭义的方式进行明确的规定,使每个人了解何等信息不予公开、何等信息应予以披露及与信息有关的何等行为将受制裁。其次,获取信息的限制是民主社会所必要的。这种必要性体现在:第一,信息披露对合法的国家安全利益造成重大危害的风险必须是真实且可识别的;第二,披露带来危害的风险必须大于披露带来的总体公共利益;第三,限制必须遵守比例原则,必须是为防止危害可采用的限制最少的手段;第四,限制不得损害信息权的本质。最后,出于保护合法的国家安全利益之目的。基于国家安全理由而不予公开的信息类别应当狭义界定,且应在法律中明确规定。[3]

根据第 9 条原则的规定,合法不予公开的信息包括:第一,有关正在进行的防御计划及运行和能力的信息在此等信息有效期内不得公布;第二,有关一国

---

〔1〕 参见美洲国家组织网站,https://www. oas. org/dil/access_to_information_human_Policy_Recommendations_10_Principles_on_the_Right_to_Know. pdf,2017 年 9 月 28 日访问。

〔2〕 参见卡特中心网站,https://www. cartercenter. org/resources/pdfs/peace/americas/ati_declaration_text_ch. pdf,2017 年 3 月 29 日访问。

〔3〕 参见开放社会基金会网站,https://www. opensocietyfoundations. org/sites/default/files/tshwane-mandarin-20150217. pdf,2017 年 9 月 28 日访问。

的武器系统及其他军事系统(包括通信系统)的生产、能力或使用情况;第三,为防止军事威胁或行为、蓄意破坏的威胁或行为而采取的保障领土安全、重要基础设施或重要国家机构(重要机构)的具体措施的信息;此等信息的效力依赖于保密;第四,关于或来自情报工作的运作、来源和方法的信息且涉及国家安全事项;第五,外国国家或政府间组织提供的、关于国家安全事项的信息且提供方明确期待对其保密,以及涉及国家安全事项的其他外交通信。限制公众访问信息的法律应当明确制定详尽的信息类别清单,对上述类别作狭义规定。一国可以在上述类别清单中增加信息类别,但应当特别界定增加的类别并对其作狭义定义,且对保障法律中规定的合法的国家安全利益来说,对此等信息保密是必要的。在增加此等类别时,该国应当解释,披露此等类别的信息将对国家安全造成何等危害。

第二节　政府信息豁免公开的国别规范

各国立法在确认信息权的同时,在承认"最大限度公开原则"的基础上,通过规定不予公开的例外清单来澄清信息公开的范围。所有国家的信息公开立法都包括豁免公开的例外范围,但不同国家的信息公开法针对豁免公开的立法方式、不予公开范围的大小规定有所不同。

一、欧洲主要国家信息法的豁免公开规定

(一)瑞典

瑞典具有悠久的信息公开传统,是世界上第一个立法保障个人有权获取公共机构所掌握信息的国家,其立法可以追溯至1766年《新闻自由法》中关于信息权的规定。由司法部制定并于2009年6月30日起生效的《公众获取信息和保密法案》包含了《新闻自由法》所涉及的获取官方信息权利的补充条款以及详细的保密规定:[1]

---

〔1〕 参见瑞典议会网站,http://www. riksdagen. se/en/SysSiteAssets/07. – dokument – – lagar/the – freedom – of – the – press – act – 2015. pdf,2017年6月11日访问。

1. 官方文件的范围。对官方文件的定义限制了公众对某些文件的获取，可以说是从另外一个方面限制了公开的范围。根据法案第二章第 11 条的规定，下列文件不属于官方文件：第一，由公共部门制作或传递给公共部门的仅用于传递文件目的之信件、电报或类似文件；第二，由公共部门制作或传递给公共部门的基于定期出版之特定目的之通知或类似文件；第三，图书馆所持有的印刷品、音像制品或类似文件，或私人为安全保管、研究和学习之目的存放于公共档案室中的印刷品、音像制品或类似文件，以及私人信件、书面材料或其他相关材料；第四，第三项所涉及文件的相关记录，这些记录虽然由公共机关所持有，但其原始记录并非为官方文件。

2. 限制公开的理由。法案第二章第 2 条规定，获取官方文件的权利可以基于下列事由加以限制：领土安全或与其他国家和国际组织的关系；中央的财政、金融或货币政策；公共机关的检查、监控或其他监督行为；与预防和起诉犯罪有关的利益；公共机构的经济利益；保护个人操守和个人经济状况；保护动物和植物物种。

（二）英国

英国具有保密的历史传统，1889 年就有了《官方保密法》，但迟至 2000 年 11 月才通过《信息自由法》(Freedom of Information Act)，至 2005 年 1 月才完全生效。《信息自由法》的例外事项繁多，并且该法没有明确规定公共利益优先原则，导致事实上的豁免公开范围相较于其他国家更显宽泛。《信息自由法》所规定的豁免公开范围和适用期限如下：[1]

1. 豁免公开的信息。《信息自由法》将豁免分为“绝对豁免公开”和“在任何情况下，若信息免予公开所保障的公共利益优先于信息公开的公共权益时，无须履行公开的义务”[第 2 条之(1)]，后者可以称为有条件的豁免，实际上要求行政机关应衡量不公开所保障的公共利益大小，即进行危害测试，此种测试应在 20 天内完成。该法第二部分是关于豁免公开信息的主要规定，从第 21 条到第 44 条具体列举了豁免公开信息的详细范围，包括：可以通过其他方式获得的信息（第 21 条）；将要公开的信息（第 22 条）；与国家安全机关有关或由这些

〔1〕 参见英国国家档案馆网站，http://www.legislation.gov.uk/ukpga/2000/36/contents，2017 年 6 月 11 日访问。

机关提供的信息(第23条);公开会危害国家安全的信息(第24条);能够证明第23条和第24条的相关信息(第25条);公开会损害军队防御能力的信息(第26条);公开可能会危害英国国际关系的信息(第27条);公开可能会损害英国国内关系的信息(第28条);公开可能会损害英国经济的信息(第29条);公开可能会妨碍公共部门所进行的调查和诉讼的信息(第30条);公开可能会妨碍(侦查、起诉犯罪、审判等)法律执行的信息(第31条);法庭记录(第32条);公开会妨碍审计职能的信息(第33条);属于议会言论自由特权范畴内的信息(第34条);与政府政策的形成有关的信息(第35条);影响公共部门有效运行的信息(第36条);涉及女王、其他王室成员的通信信息(第37条);健康及安全信息(第38条);环境类信息(第39条);个人信息(第40条);秘密获取的信息(第41条);法律职业特权类信息(第42条);涉及商业利益的信息(第43条);其他法律或者欧洲共同体义务履行中规定禁止公开的信息(第44条)。前述第21条、第23条、第32条、第34条、第36条、第40条、第41条和第44条涉及的信息均属于绝对豁免公开之列。从上述列举事项来看,相对豁免公开的信息,又可以进一步分为“基于种类的豁免”和“基于损害的豁免”,前者只要是该种信息,法律即推定其可以豁免公开;后者如果公开将对特定利益造成损害才能被豁免公开,第26条、第27条第(1)项、第28条、第29条、第31条、第33条、第36条和第43条第(2)项属于基于损害的豁免。

2. 历史记录的保密期。该法对历史记录作了详尽规定,大多超过30年的文件就被定义为历史记录。过了保密期许多不予公开的内容都不再保密,这些内容有保护英国国内关系的信息(第28条)、法庭记录(第32条)、保护政府内部运行的信息(第35条和第36条)以及商业利益(第43条)等。有的文献保密期比30年更长,如涉及王室荣誉或尊严的相关信息保密期为60年。

(三)德国

德国《信息自由法》于2005年6月3日表决通过,2006年1月1日起正式生效,全法共15节,内容相对其他国家信息法而言比较简单。其中第3节至第6节是关于豁免公开的规定,具体内容包括:[1]

---

〔1〕 参见德国联邦司法和消费者保护部网站,http://www.gesetze-im-internet.de/englisch_ifg/englisch_ifg.pdf,2017年9月28日访问。

1. 保护特殊公共利益(第3节)。获取政府信息的权利不适用于下列情况:(1)信息公开将对下列事项造成有害影响:a)国际关系;b)联邦军队的军事或其他重要安全利益;c)内部或外部的安全利益;d)涉及财政、竞争和其他监管部门的监督和监管任务;e)涉及外部金融控制事项;f)防止非法对外贸易的措施;g)正在进行中的诉讼程序,个人获得公平听审的权利、调查犯罪、违反行政或纪律要求。(2)信息的公开将影响公共安全。(3)存在下述情况亦应保密:a)国际谈判有保密的需要;b)影响行政部门之间的协商。(4)依据有关法律或一般行政法规信息属于应予保密的,或信息属于职业要求或特殊的公务机密。(5)行政机关从其他机关获取的暂时性信息不视为该机关持有的信息。(6)信息的披露有可能损害联邦政府在商业和贸易上的财政利益或社会保险机构的经济利益。(7)信息基于对行政机关的信任而获取或传递的情况下,涉及第三方利益的信息对于申请人仍应保密。(8)信息涉及情报部门,或者其他联邦政府部门,这些部门依据《安全许可检查法》第10节第三部分行使的相关职责。

2. 保护机关的决定过程(第4节)。(1)有关决定准备过程的决策、研究和草案相关的信息公开申请将被拒绝,相关信息过早公开将妨碍决策和即将出台的官方措施。对证据、专家意见和第三方陈述的听证和采信不视为与决定准备过程直接相关的信息。(2)申请人有权获知相关程序的结果。

3. 保护个人信息(第5节)。(1)涉及个人的信息仅在下列情况可以公开:申请人获得信息的利益大于第三方排除公开的利益,或者第三方同意公开。《联邦数据保护法》第3节(9)规定的特定种类之个人信息的传递需有相关第三方的明示同意。(2)下列情况下申请人获取信息的权益不值得保护:信息来自第三方的职务、公务或委托关系有关文件的记录,或信息属于职业性或特殊的公务机密。(3)当信息属于第三方的姓名、职位、学位、特定职业和职位、办公地址与通信方式,且第三方以顾问、专家或相当身份在相关程序中提交意见时,申请人获得信息的利益超过第三方排除公开的利益。(4)姓名、职位、学位、特定职业和职位、办公地址与通信方式若属于行政文书的一部分,且不存在不公开的事由,则不属于公开的例外,不应排除于信息公开范围。德国《信息自由法》公开例外的规定中,对个人信息的保护没有采用绝对公开的豁免,而"在立法技术上纳入了'具体法益衡量'之规范模式,唯有当主管机关于具体个案中衡量'申请人之资讯公开权'以及'第三人主张排除公开之利益'两项法益,且认为前者较后者更值得保护时，方得公开。”[1]

4. 保护知识产权、商业和营业利益（第6节）。权利人所享有的知识产权类权益大于公众的知情权，如果信息获取权损害了对知识产权的保护，那么这项权利将失效。仅在相关主体同意的情况下才能获取商业和营业秘密。

二、美洲主要国家信息法的豁免公开规定

（一）美国

美国《信息自由法》于1966年颁布，是世界上影响最大的信息自由立法，至今经过多次修改，最近一次是2016年。

1. 豁免公开的事项。《信息自由法》规定的豁免公开事由有九项：(1)基于国防和外交利益，行政命令特别授权保密，且事实上已经经过该行政命令确定密级的事项。(2)仅涉及机关内部的人事规则和措施。(3)本节规定以外的法律以如下方式特别规定免于公开：对不公开的事项作出具体规定，不留自由裁量的空间；或者豁免的范围由专门的规则予以确定，或者指向具体的信息类别。(4)贸易秘密以及从第三方获取的商业或金融秘密信息。(5)机关在诉讼活动中依法无须向诉讼相对方提供的机关内部或者与其他机关之间的备忘录或信息。(6)一旦公开会对个人隐私造成明显侵犯的个人档案、医疗档案或者其他档案。(7)为了执法目的而形成的记录或信息，但仅限于：基于合理的预期可能会影响执法进程，会导致当事人面临不公正的审判或歧视；基于合理的预期可能会侵犯个人隐私；基于合理的预期可能会暴露提供案件线索的人或其他机构的身份，提供案件线索的人或其他机构包括秘密提供信息的州政府、地方政府、外国政府或者私人机构，或者刑事执法机关在犯罪调查或者情报机关依法进行国家安全情报调查过程中由提供案件线索的人或其他机构提供的信息，泄露执法调查和起诉的技术和程序，或者会泄露可能导致有关法律被规避的执法调查和起诉的工作规则；基于合理的预期可能会危及任何个体生命或者人身安全。(8)金融监管机构在履行监管职责过程中，制作、授权制作或者由其他人向其提供的关于金融机构的检查情况报告、运营情况报告或者基本情况报告。(9)有关矿井和地址、地球物理信息及数据，包括地图。2016年《信息自由法》的修改

---

[1] 林三钦：《政府信息公开法之执行、保障与救济制度》，载《东吴公法论丛》2010年第3卷。

内容之一,是对上述第五项豁免设置了期限,即"这类信息从制作之日起超过25年的,不再豁免"。[1]

2.政府信息不存在。特定情况下,如果行政机关答复信息是否存在即会造成对特定利益的损害,可以告知申请人信息不存在,这成为实际上的豁免公开情形之一。《信息自由法》规定三种情况下可以作出这种答复:"一是被调查或处理对象尚不知情的、只要透露出该记录存在的信息就会影响执法进程的涉嫌违反刑事法律的行政执法调查信息。二是被第三方指名要求公开的刑事执法机关保存的包含线人姓名或个人身份识别信息的记录。三是是否存在本身就需要保密的联邦调查局保存的关于外国情报、反间谍或者国际恐怖主义的记录。"[2]

(二)加拿大

加拿大《信息获取法》(Access to Information Act)制定于1982年,1983年开始实施。2016年4月5日最后一次修正。该法关于信息豁免公开的规定分为五大类,每一类下又具体细分为不同的信息:[3]

1.政府职责类信息。(1)从外国政府、国际组织、地方政府及其分支机构秘密获取的信息(第13条);(2)信息涉及联邦—省之间的磋商和审议,或者政府采取或将采取的有关联邦—省相关事务的有关政策、策略(第14条);(3)涉及国际关系和防御的信息(第15条);(4)影响调查和法律实施的信息(第16条);(5)威胁个人安全的信息(第17条);(6)影响加拿大经济利益的信息(第18条)。其中第13条规定的信息属于强制豁免公开,其他信息政府机构负责人享有决定是否公开的裁量权。

2.个人隐私类信息(第19条)。政府机构负责人应拒绝公开根据《隐私权法案》第3条规定包含个人信息的记录。但下列情况例外:(1)相关人同意公开;(2)信息已公开;(3)公开符合《隐私权法案》第8条的规定。

3.第三方信息(第20条)。如果记录包含下列内容,公共部门的负责人应拒绝信息公开申请:第三方的商业秘密,第三方以保密方式持有并向政府部门

〔1〕 参见美国司法部网站,https://www.foia.gov/foia-statute.html,2017年9月25日访问。

〔2〕 后向东:《美国联邦信息公开制度研究》,中国法制出版社2014年版,第107页。

〔3〕 参见加拿大司法部网站,http://laws-lois.justice.gc.ca/PDF/A-1.pdf,2017年9月28日访问。

提供的金融、商业、科学和技术类信息属于秘密信息;信息的公开可能导致第三方的重大经济损失,或者影响第三方的谈判或竞争优势。

4. 政府运行的信息。(1)意见类信息(第 21 条)。如果记录包含下列内容,且在申请前记录生成少于 20 年,公共部门的负责人可以拒绝信息公开申请:来自或提供给政府部门或部长的意见和建议;政府官员、雇员和公共事务其他参与者之间的咨询和审议记录;已经或即将以政府名义进行的协商而制订的计划、论据及相关考虑因素;尚未生效的有关人事管理和行政管理计划。(2)与检查和审计相关的信息(第 22 条),信息的披露将影响检查或审计效果、相关检查和审计有关详细情况的信息。(3)律师与委托人基于法律职业特权而知悉的保密信息(第 23 条)。

5. 其他法律的规定(第 24 条)。如果相关信息是本法附件二所列法律规定禁止公开的,政府机构负责人应拒绝信息公开申请。附件二详细列举了其他法律禁止公开的条款,例如《航空法》《反通货膨胀法》《选举法》等众多法律中不予公开信息的条款,这种立法方式可以有效解决法律冲突的问题。

上述信息按照政府是否有权决定公开,可以分为强制豁免和裁量豁免。强制豁免是指符合条件的信息一律不予公开,秘密获取的政府职责类信息、个人隐私类信息、第三方信息和其他法律明确规定不得公开的信息属于强制豁免公开的信息;裁量豁免是指政府机构的负责人可以决定是否公开,除强制豁免的其他政府职责类信息和有关政府运行的信息属于裁量豁免公开的信息。《信息获取法》明确规定了分割原则(第 25 条)。存在上述不予公开事由的情况下,行政机关应将载有秘密信息的文件进行分割,除应保密的信息以外,文件的其他部分仍应公开。此外,对于即将在 90 天内公开的信息,政府部门首长也可以决定拒绝信息公开申请(第 26 条)。这一规定有效协调了主动公开和依申请公开的关系。

三、其他国家信息法的豁免公开规定

(一)南非

南非《信息公开促进法》(Promotion of Access to Information Act)于 2001 年 3 月 9 日生效,该法既是信息获取法又是信息保密法,对例外情况作出了非常详细和严格的规定。第 9 条(本法的目的)规定了对知情权进行限制的必要性,即"合理限制包括但不限于出于合理保护个人隐私权、商业秘密以及高效、有效政府治理的目的而实施的限制,以及使宪法知情权与其他权利得以平衡。"第四章规定了主要的例外情况,包括:第一,第三方自然人隐私权(第34条);第二,南非税务局特定记录(第35条);第三,第三方商业信息(第36条);第四,第三方特定秘密信息的强制性保护(第37条);第五,个人安全和财产安全(第38条);第六,刑事程序中的警察文件以及对法律的执行和相关法律程序(第39条);第七,在法律程序中依据特权产生的记录(第40条);第八,有关国防、安全和国际关系(第41条);第九,有关国家经济利益、财政利益以及公共机构的商业活动(第42条);第十,第三方的研究信息和公共机构的研究信息(第43条);第十一,公共机构的运作(第44条);第十二,明显的、轻率性、烦扰性请求或者实质性不合理的分散请求(第45条)。如果公开记录将披露以下方面的证据:实质性地违反法律或未履行法律的要求,现实的严重的公共安全或环境风险;或者公开记录对公共利益的好处明显超过上述条款所保护的利益,此时仍应公开。[1]

(二)澳大利亚

《联邦信息自由法》(Freedom of Information Act)于1982年制定,该法对信息公开的豁免从"文件类型"和"公共利益"两个角度展开规定,内容比较详尽和宽泛。这种现象引起人们的反思和不满,这也是2010年信息自由改革法案的重要修正之处。《联邦信息自由法》分别于1983年、1986年、1991年和1994年进行了修正,《2010年信息自由法修正(改革)案》进行了重大修改,并确立了澳大利亚信息专员办公室(OAIC)的信息政策职能。政府信息豁免公开的范围涉及:[2]

1. 豁免公开的文件范围。第一,影响国家安全、防御和国际关系的文件(第33条);第二,内阁文件(第34条);第三,影响法律执行和保障公共安全的文件(第37条);第四,涉及保密规定适用的文件(第38条);第五,具有法律上职业特权的文件(第42条);第六,通过秘密方式获取的文件(第45条);第七,议会

---

〔1〕 参见南非法律在线,https://www.acts.co.za/promotion-of-access-to-information-act-2000/index.html,2017年9月28日访问。

〔2〕 参见澳大利亚联邦立法登记网站,https://www.legislation.gov.au/Details/C2017C00102,2017年8月23日访问。

预算办公室的文件(第45A);第八,公开将导致藐视议会或法庭的文件(第46条);第九,披露商业秘密或具有商业价值信息的文件(第47条);第十,选民名册及相关文件(第47A条)。

2. 基于公共利益有条件的豁免。法律所保护的利益包括:第一,英联邦的关系(第47B条);第二,审议过程(第47C条);第三,有关英联邦的金融或财产利益(第47C条);第四,特定行政机关的运作(第47E条);第五,个人隐私(第47F条);第六,商业利益(第47G条);第七,科学研究(第47H条);第八,经济(第47J条)。

第三节　政府信息豁免公开的方式与事由

通过梳理政府信息公开相关的国际文件和其他国家立法,可以发现,政府信息公开例外通过两种途径得以实现:一是限缩信息法的适用范围,二是在信息法中列举不予公开的具体事项。第二种方式是各国普遍采用的立法方式,不同国家的信息法豁免公开的事由具有共性,同时豁免公开的事由亦具有特色。这些共性的豁免公开事由因行政机关裁量权的不同可分为强制豁免和裁量豁免。公开是绝对的、保密是相对的,即使存在豁免公开的法定理由,也因时间经过、特别重要的公共利益等原因而公开信息。

一、豁免公开的隐性方式

(一)限缩信息法的适用范围

1. 适用信息法的"公共机构"范围大小。信息权作为一种宪法基本权利,意味着人人有权寻求、接收、使用和传播由公共机构所掌握的信息。对"公共机构"的不同解释及其范围大小,可能导致不被认为属于"公共机构"的组织处于信息法调整范围之外。

"公共机构"的最广义解释包括传统上的立法机关、行政机关、司法机关和其他行使国家职能的组织,国有企业和非政府组织以及私营企业。《公众的知情权:信息自由的立法原则》(1999年)第1条对"公共机构"的解释为"公共机构的定义应该侧重所提供的服务类型而不是正式的名称。为此目的,它应该包括政府各个部门和各级,包括地方政府、选举产生的机构、按照某一法定职权范围运作的机构、国有化工业和公营公司、非政府部门机构或半官方机构(准非政府组织)、司法机构和执行公共职能的私人机构(如维护铁路或经营铁路的公司)。私营机构本身也应该包括在内,如果公布他们所拥有的信息可能减少伤害关键公共利益的危险,如环境和健康。政府间组织也应该遵循依据本文件所规定的原则制定的信息自由制度。"[1]《欧洲人权委员会官方文件访问权公约》第1条对"公共机构"的界定则仅限于"国家、地区或者地方层级的政府与行政机关;根据国家法律,履行公共职能或者行使行政权力的个人或者法人。"[2]

各国信息法对"公共机构"的定义存在很大差异,常见的情况是信息法仅适用于行政机关,但也有国家信息法的适用范围及于立法和司法部门。瑞典《表达自由法》适用于国家行政机关、国会、地方议会等(第3条);韩国《公共机关信息公开法》第2条规定"公共机关"是指"中央与地方政府、政府投资机构以及根据总统令设置的其他机构";美国《信息自由法》的适用主体是联邦政府及各行政部门;加拿大《信息获取法》适用于联邦政府、议会及其他公共机构,但不包括加拿大广播公司(第68.1条)、加拿大原子能公司(第68.2条)、枢密院及枢密院委员会、内阁与内阁委员会(第69条);日本《行政机关拥有信息公开法》仅适用于中央政府,不包括立法和司法机关,以及地方自治主体,各地方通过地方自治立法规定信息公开;英国、印度和秘鲁的法律将安全和情报机构从法律中排除。

我国《政府信息公开条例》的适用主体是行政机关和法律、法规以及规章授权的具有管理公共事务职能的组织。第55条第1款规定:"教育、卫生健康、供水、供电、供气、供热、环境保护、公共交通等与人民群众利益密切相关的公共企事业单位,公开在提供社会公共服务过程中制作、获取的信息,依照相关法律、法规和国务院有关主管部门或者机构的规定执行。全国政府信息公开工作主管部门根据实际需要可以制定专门的规定。"根据该条规定,政府信息公开的义务主体不包括公共企事业单位,条例修改前公共企事业单位的信息公开"参照"条例执行,有学者将修改前后的变化称之为"脱条例化","这一改革偏离全球主

---

[1] 参见联合国人权高级专员办事处网站,https://documents - dds - ny. un. org/doc/UNDOC/GEN/G00/102/58/IMG/G0010258. pdf. OpenElement,2016年5月23日访问。

[2] 参见欧洲理事会网站,https://rm. coe. int/CoERMPublicCommonSearchServices/DisplayDCTMContent. documentId = 0900001680084826,2017年4月6日访问。

流、缺乏比较法根据、违反比较法经验、忽视本土语境,将导致我国公共企事业单位信息公开立法模式杂糅,并带来规范缺位、标准不明和救济堪忧等系统性挑战。"[1]将公共企事业单位排除出信息公开的义务主体范围,实际上通过适用主体的限定和解释缩小了政府信息公开的义务主体。

2. 对"信息"外延的狭窄解释。对"信息"外延的界定会导致那些不被认定为是信息的文件排除出公开的范围,从信息外延的角度构成事实上的豁免公开。我国《政府信息公开条例》第2条规定:"本条例所称政府信息,是指行政机关在履行行政管理职能过程中制作或者获取的,以一定形式记录、保存的信息。"档案信息是否属于政府信息,条例并没有规定。《最高人民法院关于审理政府信息公开行政案件若干问题的规定》(法释〔2011〕17号)第7条第2款规定:"政府信息已经移交各级国家档案馆的,依照有关档案管理的法律、行政法规和国家有关规定执行。"根据该条规定,已经移交各级国家档案馆的档案信息公开争议,法院不纳入政府信息公开范畴审理。可见,档案信息被排除出《政府信息公开条例》所指的信息。

此外,《公众的知情权:信息自由的立法原则》(1999年)原则7(会议公开)规定:"公共机构的会议应当对公众开放。"[2]被申请索取的信息是通过永久记录的方式传送,还是在会议中以口头方式传达,基本没什么区别。但在实践中,基本没有哪个国家的信息法规定会议应当公开,即使有的国家通过行政程序等其他法律规定了会议公开,但也未将会议公开作为信息公开的内容,参与会议也非信息权的行使方式。

(二)"最大限度公开原则"缺位

公开与不公开的范围永远是一对矛盾,由于政府信息的范围广泛,难以列举穷尽,为了最大限度地促进公开,各国立法多通过列举不公开事项范围的方式来反推可以公开的范围。通过列举方式规定豁免公开的事项,此种立法模式发挥作用的前提建立在"最大限度公开原则"之上,该原则是信息权的核心内容,即假定信息是可以公开的,不公开必须具有法定的特定理由。《英联邦信息

---

〔1〕 参见彭錞:《公共企事业单位信息公开的立法定位与制度选择》,载《环球法律评论》2019年第4期。

〔2〕 参见联合国人权高级专员办事处网站,https://documents - dds - ny. un. org/doc/UNDOC/GEN/G00/102/58/IMG/G0010258. pdf. OpenElement,2016年5月23日访问。

自由原则》(1999 年)[1]第 2 条原则明确规定:“赞成信息公开的假定,各国政府应促进公开文化。”《公众的知情权:信息自由的立法原则》(1999 年)第 1 条原则为“信息自由立法应该遵循尽量公布原则”,即“尽量公布原则假定公共机构所掌握的所有信息应该公布,仅在极有限的情况下才可以推翻这一假设。这条原则概括了支撑信息自由的概念本身的基本理由,理想的做法是它应该在宪法中加以规定,阐明获得官方信息是一项基本权利。立法最主要的目标应该是在实践中执行尽量公布原则。”[2]

信息公开立法缺乏“最大限度公开原则”,必然在公开与不公开之间存在大量的灰色地带,从而造成事实上的豁免公开。日本《行政机关拥有信息公开法》是少数没有规定“最大限度公开原则”和“以公开为原则、以不公开为例外”原则的国家,该法也没有规定“知情权”,而是建立在国民主权基础之上,第 1 条规定:“本法的目的是根据国民主权理念,就行政文书开示的请求权作出规定,依次规定谋求行政机关保有的信息更加公开,使政府的诸项活动向国民的说明责任得到履行,同时有助于推进在国民正确理解和批评之下的公正、民主的行政。”[3]我国《政府信息公开条例》修改前对公开与不公开的问题并没有确立明确的立法原则,“公开原则的缺失造成豁免公开信息之外的其他政府信息是否都属于公开范围,并不明晰,进而一系列机制逐步蚕食了可公开的政府信息的范围,公开原则的缺失与诸多机制一起形成了条例有限公开的基本格局。”[4]《中共中央关于全面推进依法治国若干重大问题的决定》(2014 年 10 月 23 日中国共产党第十八届中央委员会第四次全体会议通过)明确提出“坚持以公开为常态、不公开为例外原则,推进决策公开、执行公开、管理公开、服务公开、结果公开”的要求,条例的修改坚持“公开为常态、不公开为例外”的原则,将之作为信息公开立法的一项基本原则,缩减了模糊地带,为进一步扩大信息公开范围奠定了基础。

---

[1] 参见人权倡议网站,https://www.humanrightsinitiative.org/programs/ai/rti/international/cw_standards.htm,2017 年 9 月 27 日访问。

[2] 参见联合国人权高级专员办事处网站,https://documents - dds - ny.un.org/doc/UNDOC/GEN/G00/102/58/IMG/G0010258.pdf.OpenElement,2016 年 5 月 23 日访问。

[3] 刘杰:《日本信息公开法研究》,中国检察出版社 2008 年版,第 5 页。

[4] 王万华:《开放政府与修改〈政府信息公开条例〉的内容定位》,载《北方法学》2016 年第 6 期。

（三）假定政府信息不存在

特定情况下，行政机关可以假称“行政信息不存在”。即行政机关答复信息是否存在本身即会造成信息公开且对特定利益造成损害的，行政机关首长可以作出特定信息不存在的答复。美国《信息自由法》和日本《行政机关拥有信息公开法》都有此种规定。“排除条款与豁免条款一样，都是授权行政机关拒绝公开信息，但与豁免条款不一样的是，它的保护力度更大，行政机关可以对申请人假称有关信息不存在。”[1]也有学者称之为“特别豁免公开”。[2] 这种特别规定赋予行政机关相当大的裁量权，必须设定严格的适用范围和条件，毫无限制的假定条款将会给行政机关带来不公开的借口，使其借政府信息不存在之名隐匿信息。

二、豁免公开的规范事由

（一）豁免公开的一般事由

前述《信息自由示范法》《美洲信息获取示范法》《非洲信息获取示范法》都规定了基本相同的豁免公开理由，包括：国家安全、国防和国际关系；公共安全；影响法律的执行，防止、调查和起诉犯罪活动；隐私和其他合法的私人利益；商业和其他经济利益；涉及司法程序的诉讼各方平等；自然资源信息；公共机关的调查、控制和监督；国家经济、金融和货币政策；内部审议过程等。这些规定为各国信息公开立法设定了基础，也是检验各国信息公开立法例外事项的标准。

多数国家的政府信息立法列举了不予公开的事项，这也是豁免公开的主要立法方式。综观各国信息公开立法所规定的豁免公开事项，其内容具有相当大的共同性，大致包括：“1. 国家秘密；2. 需要保密的议会信息和司法信息；3. 影响公共管理运行、法律实施或者政府职责的信息，包括刑事司法和行政执法信息、国家经济调控或者监管信息、政府决策中的意见性信息；4. 政府内部事务信息；5. 相关主体的诉讼信息；6. 以保密为条件从第三方获取的信息；7. 个人隐私或者公开可能造成人身伤害的信息；8. 知识产权信息；9. 商业秘密；10. 基于法律等职业特权的信息；11. 基于保护特定公共资源所需要保密的信息；12. 特别法

---

〔1〕 后向东：《美国联邦信息公开制度研究》，中国法制出版社 2014 年版，第 106 页。

〔2〕 戚红梅：《我国政府信息豁免公开制度研究》，苏州大学 2013 年博士学位论文。

保护的信息。”[1]

（二）豁免公开的特殊理由

一些国家的政府信息公开立法除列举属于例外范畴的普遍事项外，还规定了具有本国特色的豁免公开理由。一方面，这些例外事项是基于本国实践的归纳总结，对其他国家信息法具有一定的借鉴意义；另一方面，部分例外事项受各国立法背景、社会传统和政治体制所影响，在信息公开立法上对其他国家不具有借鉴性，有些豁免公开事项与国际标准所要求的“充足理由”也具有相当的距离。总结各个国家独具特色的豁免公开理由，涉及以下方面：

第一，涉及王室的相关信息。例如，英国及英联邦国家规定“涉及女王、其他王室成员的通信信息”不予公开。泰国信息法规定“可能危及王室制度的信息”不公开。

第二，有关矿井、地址和地球物理信息及数据，包括地图。与其他国家相比，美国《信息自由法》所规定的九项例外具有鲜明的特色，其中“最后一项例外是大多数国家的信息权法中没有的，它与和油井有关的地质和地理信息相关，该条款是因为石油产业的游说而被添加的，并且它不接受危害测试。最后两条例外在实践中很少使用”。[2]

第三，骚扰性信息公开申请。墨西哥立法规定可以拒绝侮辱性的申请或此前已经回应过的申请。在英国，刁难性或重复的申请可以被拒绝。南非信息法也排除了过于随意或刁难性的查询申请。

第四，已经公开或即将公开的信息。英国信息法规定对已经公开信息的申请和将要被公布的信息的申请都被排除在外。南非立法也有类似的规定。

第五，与该国特定自治地区相关的信息。新西兰的信息公开立法规定了此类信息的豁免公开。

第六，其他不应公开的信息。有些国家的信息公开立法将特定理由下不予公开的具体原因予以细化，如南非信息法规定涉及税务部门特定记录的信息不予公开；印度规定公开可能会煽动犯罪的信息不予公开。实际上，前者可以通

〔1〕 王敬波：《什么不能公开？——信息公开例外事项的国际比较》，载《行政法学研究》2016 年第 3 期。

〔2〕 [加]托比·曼德尔：《信息自由：多国法律比较》，龚文庠等译，社会科学文献出版社 2011 年版，第 149 页。

过纳入国家秘密予以豁免，后者可以通过公共安全的理由排除公开。

三、豁免公开事由的分类

（一）强制豁免与裁量豁免

根据行政机关是否具有决定信息是否公开的权力，政府信息豁免公开的事由可以分为强制豁免公开和裁量豁免公开。强制豁免是指“受理机关‘应’不为公开，裁量豁免是指受理机关‘得’不为公开。”[1]强制豁免的情况下，行政机关没有裁量权，依法不能公开相关信息。裁量豁免的情况下，行政机关具有一定的选择余地，可以公开亦可以不公开相关信息。两者的区别在于：行政机关享有的权力不同；豁免公开的理由不同，强制豁免公开是基于更加重要的公共利益，而裁量豁免需要根据个案衡量公共利益和个人利益在公开与不公开时的损害；前者由立法直接规定，后者由行政机关在个案中决定。裁量豁免依据行政机关享有的裁量权大小和举证责任不同，可以再分为完全裁量和部分裁量。完全裁量是指行政机关享有是否公开的完全决定权，且不需要对不公开决定进行危害测试和说明理由，例如，我国《政府信息公开条例》规定对“内部事务信息”可以不予公开，即是否公开完全取决于行政机关的自主决定。部分裁量是指行政机关对不公开的裁量决定承担举证责任，例如针对商业秘密和个人隐私信息，行政机关认为不公开会对公共利益造成重大影响的，予以公开，行政机关应对损害承担举证责任。

多数情况下行政机关应对信息是否公开进行危害测试，并对不公开承担举证责任。《公众的知情权：信息自由的立法原则》（1999 年）原则 4 规定“拒绝必须符合重大损害检验”，仅凭信息属于法律所列正当目的的范围不足以作为拒绝的理由。公共机构还需表明该信息将给该正当目的造成重大损害。在有些情况下，公布对目的既有利也有害。例如，揭露军队的腐败起初会削弱国防，但实际上随着时间的推移有助于消除腐败和加强武装部队。在这种情况下，要使不公布成为合法，公布的实际后果必须是给该目的造成重大损害。豁免公开的正当理由与危害测试不是并列关系而是递进关系，也就是说，符合正当理由的

---

〔1〕 汤德宗：《政府资讯公开法比较评析》，载《台大法学论丛》2006 年第 35 卷第 6 期。

信息,如果免除公开还应进行危害测试,即证明公开会带来重大损害。[1]《关于国家安全和信息权利的全球性原则》明确规定除非政府举证证明危害的存在,否则不得以国家安全为由对信息权加以限制。[2] 国家安全类信息不予公开的正当理由是为了保障国家利益,此时公开造成的损害过大,因此通过立法将该信息纳入豁免公开的范畴。

各国立法通常采用"信息种类"和"损害大小"两种方式来厘定不公开信息的范围。采用信息种类作为豁免公开的立法方式,减少了行政机关的证明义务。以国家安全类信息为例,英国《信息自由法》规定"与国家安全机关有关或由这些机关提供的信息(第 23 条)"属于绝对豁免公开的信息,行政机关只要证明申请公开的信息属于此种信息,就可以根据法律规定不予公开。澳大利亚《联邦信息自由法》也规定:"影响国家安全、防御和国际关系的文件(第 33 条)"不予公开。与此相对,虽然加拿大信息法也区分强制豁免和裁量豁免,但"涉及国际关系和防御的信息(第 15 条)"则属于裁量豁免的事项。

(二)绝对豁免与相对豁免

根据豁免公开事由对公共利益可能造成的损害大小,可以分为绝对豁免公开与相对豁免公开。"绝对免除公开是指行政机关或政府信息公开义务主体在确定某一政府信息属于免除公开信息类别后,无须对不公开信息是否对公共利益造成不利影响作出任何评价,即可确定不予公开该信息。""相对免除公开,又称有限免除公开,是指行政机关或政府信息公开义务主体对某一政府信息是否需要公开,分两阶段加以判定。第一阶段是先确定某一政府信息是否属于特定类别的信息,如果属于则进入第二阶段;第二阶段是分析公开该信息会或可能会给公共利益或其他正当利益造成的损害。""造成损害的标准,一种是简单的损害标准,另一种是实质性损害标准。"[3] 通常强制豁免和绝对豁免具有一致性,但有些国家也作了不同的规定。

对于绝对豁免公开的信息,义务机关应举证该信息属于特定种类的信息;

---

〔1〕 参见联合国人权高级专员办事处网站,https://documents - dds - ny. un. org/doc/UNDOC/GEN/G00/102/58/IMG/G0010258. pdf. OpenElement,2016 年 5 月 18 日访问。

〔2〕 参见开放社会基金会网站,https://www. opensocietyfoundations. org/sites/default/files/tshwane - mandarin - 20150217. pdf,2017 年 9 月 28 日访问。

〔3〕 杨伟东:《政府信息公开主要问题研究》,法律出版社 2013 年版,第 136 页。

对于相对豁免公开的信息，义务机关还应举证公开可能造成的危害。“危害测试”赋予行政机关更多的义务，除了要证明特定信息属于法定不公开的信息种类外，还要证明公开信息可能造成的重大损害。行政机关在裁量豁免公开中具有更大的自由度，公共利益和个人利益的衡量具有一定的宽泛性，容易给行政机关以滥用权力的机会。即便是不公开信息，行政机关也应对保密的信息进行一定的说明。

虽然各国立法一致认同相对豁免公开需要进行危害测试，行政机关承担不公开的举证责任。但一方面各国相对豁免公开的事项规定不一致，另一方面各国对危害的要求也存在很大差别。只有那些“实质”“可能”“迫切”的损害后果才能作为豁免公开的事由，而立法用语的不同给行政机关以相当大的裁量权。导致的结果是同样的信息在不同国家的立法中豁免公开的要求不同。

（三）种类基础豁免和损害基础豁免

根据豁免公开事由产生的原因不同，可以分为种类基础豁免和损害基础豁免。种类基础豁免是指“凡符合该种类定义的资讯，即可豁免公开；法律拟制公开本身即属有害”。损害基础豁免是指“仅其公开将对特定利益造成损害或有损害之虞时，机关始得豁免公开”。[1]

上述两种豁免模式具有显著的差异：首先，“种类基础豁免”模式下只要属于特定种类的信息，就排除公开；“损害基础豁免”模式下决定是否公开的关键不在于该信息的类型，而是损害的大小。其次，在立法技术上，无论是“种类基础豁免”还是“损害基础豁免”模式下，首先都需要通过信息的分类来划定豁免公开的事项范围，“损害基础豁免”还需要继续进行利益衡量来判断是否公开信息。以个人隐私信息豁免公开为例，由于“种类基础豁免”模式下不需要再进行利益衡量，故信息公开立法在此项例外上呈现两个极端：一个极端是针对个人隐私例外的条款相对简单，将“个人隐私”的判断指向其他立法；另一个极端是信息公开立法针对此项例外的侧重点是对“个人隐私”的规范，其内容更像是“隐私权法”。而“损害基础豁免”模式下的信息公开立法多借助另外的个人隐私法来实现信息种类的判断，信息公开立法的重点主要集中于利益衡量的内容：一方面通过立法列举应当公开的公共利益情形，另一方面将是否公开的权

---

〔1〕 汤德宗：《政府资讯公开法比较评析》，载《台大法学论丛》2006 年第 35 卷第 6 期。

力留给行政机关,并通过比例原则和正当程序原则制约行政机关,防止其滥用权力,达到公开与保密的平衡。再次,在具体适用方面,“种类基础豁免”模式下行政机关只需要证明被申请公开的信息属于特定类型的信息就达到了不公开的要求;“损害基础豁免”模式下则需要通过“信息种类”和“损害大小”两个步骤来证明不公开信息的正当性和必要性。最后,从结果来看,“损害基础豁免”模式下豁免公开的范围一般小于“种类基础豁免”,而“损害基础豁免”模式下的严格损害标准比一般损害标准对公开例外的要求更高。

各国立法多采用种类基础豁免加损害基础豁免的复合立法方式来划定不公开范围,但在具体适用时如何处理“信息种类”和“公开损害”的关系决定了豁免公开实际范围的大小。理想的状态是先确定信息的种类,然后衡量公开可能造成的损害,例如加拿大的信息法;而有些国家则规定两者是并列关系,即属于特定种类的信息或造成特定利益损害的信息都具有合理的豁免公开理由,但实际上特定种类信息并不必然导致损害,因此,以信息种类的方式确定豁免公开的范围实际上有可能扩大不公开的事项。此外,损害的标准不同也会给豁免公开带来不同的结果,例如“可能导致偏见、可能导致负面结果、有足够理由相信可能导致危害及有理由相信危害将会产生”等不同规定将导致不同的公开结果。[1]

(四)政府职责类信息豁免、影响公务活动类信息豁免和影响权益类信息豁免

根据豁免公开信息来源的不同,可以分为政府职责类信息、公务活动类信息和影响权益类信息。政府职责类信息产生于政府履行法定职责的过程中,为了保障法定职责之最终目的得以实现,公开将损害这种目标。国家职责包括对外职能和对内职能,豁免公开的信息亦涉及这两种,具体有:国防、军事类信息,国际关系(包括外国政府和国际组织)类信息,金融监管类信息,科技类信息,自然资源信息(保护动物物种、地理信息),文化资产类信息等。影响公务活动类信息是指这些信息的公开会损害公务活动的正常进行或公开会导致公务活动失去效果,包括纯粹的内部管理类信息、意见性信息、尚未成熟的过程性信息、影响行政执法正常进行的信息(监督、监管)、影响刑事司法公正的信息等。日

〔1〕[加]托比·曼德尔:《信息自由:多国法律比较》,龚文庠等译,社会科学文献出版社 2011 年版,第 168 页。

本在实务上运用“公务不能民主且有效率运作之危险性”原则作为信息豁免公开之准则，依法院的解释，该原则应限于下列事情：“a. 该当事务本质上原不适合于公共场合讨论或受国民监督者（如有关个人隐私之事项）；b. 该当事务被公开将导致行政目的丧失（如逮捕状之发给或竞标之投标价格）；c. 虽因有效率、效果之公务执行而有必要暂时保密（如为保障行政机关内部之各类委员会等自由发言）者，仍须留存事后公开由公众讨论或国民监督之控制机制；d. 其他与上述为同性质之事务。”[1]影响权益类信息包括职业秘密（如律师与委托人之间基于委托关系的相关信息）、商业交易、商业秘密信息、影响个人权益的信息。

此外，有学者将豁免公开的信息还区分为实体式和程序式例外，“实体式例外是基于信息公开的实体内容而主张例外。程序式例外是基于程序要素而特别设定的，主要有两类：一类是属于第三方提供给政府机构的信息；另一类是属于政府机构决策过程中的信息。”有些信息公开的例外在决定是否公开之前，需要和第三方进行协商，据此又可以分为“协商式和非协商式例外”。[2]

四、豁免公开事由的消灭

（一）权利人或利害关系人同意公开

该项事由适用于影响权益类信息的豁免公开。信息豁免公开的理由之一是保护特定权利人的利益，信息公开可能影响个人权益、企业的经济利益等，国际和国内立法均承认其具有正当的免除公开理由，此时立法考虑更倾向于保护特定个体利益。但如果信息涉及的个人、企业和其他第三方放弃这种特别保护，则信息仍可以公开。利害关系人的同意需经过征询意见之法定程序，在权利人明示同意的情况下，影响权益类信息仍可以公开。

（二）信息经过分割处理

分割原则是指存在不予公开事由的情况下，行政机关应将载有秘密信息的文件进行分割，除应保密的信息以外，文件的其他部分仍应公开。该原则也是国际文件和国内立法对豁免公开共同适用的准则。豁免公开的最终目的是保

---

〔1〕 范姜真媺：《政府资讯公开与国家机密保护——以日本之学说及实务见解为主》，载《政大法学评论》2007年总第100期。

〔2〕 肖卫兵：《论政府信息公开例外立法的类别》，载《情报理论与实践》2010年第4期。

护特殊的利益而非特定种类的文件，一份文件载有不同类型信息，该文件不能因为豁免理由的存在而取得不公开的资格，而应对文件内容进行分离。问题的关键是如何对信息载体进行区分。“信息分割的关键是‘能够作区分处理’。所谓‘能够作区分处理’，包含信息内容的‘可区分’和技术手段的‘可处理’。在这样两个方面的要求中，‘可区分’是指这部分信息内容可以区别那部分信息内容；‘可处理’是指不应公开和可以公开的两类信息能够相互分离。”[1]信息经过分割处理后，不具有保密理由的信息仍应当予以公开。信息分割的难度、范围，以及豁免公开信息与可公开信息之间的关联度等问题，决定了最终公开信息范围的大小。

（三）一定时间经过

公开与保密相对应，公开是永恒的主题。《信息自由示范法》（2001 年）第 25 条第 1 款规定：“经过一定的时间后当保护特定利益的需要不存在时，信息仍应公开。”时间的经过对豁免之效力体现在两个方面：一是特定的豁免公开信息只在“当时”具有不公开的正当理由和意义，程序结束、行为作出后该信息事实上就已经公开或者再保密已没有意义。“在许多情况下，法律规定，当决议已做出、法院已作判决、调查已完成或者到达了某些其他‘最终’阶段时，此前被免于公布的信息将要公布。”[2]即将公开的信息是此种典型。此外，考试类信息只在考试前具有保密的必要，影响行政执法正常进行的信息在执法结束后就应公开、影响刑事司法公正的信息在刑事程序结束后已没有保密的需要，这些信息经过一定的时间自动公开。二是通过立法对豁免公开信息的保密期限进行规定，且应定期进行审查，对于超过保密期的信息，除经过特别审核程序并符合法律规定可以继续保密外，其他超过保密期的信息应解密。对此各国在信息法之外，另制定《保密法》予以规范，遵守“秘密法定原则”。对于信息法和保密法的关系，尤其是两者存在矛盾时应如何处理？理想的状态是信息法优先于保密法。但事实的状态可能完全相反，通过保密法对信息公开予以反向限制成了一种通行的做法，只有南非和印度明确规定信息法是上位法。各国对秘密等级和

---

〔1〕 黄伟群：《政府信息公开中的可分割性原则》，载《中共中央党校学报》2013 年第 5 期。

〔2〕 ［加］托比·曼德尔：《信息自由：多国法律比较》，龚文库等译，社会科学文献出版社 2011 年版，第 167 页。

解密期限的规定相当复杂，阿塞拜疆规定为公共利益而保密的文档5年后应该公布，澳大利亚为15年，加拿大的一般保密期为20年，而美国为25年。“全球信息公开法评级体系”提出的理想保密期限为20年。[1] 尽管各国立法存在保密期限的差异，但总体而言，都承认信息不应永久排除在公开之外，超过保密期的信息，应当予以公开。

（四）信息客观上已公开

豁免公开的目的是维护特定利益的需要，将相关信息处于保密之状态下。如果信息在事实上已通过其他方式公开，保密已失去必要性，因而豁免公开的理由在客观上不再发生作用。例如，日本实务上曾发生“博览会国际事务局总会，举行主办地点投票时，日本对各国有关游说、请托等活动相关资料公开请求事件。行政审查会以系争资讯为日本请求各国投票支持折冲拜票活动之具体内容、各国投票之预测及分析、评价等记述，系客观事实之经纬、概况或数量化之数值，现为已知结果之公开事实，即使公开应无损害与其他国间信赖关系之虞，故难以认定行政机关首长之限制公开处分为有相当理由之认定”。[2]

（五）压倒一切的公共利益

政府信息公开例外无论是强制豁免还是裁量豁免，公开与不公开都是利益衡量的结果，因此在“绝对公共利益”的特殊情况下，无论豁免公开的理由为何，仍应让位于公开。《公众的知情权：信息自由的立法原则》（1999年）原则4规定：“即使能够表明公布信息将给某一正当目的造成重大损害，但如果公布产生的利益超过损害，那么该信息仍应该予以公布。例如，某些信息可能属隐私性质，但同时可暴露政府内高层腐败现象。在这种情况下，对正当目的的损害必须用公布该信息对公众产生的利益来衡量。只要利大于弊，该法就应规定可公布这种信息。”[3]《关于知情权的十项原则》（2005年）[4]原则7规定：“公共利

[1] 参见肖卫兵：《全球信息公开法评级体系评析：兼论针对中国的评估》，载《图书情报工作》2012年第20期。

[2] 范姜真媺：《政府资讯公开与国家机密保护——以日本之学说及实务见解为主》，载《政大法学评论》2007年总第100期。

[3] 参见联合国人权高级专员办事处网站，https://documents-dds-ny.un.org/doc/UNDOC/GEN/G00/102/58/IMG/G0010258.pdf.OpenElement，2016年5月23日访问。

[4] 参见美洲国家组织网站，https://www.oas.org/dil/access_to_information_human_Policy_Recommendations_10_Principles_on_the_Right_to_Know.pdf，2017年9月28日访问。

益优先于保密。如果对公共利益的损害比公开可能带来的损害更大,信息应予公开。当信息可能给环境、健康、人权和揭露腐败带来威胁时,鉴于高度存在的公共利益,这些信息应予公开。”公共利益是重中之重,信息的公开是基于公益的推定,豁免公开则是经过利益衡量的例外保护,对于信息可能涉及国际法上的种族灭绝、危害人类等严重犯罪行为,即便存在特定需要保护的利益,但这些利益与公共利益相比不足以对抗,此时仍应公开信息。《美洲信息获取示范法》第 44 条规定:“如果存在严重侵犯人权或者危害人类犯罪的情况下,第 40 条规定的豁免公开事项将不适用。”[1]《乌干达信息权法》第 34 条明确规定了公共利益优先原则。根据该原则,即便信息属于例外范围,在某些情况下也必须披露。这些情况包括:公布信息将揭出严重违法行为的证据;或是将展示对公共安全、公共健康或环境造成紧急而严重的危害的证据;或是披露信息带来的公共利益大于对受保护利益可能造成的损害。[2] 墨西哥和秘鲁也规定与侵犯人权和反人类相关的信息有优先权;瑞典的消费者权益保护、健康和安全有优先权;而牙买加认定内阁文献和环境问题有优先权。

“在信息公开法律中,例外事项就是对公开信息的否定,属于不应公开的事项,但是考虑到公共利益的存在和必要,还是选择公开信息。这种‘否定之否定’的模式是在公共利益优先的前提下完成的。”[3]问题的难点在于公共利益本身是一个不确定的法律概念,其内容不确定、对象不确定,运用公共利益条款强制公开政府信息时,仍需要一些可操作性的准则,“立法者于规定公益内容之时(尤在有公益授权,授权行政机关来执行公益之需求时),应尽可能避免援用空泛及抽象之用语,而是将公益予以类别化、特别化,使立法者所欲规范之公益的内容,能使其在该法律条文中,得悉其公益之内容、动机以及范围”。[4]

---

〔1〕 参见美洲国家组织网站,http://www.oas.org/en/sla/dil/docs/AG - RES_2607 - 2010_eng.pdf,2017 年 9 月 28 日访问。

〔2〕 [加]托比·曼德尔:《信息自由:多国法律比较》,龚文庠等译,社会科学文献出版社 2011 年版,第 156 页。

〔3〕 王敬波:《政府信息公开中的公共利益衡量》,载《中国社会科学》2014 年第 9 期。

〔4〕 陈新民:《德国公法学基础理论》(下),山东人民出版社 2001 年版,第 205 页。

第三章

我国政府信息豁免公开的立法与实践镜像

第一节　政府信息豁免公开的立法规范

我国政府信息公开立法以《政府信息公开条例》为核心，相关规定包括国务院的决定、国务院各部门规章、规范性文件，以及地方性法规和规章、规范性文件等一系列规范，共同构成信息公开立法的依据。政府信息豁免公开事由以《政府信息公开条例》的规定为主体，单行法律、法规甚至规章和规范性文件构成公开例外规范的重要补充。条例本身的适用范围决定那些不适用于条例的主体和信息构成了规范之外的隐性豁免。

一、排除适用《政府信息公开条例》的隐性豁免

（一）不纳入《政府信息公开条例》的主体

1. 公共企事业单位

2007 年《政府信息公开条例》第 37 条规定："教育、医疗卫生、计划生育、供水、供电、供气、供热、环保、公共交通等与人民群众利益密切相关的公共企事业单位在提供社会公共服务过程中制作、获取的信息的公开，参照本条例执行，具体办法由国务院有关主管部门或者机构制定。"修订后的条例将原有的"参照适用"改为"排除适用"，即第 55 条规定："教育、卫生健康、供水、供电、供气、供热、环境保护、公共交通等与人民群众利益密切相关的公共企事业单位，公开在提供社会公共服务过程中制作、获取的信息，依照相关法律、法规和国务院有关主

管部门或者机构的规定执行。全国政府信息公开工作主管部门根据实际需要可以制定专门的规定。”对于这种立法变化，有学者称之为“脱条例化”，此种“修法方向是对现实的误判、对理想的扭曲”，并认为未来的改革方向应是“入条例化，明确其适用条例”。[1] 也有学者认为原条例的规定“对行政机关与公共企事业单位、服务相对人（公众）之间的三角关系缺乏考量，基于强化行政机关监督职能的制度前提，应当区分公共服务经营者的公共性强度、引入强制信息披露作为公开方式，同时架构申请主体与信息公开范围的对应关系”。[2]

笔者认为，一律将公共企事业单位纳入或排除出《政府信息公开条例》的调整范围均不具有可取性，应根据公共企事业单位的服务内容具体分析。以事业单位为例，《事业单位登记管理暂行条例》（2004 年修订）第 2 条第 1 款规定：“本条例所称事业单位，是指国家为了社会公益目的，由国家机关举办或者其他组织利用国有资产举办的，从事教育、科技、文化、卫生等活动的社会服务组织。”《关于事业单位分类的意见》（国办发〔2011〕37 号）将事业单位分为“承担行政职能的事业单位、从事生产经营活动的事业单位和从事公益服务的事业单位”。最后一类事业单位又可细分为：“公益一类事业单位”，即承担义务教育、基础性科研、公共文化、公共卫生及基层的基本医疗服务等基本公益服务，不能或不宜由市场配置资源的事业单位；“公益二类事业单位”，即承担高等教育、非营利医疗等公益服务，可部分由市场配置资源的事业单位。由此可见，我国事业单位的具体分类差别很大，“承担行政职能的事业单位”和“从事公益服务的事业单位”虽然不是行政机关，但是其运转经费主要来源于政府财政（尤其是公益一类事业单位），且在内部管理和人员选任上与行政机关类似，其运营的主要目的是公益服务而非营利；“公益二类事业单位”既有一定的行政性，又以市场主体的身份参与资源配置；“从事生产经营活动的事业单位”则更接近企业。上述不同类型主体中，仅有部分主体可通过“法律、法规授权的具有管理公共事务职能的组织”纳入《政府信息公开条例》的调整范围，缺乏具体法律、法规的授权依据、但事实上又承担行政职能的公共企事业单位的信息公开，则无法适用《政

---

〔1〕 彭錞：《公共企事业单位信息公开：现实、理想与路径》，载《中国法学》2018 年第 6 期。

〔2〕 梁艺：《公共企事业单位信息公开的适用检视与修正——对〈政府信息公开条例〉参照条款及其修订的评价》，载《河北法学》2020 年第 9 期。

府信息公开条例》。

2. 党政主体共同作出行为

行政机关和党组织是两类不同的主体,适用不同的规范。《政府信息公开条例》适用于"行政机关及法律、法规授权的组织",各级党组织的信息公开应遵守《中国共产党党务公开条例(试行)》(中共中央 2017 年 12 月印发)。本是两条平行线且具有各自规范体系,但在党政合署合设、党政联合发文的情况下则产生交叉,党政主体共同作出的行为是否适用《政府信息公开条例》成为实践难点。对此,《北京市高级人民法院关于审理政府信息公开行政案件若干问题的解答》(京高法发〔2014〕82 号)指出:"凡以党组织文号印发的信息,或者党组织制发的党政联合文件,一般不属于《条例》的调整范围,行政机关以不属于政府信息为由不予公开的,人民法院应予支持"。对于没有文号的其他信息,制定主体是党委部门的,可认定为党务信息。行政机关以属于党务信息不予公开,但未能提供证据证明的,人民法院不予支持"。司法实践中,法院从制作主体的角度,将党政联合发文的信息剔除出"政府信息"范围,法院采用形式化的审查方式,"以党组织是制作主体或联合制作主体为由,判定相关信息不属于政府信息,实际上使作为制作主体之一的党组织产生了更强的影响效果,即它经手制作或联合制作的文件自然被排除出政府信息范畴"。[1] 如此,将形式上具有党组织参与、实质上履行行政管理职能的信息排除于"政府信息"之外,通过适用主体和政府信息的解释,限缩了《政府信息公开条例》对党政主体共同行为情况下的适用。

(二)不纳入"政府信息"的事项

1. 档案信息

《档案法》第 2 条规定:"本法所称的档案,是指过去和现在的国家机构、社会组织以及个人从事政治、军事、经济、科学、技术、文化、宗教等活动直接形成的对国家和社会有保存价值的各种文字、图表、声像等不同形式的历史记录。"档案信息并不属于"政府信息",事实上被纳入政府信息公开的例外范围。与行政行为有关的档案信息与政府信息并没有本质上的区别,档案记载的内容即是

---

〔1〕 张力:《党政联合发文的信息公开困境与规则重塑:基于司法裁判的分析》,载《中国法学》2020 年第 1 期。

行政机关行使行政职权过程中记录的信息，“一旦政府信息通过归档程序成为档案，尽管政府信息的内容还是原来的内容，形式也是原来的形式，可在法律规定上就不再是原来的政府信息，而是档案”。[1]

既然档案信息不属于政府信息，有关档案信息公开问题就不属于《政府信息公开条例》调整的范畴。档案信息的保密与公开适用不同于政府信息的法律规范。《档案法》第19条第1款规定：“国家档案馆保管的档案，一般应当自形成之日起满三十年向社会开放。经济、科学、技术、文化等类档案向社会开放的期限，可以少于三十年，涉及国家安全或者重大利益以及其他到期不宜开放的档案向社会开放的期限，可以多于三十年，具体期限由国家档案行政管理部门制订，报国务院批准施行。”根据该条规定，档案的保密期限一般是30年，满30年后可以公开。“档案文件所承载的政府信息，自其形成之后并不是立即对社会公开的。恰恰相反，在相当长的期间里，公众对档案信息的查阅、了解等知情权是无法行使的。就结果而言，档案信息的这种封闭属性事实上导致了保密的效果。正是在这种意义上，可以将这些档案信息称为‘准国家秘密信息’。”[2]

档案信息具有保密期限，即档案并非永久不能公开，不过《档案法》和《档案法实施办法》并没有使用“公开”的用语，而是采用了“公布”和“开放”两个相近的概念，《档案法》的定位并非信息利用之法，而是档案管理法，其实际效果更加接近保密法。

第一，档案的“公布”，《档案法》第22条规定：“属于国家所有的档案，由国家授权的档案馆或者有关机关公布；未经档案馆或者有关机关同意，任何组织和个人无权公布。集体所有的和个人所有的档案，档案的所有者有权公布，但必须遵守国家有关规定，不得损害国家安全和利益，不得侵犯他人的合法权益。”《档案法实施办法》第22条规定：“《档案法》第二十二条所称档案的公布，是指通过下列形式首次向社会公开档案的全部或者部分原文，或者档案记载的特定内容：（一）通过报纸、刊物、图书、声像、电子等出版物发表；（二）通过电台、电视台播放；（三）通过公众计算机信息网络传播；（四）在公开场合宣读、播放；（五）出版发行档案史料、资料的全文或者摘录汇编；（六）公开出售、散发或

---

〔1〕 刘飞宇：《从档案公开看政府信息公开制度的完善》，载《法学评论》2005年第3期。

〔2〕 王锡锌：《政府信息公开中的“国家秘密”探讨》，载《政治与法律》2009年第3期。

者张贴档案复制件;(七)展览、公开陈列档案或者其复制件。”

第二,档案的“开放”。《档案法实施办法》规定档案的“开放”,应视为一种公开的形式。这里的开放不同于“公布”,公布应是一种主动的公开,通过各种途径向社会公众传达信息,开放是消极的公开,类似于依申请公开,允许公众利用,对档案进行阅览、复制和摘录。中国公民和组织,持有介绍信或者工作证、身份证等合法证明,可以利用已开放的档案;外国人或者外国组织利用中国已开放的档案,须经中国有关主管部门介绍以及保存该档案的档案馆同意。《档案法实施办法》第19条规定:“各级国家档案馆保管的档案应当按照《档案法》的有关规定,分期分批地向社会开放,并同时公布开放档案的目录。档案开放的起始时间:(一)中华人民共和国成立以前的档案(包括清代和清代以前的档案;民国时期的档案和革命历史档案),自本办法实施之日起向社会开放;(二)中华人民共和国成立以来形成的档案,自形成之日起满30年向社会开放;(三)经济、科学、技术、文化等类档案,可以随时向社会开放。前款所列档案中涉及国防、外交、公安、国家安全等国家重大利益的档案,以及其他虽自形成之日起已满30年但档案馆认为到期仍不宜开放的档案,经上一级档案行政管理部门批准,可以延期向社会开放。”该条是对《档案法》第19条的执行性规定。法律规定“经济、科学、技术、文化等档案向社会开放的期限,可以少于30年”,实施办法规定此类信息可以随时向社会开放。结合《档案法》和实施办法的规定,中华人民共和国成立以来的档案信息保密期一般为30年,经济、科学、技术、文化等类档案,可以随时向社会开放。

2. 行政登记信息

《政府信息公开条例》第36条第7项规定:“所申请公开信息属于工商、不动产登记资料等信息,有关法律、行政法规对信息的获取有特别规定的,告知申请人依照有关法律、行政法规的规定办理。”该条规定实际上有两层含义:第一,没有明确规定工商、不动产登记资料等信息是否属于政府信息,但从条例第2条对“政府信息”的界定以及本条上下文的联系来看,条例事实上承认工商、不动产登记材料属于政府信息。第二,工商、不动产登记资料是否公开,条例没有明确表态,将这一问题指向了单行法律和行政法规的规定。

工商登记信息采用行政机关“公示”的方式,公示是主动公开的一种形式。《企业信息公示暂行条例》(国务院令第654号)第2条规定:“本条例所称企业信息,是指在工商行政管理部门登记的企业从事生产经营活动过程中形成的信息,以及政府部门在履行职责过程中产生的能够反映企业状况的信息。”第6条规定:“工商行政管理部门应当通过企业信用信息公示系统,公示其在履行职责过程中产生的下列企业信息:(一)注册登记、备案信息;(二)动产抵押登记信息;(三)股权出质登记信息;(四)行政处罚信息;(五)其他依法应当公示的信息。前款规定的企业信息应当自产生之日起20个工作日内予以公示。”根据《广东省商事登记条例》(2019年修正)的相关规定,公司登记事项包括名称、住所、法定代表人、注册资本、公司类型、经营范围、营业期限、有限责任公司股东或者股份有限公司发起人姓名或者名称。合伙企业的登记事项包括名称、经营场所、执行事务合伙人、经营范围、合伙企业类型、合伙人姓名或者名称及住所、承担责任方式。合伙协议约定合伙期限的,登记事项还包括合伙期限。执行事务合伙人是法人或者其他组织的,登记事项还应当包括法人或者其他组织委派的代表。个人独资企业的登记事项包括名称、经营场所、投资人姓名及居所、经营范围。分支机构的登记事项包括名称、经营场所、经营范围、负责人。个体工商户的登记事项包括经营者姓名及住所、组成形式、经营场所、经营范围。个体工商户使用名称的,名称作为登记事项。不同类型商事主体备案的事项也不同,公司的备案事项包括章程、董事、监事、经理,分公司,清算组,外商投资企业法律文件送达接受人;合伙企业的备案事项包括清算人、分支机构、合伙协议、外商投资合伙企业法律文件送达接受人;个人独资企业的备案事项包括投资人的出资额和出资方式、经营方式、分支机构;个体工商户的备案事项包括家庭经营的个体工商户的家庭成员姓名。向登记机关备案的公司章程应当记载公司股东认缴的出资额、出资方式以及出资时间。

不动产登记资料的公开问题依照有关法律、行政法规的规定办理。《国务院办公厅政府信息与政务公开办公室关于明确政府信息公开与业务查询事项界限的解释》(国办公开办函〔2016〕206号)答复指出:“不动产登记资料查询,以及户籍信息查询、工商登记资料查询等,属于特定行政管理领域的业务查询事项,其法律依据、办理程序、法律后果等,与《政府信息公开条例》所调整的政府信息公开行为存在根本性差别。当事人依据《政府信息公开条例》申请这类业务查询的,告知其依据相应的法律法规规定办理。”按该答复的意见,不动产登记资料不属于政府信息,而是特定行政管理领域的业务查询。笔者认为,不动产登记资料是不动产登记机关在履行行政管理职能过程中制作或者获取的,以电子和书面形式保存的政府信息,不应被排除在政府信息之外。“不动产登记信息符合《政府信息公开条例》第 2 条的规定,在性质上应属政府信息。”[1]国家实行不动产登记资料依法查询制度,《民法典》第 218 条规定:“权利人、利害关系人可以申请查询、复制不动产登记资料,登记机构应当提供。”查询是一种依申请公开的形式。不动产登记资料包括两类:一是不动产登记簿等不动产登记结果;二是不动产登记原始资料,包括不动产登记申请书、申请人身份材料、不动产权属来源、登记原因、不动产权籍调查成果等材料以及不动产登记机构审核材料。[2]《不动产登记暂行条例》(2019 年修订)第 27 条规定:“权利人、利害关系人可以依法查询、复制不动产登记资料,不动产登记机构应当提供。有关国家机关可以依照法律、行政法规的规定查询、复制与调查处理事项有关的不动产登记资料。”第 28 条规定:“查询不动产登记资料的单位、个人应当向不动产登记机构说明查询目的,不得将查询获得的不动产登记资料用于其他目的;未经权利人同意,不得泄露查询获得的不动产登记资料。”根据上述规定,不动产登记资料并非向社会公众公开,而仅向权利人、利害关系人和有关国家机关公开。不动产登记资料涉及权利人的姓名或者名称、公民身份号码、财产状况等个人隐私信息,符合《政府信息公开条例》所规定的豁免公范围。不动产登记信息虽豁免向公众公开,但依法应向权利人和利害关系人公开,不同主体能查询的信息存在差异:不动产登记簿上记载的权利人可以查询本不动产登记结果和本不动产登记原始资料;因不动产交易、继承、诉讼等涉及的利害关系人可以查询、复制不动产自然状况、权利人及其不动产查封、抵押、预告登记、异议登记等状况;人民法院、人民检察院、国家安全机关、监察机关等可以依法查询、复制与调查和处理事项有关的不动产登记资料;其他有关国家机关执行公务依法查询、复制不动产登记资料的,依法办理。单行法律规范对查询主体、查询目的的要求正是证明“利害关系人”身份。前述解释混淆了政府信息与政府信息公开、《政府信息公开条例》与单行法的关系等问题,不动产登记资料的公

---

〔1〕 高圣平:《政府信息公开视角下的不动产登记查询规则》,载《法学》2015 年第 1 期。

〔2〕 《不动产登记暂行条例实施细则》(2019 年修正,自然资源部令第 5 号,2019 年 7 月 24 日发布)第 94 条。

开应属于个人隐私豁免公开中的例外事项。

3. 行政程序案卷信息

《最高人民法院关于审理政府信息公开行政案件若干问题的规定》(法释〔2011〕17号)第2条第4项规定,行政程序中的当事人、利害关系人以政府信息公开名义申请查阅案卷材料,行政机关告知其应当按照相关法律、法规的规定办理。从该条规定可见,我国立法对行政知情权与卷宗阅览权的关系采"择一竞合模式",二者不能被当事人任选其一适用,当事人同时满足行政知情权与卷宗阅览权的适用条件时,应当优先适用卷宗阅览权。择一竞合导致的结果是行政程序的当事人和利害关系人对于行政程序进行中的案卷材料仅享有卷宗阅览权,而丧失信息公开申请权。从政府信息公开的视角观察,行政程序案卷信息是"信息公开"的例外,当事人仅能行使卷宗阅览权而获得相关信息。

司法解释采用择一竞合的理由在于"一是防止当事人利用法律漏洞在行政程序进行期间动辄提起诉讼,从而阻碍行政程序的进程;二是避免不当增加被告的负担,损害诉讼的公平;三是保证卷宗阅览制度不在事实上被废除"。[1]从司法解释出台背景看,上述主张也是行政复议机关的要求,"很多行政相对人或其代理人,往往利用政府信息公开这个更好用的武器,要求复议机关公开复议程序中的相关材料,复议机关很受困扰"。[2]

针对当事人享有行政程序中卷宗阅览权的同时能否通过信息公开获得相应信息的处理,学界存在两种不同的观点。一种观点认为应优先适用卷宗阅览权。"为了避免'卷宗阅览'成为空文,应依'特别法优先于一般法'之原则,'卷宗阅览请求权'优先于'信息公开请求权'。"[3]另一种观点则认为两种权利并存的情况下当事人可以选择。"在权利保障型行政程序中,一般应赋予私人阅览卷宗的权利,以便于当事人保护自己的权利或利益免受行政行为的侵害。但在我国的法律上,并没有一般性地明确承认阅览卷宗的权利。因此,让信息公开申请人回到行政程序之中,并不能保障申请人能够获悉相关的信息。故而,

---

〔1〕 李广宇:《政府信息公开司法解释读本》,法律出版社2015年版,第115页。

〔2〕 李广宇:《政府信息公开司法解释的台前幕后》,载微信公众号"第四巡回法庭",2017年11月14日。

〔3〕 汤德宗:《论信息公开与卷宗阅览》,载汤德宗、刘淑范主编:《2005行政管制与行政争讼》,中研院法律学研究所筹备处专书(2),第156页。

采取德国的做法,即并存的竞合较为妥当,当事人可以在阅览卷宗权和知情权之间自由选择。"[1]笔者赞同后一种观点,即实行卷宗阅览和信息公开并行的模式。信息公开制度原本属于不问使用目的的制度,并且也不存在禁止两种权利并行使用的明文规定等和客观需要,现阶段不宜对以文件查阅为目的的信息公开申请加以限制。如果规范某一行政程序的单行法律没有对卷宗阅览权作出特别规定,行政相对人或者利害关系人可以毫无障碍地依照《政府信息公开条例》行使信息公开请求权。

二、《政府信息公开条例》规定的豁免公开事由

(一)国家秘密类信息

根据《政府信息公开条例》的规定,确定为国家秘密的信息属于绝对豁免公开的事由,即只要信息属于国家秘密,就不应公开。这是因为"属于国家秘密的信息本身就意味着公共利益,在确定国家秘密的过程中已经进行了公开与否的利益衡量,这种损害的判断是在国家秘密的定密过程中完成的,在信息公开的过程中不再进行。"[2]这种方法是立法裁量的结果,源于"立法衡量"理论,"立法机关是一个天然的利益协调部门,它更容易考虑到更为广阔的社会现实"。[3]

尽管确定为国家秘密的政府信息属于绝对豁免公开的事项,但并非永久免除公开。根据《保守国家秘密法》第 19 条的规定,国家秘密的保密期限已满的,自行解密。同时,法律对不同级别的国家秘密保密期限作了规定,除另有规定外,绝密级不超过 30 年,机密级不超过 20 年,秘密级不超过 10 年。对在保密期限内因保密事项范围调整不再作为国家秘密,或者公开后不会损害国家安全和利益,不需要继续保密的,应当及时解密;对需要延长保密期限的,应当在原保密期限届满前重新确定保密期限。确定为国家秘密豁免公开的政府信息受保密期限的制约,保密期过后仍应纳入公开的范围。

(二)危及"三安全一稳定"的信息

2007 年《政府信息公开条例》第 8 条规定:"行政机关公开政府信息,不得

---

〔1〕 王贵松:《信息公开行政诉讼的诉的利益》,载《比较法研究》2017 年第 2 期。

〔2〕 王敬波:《政府信息公开:国际视野与中国发展》,法律出版社 2016 年版,第 220 页。

〔3〕 张翔:《基本权利的规范建构》,高等教育出版社 2008 年版,第 157 页。

危及国家安全、公共安全、经济安全和社会稳定。"《国务院办公厅关于施行〈中华人民共和国政府信息公开条例〉若干问题的意见》(国办发〔2008〕36号)第6项规定,凡属国家秘密或者公开后可能危及国家安全、公共安全、经济安全和社会稳定的政府信息,不得公开。《国务院办公厅关于做好政府信息依申请公开工作的意见》(国办发〔2010〕5号)再次强调:"对申请人申请的政府信息,如公开可能危及国家安全、公共安全、经济安全和社会稳定,按规定不予提供,可告知申请人不属于政府信息公开的范围。"政府信息因危及"国家安全、公共安全、经济安全和社会稳定"不予公开的规定被放置在2007年《政府信息公开条例》第8条,位列总则的范围,该规定是否能被看做法定的例外情形,存在争议。〔1〕修订后的条例调整了"三安全一稳定"相关规定的位置,不再放在总则部分,修改为:"公开后可能危及国家安全、公共安全、经济安全、社会稳定的政府信息,不予公开"。上述改变将危及"三安全一稳定"类信息与国家秘密信息并列,以损害结果(三安全一稳定)作为绝对豁免公开的理由。

(三)影响权益类信息

2007年《政府信息公开条例》第14条第4款规定:"行政机关不得公开涉及国家秘密、商业秘密、个人隐私的政府信息。……"修订后的条例第15条规定:"涉及商业秘密、个人隐私等公开会对第三方合法权益造成损害的政府信息,行政机关不得公开。……"对比新旧条例的规定,影响权益类信息豁免公开的规定具有如下特点:首先,"涉及"商业秘密、个人隐私的政府信息不得公开。不管信息是否属于商业秘密或个人隐私,只要这些信息涉及了商业秘密、个人隐私的相关内容,就满足了豁免公开的必要条件之一。其次,涉及的私主体权益不仅包括商业秘密和个人隐私,新条例在旧条例的基础上增加"等"字,以兜底概括所有公开后可能对第三方合法权益造成损害的政府信息,"等"的具体范围涉及哪些信息立法没有详细列举。由于商业秘密和个人隐私的外延范围存在一定的争议,在具体个案中即使相关政府信息是否属于商业秘密和个人隐私不易判断,行政机关也可以适用新条例所规定的"等"决定是否公开信息,因此在影响权益类信息是否应公开的判断上,行政机关比以往享有更大的裁量权。最后,影响权益类信息豁免公开的理由是其"公开会对第三方合法权益造成损

〔1〕 参见李广宇:《政府信息公开司法解释读本》,法律出版社2015年版,第241页。

害”,而可能造成此种损害的信息又包括三类:第一类是商业秘密和个人隐私信息;第二类是涉及商业秘密和个人隐私的信息;第三类是其他可能损害合法权益的信息。上述三类情形都是建立在损害基础上的豁免公开。

针对商业秘密和个人隐私的豁免公开,一些地方立法在用语上与条例有差异。梳理相关地方规范,具体可以分为三种类型:第一,“涉及”商业秘密和个人隐私的政府信息不予公开。第二,“属于”商业秘密和个人隐私的政府信息不予公开。例如,《国家邮政局政府信息公开工作办法》(2014 年 8 月 6 日发布)第 11 条规定:“下列政府信息,不予公开……(二)属于商业秘密的;(三)属于个人隐私的……”第三,“属于”或“影响”权益的政府信息不予公开。例如,《国家旅游局贯彻落实〈政府信息公开条例〉的实施办法》(2010 年 7 月 1 日发布)第 11 条规定:“下列事项有关信息不予公开……(二)属于商业秘密或者公开后可能导致商业秘密被泄露的;(三)属于个人隐私或者公开后可能导致对个人隐私权造成不当侵害的……”“涉及”和“属于”是外延不同的两个概念,地方立法和规范性文件使用“属于”的用语限缩了条例规定的豁免公开范围,且条例修订后在商业秘密和个人隐私外增加了“等”字,并以“对第三方合法权益造成损害”作为此类信息豁免公开的核心要件。条例修订后,部分部门立法和地方立法的规定与条例存在不一致之处,限缩了条例所规定的豁免公开范围,应及时进行修订。

与国家秘密类信息豁免公开不同,影响权益类信息虽然假定不予公开,但如果“第三方同意公开或者行政机关认为不公开会对公共利益造成重大影响的”,予以公开。也就是说,影响权益类信息并非绝对不能公开,符合一定的条件仍需要公开,此类公开例外可以称之为相对豁免公开。根据条例的规定,例外包括两种情形:其一是权利人同意公开。《政府信息公开条例》第 32 条规定:“依申请公开的政府信息公开会损害第三方合法权益的,行政机关应当书面征求第三方的意见。第三方应当自收到征求意见书之日起 15 个工作日内提出意见。第三方逾期未提出意见的,由行政机关依照本条例的规定决定是否公开。……”其二是行政机关认为应当公开。政府信息公开可能影响第三方合法权益的,第三方的意见并不具有否定信息公开的当然效力,行政机关需要衡量信息公开所涉及的公共利益和个人利益并作出最终的决定。如果第三方不同意公开且有合理理由的,行政机关不予公开。行政机关认为不公开可能对公共利益造成重大影响的,可以决定予以公开,并将决定公开的政府信息内容和理由书面告知第三方。

（四）影响行政权行使的信息

内部管理信息和过程信息不予公开的规定，肇始于《国务院办公厅关于做好政府信息依申请公开工作的意见》（国办发〔2010〕5 号），该"意见"第 2 条规定："行政机关在日常工作中制作或者获取的内部管理信息以及处于讨论、研究或者审查中的过程性信息，一般不属于《条例》所指应公开的政府信息。"条例修订后将这两类豁免公开的信息纳入其中，第 16 条规定："行政机关的内部事务信息，包括人事管理、后勤管理、内部工作流程等方面的信息，可以不予公开。行政机关在履行行政管理职能过程中形成的讨论记录、过程稿、磋商信函、请示报告等过程性信息以及行政执法案卷信息，可以不予公开。法律、法规、规章规定上述信息应当公开的，从其规定。"国务院的意见从政府信息的适用范畴角度对内部事务信息和过程性信息作了排除性的解读，这两类信息在豁免公开的适用条件上没有具体规定。地方立法的规定具有一定的差异：有的地方采取绝对豁免的方式，例如，《安徽省政府信息公开办法》（安徽省人民政府令第 256 号）第 11 条规定："下列政府信息不予公开……（五）行政机关讨论、研究、审查有关事项的过程性信息和内部管理信息"。有的地方则将此类信息列为相对豁免公开的信息，《宁波市政府信息公开规定》（宁波市人民政府令第 155 号，已失效）第 14 条规定："下列政府信息，免于公开……（四）正在调查、讨论、处理过程中的，但法律、法规和本规定另有规定的除外；（五）与行政执法有关，公开后可能会影响检查、调查、取证等行政执法活动或者会威胁个人生命安全的；……如果具有明显的公共利益并且公开不会造成实质性损害的，行政机关可以决定予以公开。"根据《政府信息公开条例》第 16 条的规定，内部事务信息和过程性信息可以不予公开，即赋予行政机关自由裁量权，自主决定是否公开。尤其是内部事务信息，行政机关享有完全公开决定权；过程性信息，法律、法规、规章规定上述信息应当公开的，从其规定，若没有例外的规定，行政机关自主决定是否公开。

除内部事务信息和过程性信息可以不予公开外，一些部门和地方立法规范将"行政执法类"信息纳入豁免公开的范畴，列举如表 3－1。新条例吸收了地方立法的规定，将行政执法案卷信息纳入可以不予公开的范围。

表 3－1　行政执法案卷信息不公开的规定

序号	规范名称	具体条款
1	《国家旅游局贯彻落实〈政府信息公开条例〉的实施办法》（2010年7月1日发布）	第11条　下列事项有关信息不予公开： …… （五）与行政执法有关，公开后可能影响检查、调查、取证等执法活动的；
2	《国家卫生计生委政府信息公开管理办法》（国卫办发〔2014〕2号，2014年1月15日发布）	第10条　……对下列政府信息不予公开： …… （五）与行政执法有关，公开后可能影响检查、调查、取证等执法活动或者损害他人合法权益的；
3	《海南省政府信息公开办法》（海南省人民政府令第194号，2005年8月31日发布）	第9条　下列政府信息，不予公开： …… （五）与行政执法有关，公开后可能影响检查、调查、取证等执法活动或者可能威胁个人生命安全的；
4	《湖北省政府信息公开规定》（湖北省人民政府令第262号，2004年5月18日发布）	第3条　政府信息以公开为原则，不公开为例外。除下列以外的政府信息必须公开： …… （三）政府机关作出具体行政行为之前，公开后可能影响国家利益、公共利益和执法活动的；
5	《吉林省政务信息公开管理办法》（吉林省人民政府令第163号，2004年9月5日发布）	第9条　下列政务信息，不予公开： …… （五）与行政执法有关，公开后可能会影响检查、调查、取证等执法活动或者会威胁个人人身安全的；
6	《宁波市政府信息公开规定》（宁波市人民政府令第155号，已失效）	第14条　下列政府信息，免予公开： …… （五）与行政执法有关，公开后可能会影响检查、调查、取证等行政执法活动或者会威胁个人生命安全的；
7	《深圳市政府信息公开规定》（深圳市人民政府令第156号，2006年8月3日发布）	第8条　涉及下列内容的政府信息不予公开： …… （四）与行政执法有关，公开后可能影响检查、调查、取证等执法活动或者会威胁个人生命安全的；
8	《银川市政府信息公开办法》（银政办发〔2014〕162号，2014年12月5日发布）	四、政府信息免予公开范围的界定： …… （五）与行政执法有关，公开后可能会影响检查、调查、取证等执法活动或者会威胁个人生命安全的；

三、单行法律、行政法规规定的公开例外

(一)设定豁免公开的规范层级

有关政府信息公开的部门和地方规范除明确列举不予公开的政府信息类型外,还设有兜底条款,将不公开的信息范围指向其他立法规范。经过对比发现,兜底条款所指向的规定范围有所不同,具体包括四类:第一类是“法律、行政法规规定不予公开的事项”;第二类是“法律、法规规定不予(禁止)公开的事项”;第三类是“法律、法规和有关规定不得公开的信息”;第四类是“其他依法不予公开的信息”。法规应当包括行政法规和地方性法规,有关规定的范围包括行政规章和规范性文件。基于上述理解,现行有关政府信息公开的兜底条款所指向的其他规范如表3－2所示。

表3－2　政府信息公开兜底条款指向的其他规范范围

序号	规范名称	法律	行政法规	地方性法规	规章	其他规定
1	《国家旅游局贯彻落实〈政府信息公开条例〉的实施办法》(2010年7月1日发布)	√	√			√
2	《国家宗教事务局政府信息公开办法》(2017年发布)	√	√	√		
3	《国家中医药管理局政府信息公开办法》(国中医药办发〔2015〕4号,2015年1月21日发布)	√	√	√		
4	《国家邮政局政府信息公开工作办法》(2014年8月6日发布)	√	√		√	√
5	《中华人民共和国海关政府信息公开办法》(海关总署令第215号,2014年2月26日发布)	√	√			
6	《国家卫生计生委政府信息公开管理办法》(国卫办发〔2014〕2号,2014年1月15日发布)	√	√	√		
7	《北京市政府信息公开规定》(北京市人民政府令第257号,已失效)	√	√	√	√	√

续表

序号	规范名称	法律	行政法规	地方性法规	规章	其他规定
8	《安徽省政府信息公开办法》(安徽省人民政府令第256号,2014年11月20日发布)	√	√	√		
9	《贵州省政府信息公开暂行规定》(黔府发〔2011〕9号,已失效)	√	√	√	√	√
10	《海南省政府信息公开办法》(海南省人民政府令第194号,2005年8月31日发布)	√	√	√		
11	《湖北省政府信息公开规定》(湖北省人民政府令第262号,2004年5月18日发布)	√	√	√		
12	《吉林省政务信息公开管理办法》(吉林省人民政府令第163号,2004年9月5日发布)	√	√	√		
13	《宁夏回族自治区实施〈中华人民共和国政府信息公开条例〉办法》(已失效,宁夏回族自治区人民政府令第21号,2010年5月24日发布)	√	√	√	√	
14	《四川省政务公开规定》(四川省人民政府令第201号,2006年8月5日发布)	√	√	√		
15	《重庆市政务信息公开暂行办法》(重庆市人民政府令第170号,2004年6月2日发布)	√	√	√		
16	《广州市政府信息公开规定》(广州市人民政府令第132号,2015年9月30日修改发布)	√	√	√		
17	《海口市政府信息公开规定》(海口市人民政府令第75号,2009年9月16日发布)	√	√	√		

续表

序号	规范名称	法律	行政法规	地方性法规	规章	其他规定
18	《南昌市政府信息公开规定》(洪府发〔2008〕9号,2008年5月28日发布)	√	√	√		
19	《宁波市政府信息公开规定》(宁波市人民政府令第155号,已失效)	√	√	√	√	√
20	《深圳市政府信息公开规定》(深圳市人民政府令第156号,2006年8月3日发布)	√	√	√	√	
21	《银川市政府信息公开办法》(银政办发〔2014〕162号,2014年12月5日发布)	√	√	√		
22	《郑州市政府信息公开规定》(郑州市人民政府令第143号,已失效)	√	√	√		

豁免公开范围的大小直接涉及公众的知情权,因此,豁免公开至少应由行政法规作出规定,部门规章、地方立法及规范性文件不能擅自扩大不予公开的事项范围。表面上各部门、各地方纷纷制定政府信息公开的立法规范,展现出政府信息公开非常重要的景象,但实际上部分地方立法和部门规章起到的作用有限。"'条例'出台后,各地方各部门正在热热闹闹的制定各种各样的包括本地方、本部门政府信息'公开范围'等在内的实施性规定,然而不少规定却在走着当初《行政复议条例》制定后纷纷出台实施规定而实则限制行政复议范围的老路,很少真正去推动法律制度间的无缝对接"。[1]《政府信息公开条例》第14条规定:"……法律、行政法规禁止公开的政府信息……不予公开。"第5条规定:"行政机关公开政府信息,应当坚持以公开为常态、不公开为例外,遵循公正、公平、合法、便民的原则。"结合上述规定,除条例规定外,不予公开的其他政府信息范围只有法律和行政法规才能规定,除此以外的规范都无权作出此种规

〔1〕 叶必丰:《具体行政行为框架下的政府信息公开——基于已有争议的观察》,载《中国法学》2009年第5期。

定。新条例实施后，部分有关信息公开的相关规范（采用兜底条款的立法技术，承认法律、法规、规章甚至规范性文件都有不予公开事项的设定权，扩大了条例所认可的豁免公开规范范围）与其相抵触。上述部分抵触上位法的规定，即使在新条例实施后，也有一些部门和地方规范没有进行修订和清理。

（二）法律和行政法规规定的豁免公开效力和范围

《政府信息公开条例》规定“法律、行政法规禁止公开的政府信息”实际上是开放式的规定，即除条例外，单行法律和行政法规还可以扩大和补充规定不予公开的范围。条例承认这种禁止公开规定的效力，单行法的规定在适用上具有优先性。这种例外规定虽表面看起来微不足道，但实际上如果单行法规定的不公开范围变得广泛，那么将大大缩减条例所规定的公开范围。一方面，除条例所规定的国家秘密、危及“三安全一稳定”的信息、商业秘密、个人隐私、内部事务信息、过程性信息和行政执法案卷信息外，单行法律和行政法规可以在上述几类情形之外划定不公开的信息种类，至于具体包括哪些信息，完全取决于单行法的规定；另一方面，即使是行政机关具有裁量公开选择权的内部事务信息、过程性信息和行政执法案卷信息，如果单行法律和行政法规规定不能公开，那么行政机关就丧失这种选择，只能依照单行法的规定不公开信息。

考察现行有效的法律和行政法规，有关信息保密或不予公开的规定主要集中于以下几种情况：第一种情况，仍然围绕“国家秘密、商业秘密和个人隐私”进行规定，凡不涉及国家秘密、商业秘密或者个人隐私的，均应当公开。例如，自然地理信息是否应当保密，《测绘法》第 34 条第 3 款、4 款规定：“测绘成果属于国家秘密的，适用保密法律、行政法规的规定；需要对外提供的，按照国务院和中央军事委员会规定的审批程序执行。测绘成果的秘密范围和秘密等级，应当依照保密法律、行政法规的规定，按照保障国家秘密安全、促进地理信息共享和应用的原则确定并及时调整、公布。”该法规定的测绘信息保密仍然没有超过国家秘密的范围。第二种情况，采用“依法不予公开”的概括式规定，至于“法”的范围则没有具体列举，结合条例的规定，法应限于法律和行政法规。第三种情况，从工作人员保守秘密的角度规定不得“泄露工作秘密或者其他依法应当保密的信息”。前述第一种情况和第三种情况缺乏可操作性，第一种情况仍然没有超出条例规定的不予公开范围，第二种情况虽然规定了依法不予公开，但没有具体解释例外的情形，在实践中几乎无法适用。由此可见，虽然条例留有余地，但在“以公开为常态、不公开为例外”的指导思想下，现行法律、行政法规禁止公开的政府信息主要限于条例所列举的信息种类和范围，唯一的例外是工作秘密不予公开。

（三）工作秘密豁免公开质疑

无论旧条例还是新条例均没有将“工作秘密”明确列为豁免公开的事项，但有些规范则将“工作秘密”纳入豁免公开范畴，例如《国家旅游局贯彻落实〈政府信息公开条例〉的实施办法》（2010 年 7 月 1 日发布）第 11 条规定：“下列事项有关信息不予公开……（四）属于工作秘密或者公开后可能影响机关公务活动的正常开展和内部管理的有序进行，影响机关顺利履行国家赋予的权力和职责的……”《宁夏回族自治区实施〈中华人民共和国政府信息公开条例〉办法》（宁夏回族自治区人民政府令第 21 号，已失效）第 26 条规定：“下列政府信息不得向申请人提供……（四）涉及工作秘密的信息……”由于条例没有将工作秘密明确列为种类豁免公开的事项，“在《立法法》的框架中，‘工作秘密’是否属于不公开范围，答复应该是否定的”。[1]

我国现行法律中，规定“工作秘密”的法律主要有《国家情报法》（2018 年修正）、《海关法》（2021 年修正）、《公务员法》（2018 年修订）、《法官法》（2019 年修订）、《检察官法》（2019 年修订）等。上述法律从相关工作人员“保守”工作秘密的角度设定了义务，但何为“工作秘密”却没有明确的解释和界定。一般认为“工作秘密是指机关单位在公务活动和内部管理中产生的，一旦泄露会直接干扰机关单位正常工作秩序，影响正常行使管理职能，在一定时间内不宜对外公开的事项和信息”。[2]《司法行政工作中国家秘密及其密级具体范围的补充规定的通知》（司发通〔2002〕25 号）第 2 条规定：“司法行政工作中下列事项不属于国家秘密，而作为工作秘密内部掌握，未经规定机关批准不得擅自扩散。1. 国家司法考试后未公布的试题；2. 国家司法考试应试人员的有关情况、数据。”《广州市保守工作秘密规定》（广州市人民政府令第 158 号，2018 年修改）第 2 条规定：“本规定所称工作秘密，是指在各级政府及其行政管理部门的公务活动和内部管理中，不属于国家秘密而又不宜对外公开的，依照规定程序确定

---

〔1〕 章剑生：《政府信息公开中的“国家秘密”——〈政府信息公开条例〉中的“国家秘密”之解释》，载《江苏大学学报》（社会科学版）2012 年第 6 期。

〔2〕《国家秘密与工作秘密、商业秘密、个人隐私有何区别》，载《保密工作》2017 年第 12 期。

并在一定时间内只限于一定范围人员知悉的工作事项。其范围包括:(一)拟制中不宜公开的政策文稿;(二)不宜公开的会议材料、领导讲话材料;(三)不宜公开的规划、计划和总结;(四)业务工作的管理和监督活动中不宜公开的事项;(五)拟议中的机构设置、工作分工、人事调整和职务任免、奖惩事项;(六)行政管理部门工作人员的档案及其有关材料;(七)正在调查不宜公开的材料、证词、证据和其他事项;(八)不宜公开的计算机系统网络总体方案、安全保密实施方案;(九)不宜公开的内部管理措施;(十)国家有关规定中其他工作秘密。前款所称不宜公开的事项,是指公开后会严重影响社会秩序、工作秩序或者正常生活秩序;会使保护工作秘密的措施可行性降低或者失效;会使政府及其行政管理部门依法行使职权失去保障的事项。"《税务机关工作秘密范围的规定》(国税发〔2010〕16号,已失效)明确列举了十五项税务工作秘密,且规定"严格区分国家秘密与工作秘密的关系。凡属于工作秘密范围的事项,应在公文处理系统中标明不予公开或在相关文件、资料右上角位置作出明确标识。工作秘密可标注的标识为:'内部'、'内部文件'、'内部使用'、'内部资料,不得外传'等"。

由于工作秘密的范围不清晰,缺乏秘密界定的相关实体和程序规范,因此在实践中极易被扩大解释,不属于国家秘密的事项往往援引工作秘密作为豁免公开的事由。"在实践中,工作秘密的范围一般由行政机关自行确定,往往将在公务活动和内部管理中产生的不属于国家秘密但又不宜公开的其他信息纳入工作秘密的范围。"〔1〕因此,有学者将工作秘密形容为"超越国家秘密的'秘密之王'"。〔2〕例如,"蔡某、中华人民共和国司法部司法行政管理(司法行政)再审审查与审判监督行政裁定书"案中法院认为:"《国家司法考试保密工作规定》系司法部在其职权范围内会同国家保密局所制定的其主管业务方面的保密规定。依据《国家司法考试保密工作规定》第4条第3款的规定,国家司法考试结束后未公布的试题试卷、标准答案、应试人员的考试成绩及其他有关情况、数据,属于工作秘密,未经司法部批准不得公开。"〔3〕同样,在"李某诉司法部信息公开案件"中,北京市高级人民法院认为"工作秘密虽非《政府信息公开条例》

〔1〕崔晓东:《政府信息公开保密审查的功能、特点和范围》,载《保密工作》2018年第10期。

〔2〕梁艺:《工作秘密不予公开的合法性反思——从杨婷婷高考试卷"调包"案切入》,载《时代法学》2015年第2期。

〔3〕最高人民法院(2018)最高法行申11129号行政裁定书。

明确规定的豁免公开事项，但由国家保密行政管理部门参与制定的国家司法考试保密制度，不仅具有专业性，而且具有必要性，根据《政府信息公开条例》第17条的规定，司法部亦有权依据《保守国家秘密法》以及其他法律、法规和国家有关规定对拟公开的政府信息进行审查，故《国家司法考试保密工作规定》规定对于国家司法考试结束后未公布的试题试卷、标准答案、应试人员的考试成绩及其他有关情况、数据，司法部有权批准能否公开，并未与上位法规定相抵触，亦未减损公民、法人或其他组织依法获取政府信息的合法权益，可以作为认定行政行为合法性的依据”。〔1〕

工作秘密并非法定的概念，属于“工作秘密”的信息或者可以纳入国家秘密，或者可以作为内部事务信息和过程性信息，或者可以纳入“三安全一稳定”类信息。有地方政府在信息公开工作实践中即秉持此种做法，“工作秘密与过程性信息和内部管理信息内涵相近，也属可不予公开范围。因‘工作秘密’目前尚缺乏法定解释，并且未被明确列入《条例》相关免予公开的范围，在政务公开负面清单管理中，对‘工作秘密’事项应参照过程性信息和内部管理信息的相关规定慎重实施”〔2〕。《政府信息公开条例》第13条第1款规定：“除本条例第十四条、第十五条、第十六条规定的政府信息外，政府信息应当公开。”因此，工作秘密类信息豁免公开的规定既没有单独作为一类信息豁免公开的必要，也违反了条例的规定。

第二节　政府信息豁免公开的行政实践概览

《政府信息公开条例》自2008年5月1日起实施，至今已十余年。各级政府及部门从观念上不断接受信息公开的理念，公开申请逐年递增，信息公开范围逐步扩大。从整体上勾勒出政府信息豁免公开的实践情况有相当大的难度，但从局部出发仍可以管中窥豹。本节主要以政府信息公开年报为研究样本，对国务院各部门及各省级行政区域政府信息豁免公开的情况进行梳理和对比。

---

〔1〕 北京市高级人民法院(2020)京行终3396号行政判决书。

〔2〕 《蚌埠市人民政府办公室关于试行政务公开负面清单制度的通知》(蚌政办秘〔2017〕159号)、《珠海市人民政府办公室关于建立政务公开负面清单制度(试行)的通知》(珠府办函〔2018〕298号)。

政府信息公开年报的内容不断发生变化，可以分为三个阶段：第一，2008—2015年的政府信息公开年报。早期政府信息公开的统计指标并不规范，且各地方没有完全按照中央的要求公开年报，有些地方的年报无法在公开资料中查询。即使是制作且公开的年报，一些部委和省（自治区、直辖市）关于豁免公开具体原因的统计也比较笼统，没有区分不同的拒绝公开事由。第二，2015—2018年的政府信息公开年报。2014年6月《国务院办公厅关于加强和规范政府信息公开情况统计报送工作的通知》（国办发〔2014〕32号）要求“建立指标统一、项目规范、口径一致、数据准确的政府信息公开情况统计报送制度”。自此，政府信息公开年报及统计指标逐步细化和完善，自2015年开始对不予公开答复理由进行细化统计，之前的情况则无法查询。不过，仍然有部分部委和地方在政府信息公开年度报告中没有公开相应的具体数据。第三，2019年以后的年报，由于新条例的实施统计指标亦随之发生变化，年报中不同意公开的具体事由更加细化和详尽。可以说，政府信息公开年报本身的翔实程度恰好从一个侧面说明了该部门、该地区政府信息公开的情况。

一、国务院各部门2017—2019年不同意公开信息概况

（一）国务院各部门2017—2018年度不同意公开政府信息事由

政府信息公开年报的翔实程度是该部门政府信息公开情况的缩影。2018年之前国务院各部门的政府信息公开年报可以划分为三种类型：第一，基于管辖事项、所处级别等原因几乎没有收到政府信息公开申请，包括国家文物局、国家统计局、国家外汇管理局等众多部门。第二，因机构调整而仅有近两年的年报，例如，退役军人事务部自2018年开始成立，同年开始有单独的信息公开年报。第三，年报中没有详细阐述不公开的具体情况，无法了解不同意公开的具体事由。例如，《国家民委2017年政府信息公开工作年度报告》中述及“2017年共受理政府信息依申请公开7件，其中涉及公民民族成分更改、规范性文件公开等方面信息，均已作出答复”[1]。《文化部2017年政府信息公开工作年度报告》中提及“2017年共收到信息公开申请36件，较2016年增长12.5%。从

〔1〕 国家民族事务委员会网站，http://zfxxgk.seac.gov.cn/seac/xxgk/201803/1011145.shtml，2019年1月12日访问。

申请主体看,公民个人提出的申请32件、其他组织提出的申请4件。从涉及内容看,涉及文化市场的16件,涉及文博的6件,涉及政策法规的4件,涉及文化部机构职能的2件,涉及非遗的2件,涉及公共文化的1件,涉及文化产业的1件,涉及其他的4件。全部按时予以答复"[1]。住房和城乡建设部是收到政府信息公开申请较多的部门,2018年度的政府信息公开年报记载"2018年共受理政府信息公开申请9883件,较2017年增加近4000件,申请内容主要涉及历史遗留问题、行政许可申请及审批材料、房屋征收拆迁、房地产政策等,均在规定时限内依法办结"[2]。从上述报告的陈述中无法准确判断"答复"的具体情况是公开还是不予公开相关信息,也无法区分不同意公开的具体原因。去除上述信息公开年报,仅能得到有限的数据。部分国务院部门不同意公开的具体理由统计如表3－3所示。

表3－3　国务院部门2017—2018年度不同意公开政府信息的具体理由

<table>
<tr><th rowspan="2">部委名称</th><th rowspan="2">年份</th><th colspan="4">涉及国家秘密、商业秘密、个人隐私、危及"三安全一稳定"</th><th rowspan="2">不是条例所指政府信息</th><th rowspan="2">法律法规规定的其他情形</th><th rowspan="2">合计</th></tr>
<tr><th>国家秘密</th><th>商业秘密</th><th>个人隐私</th><th>危及"三安全一稳定"</th></tr>
<tr><td rowspan="2">国家发展和改革委员会</td><td>2017</td><td colspan="4">39</td><td>138</td><td>15</td><td>192</td></tr>
<tr><td>2018</td><td colspan="4">45</td><td>215</td><td>/</td><td>/</td></tr>
<tr><td rowspan="2">教育部</td><td>2017</td><td colspan="4">10</td><td>71</td><td>207</td><td>288</td></tr>
<tr><td>2018</td><td colspan="4">20</td><td>21</td><td>313</td><td>354</td></tr>
<tr><td rowspan="2">科学技术部</td><td>2017</td><td colspan="4">11</td><td>/</td><td>/</td><td>/</td></tr>
<tr><td>2018</td><td colspan="4">51</td><td>/</td><td>/</td><td>/</td></tr>
<tr><td rowspan="2">工业和信息化部</td><td>2017</td><td>42</td><td>6</td><td>6</td><td>0</td><td>89</td><td>1332</td><td>1475</td></tr>
<tr><td>2018</td><td>25</td><td>1</td><td>0</td><td>1</td><td>53</td><td>8985</td><td>9065</td></tr>
<tr><td rowspan="2">司法部</td><td>2017</td><td>1</td><td>0</td><td>0</td><td>0</td><td>17</td><td>2</td><td>20</td></tr>
<tr><td>2018</td><td>13</td><td>0</td><td>0</td><td>2</td><td>98</td><td>62</td><td>175</td></tr>
</table>

[1] 文化和旅游部网站,http://zwgk.mct.gov.cn/gknb/201802/t20180227_831244.html,2019年2月18日访问。

[2] 住房和城乡建设部网站,http://ginfo.mohurd.gov.cn/index.aspx? tabid=8&ids=239964,2020年8月3日访问。

续表

部委名称	年份	涉及国家秘密、商业秘密、个人隐私、危及“三安全一稳定”				不是条例所指政府信息	法律法规规定的其他情形	合计
		国家秘密	商业秘密	个人隐私	危及“三安全一稳定”			
人力资源和社会保障部	2017	106	0	0	0	67	0	173
	2018	9	0	0	1	50	9	69
自然资源部	2017	29	2	0	0	130	0	161
	2018	41	/	/	/	228	/	/
农业农村部	2017	0	0	111	0	15	3	129
	2018	5	0	88	0	7	5	105
商务部	2017	6	2	0	21	0	29	58
	2018	/	/	/	/	3	/	/
国家卫生健康委员会	2017	2	0	0	0	9	0	11
	2018	1	0	0	0	6	0	7
中国人民银行	2017	3	1	0	0	218	0	222
	2018	1	0	0	0	105	0	106

由于数据并不全面和翔实，仅能从表3－3的数据反映出以下基本事实：第一，工业和信息化部、教育部、中国人民银行、国家发展和改革委员会、自然资源部以及人力资源和社会保障部是拒绝公开政府信息相对比较多的部门。各部门不予公开政府信息的数量与部门职责、收到信息公开申请的数量以及主动公开程度等因素直接相关。第二，农业农村部以“个人隐私”为由拒绝公开政府信息的数量最高，人力资源和社会保障部、自然资源部以“国家秘密”为由不同意公开信息的数量为前两位。第三，“不是条例所指的政府信息”在不予公开事由中占相当大的比例。第四，“法律法规规定的其他情形”在各部委的适用中出现偏差，一些部委倾向于选择该事由，如教育部、工业和信息化部；而另一些部委则没有适用该项理由拒绝公开，如国家卫生健康委员会、自然资源部等。

特定年份出现某一类事由的偏高数据可能是不同主体申请公开同类或同一信息所导致。因此，还需要进行纵向的比较和观察。笔者进一步选取了涉及国家秘密、商业秘密、个人隐私、危及“三安全一稳定”不予公开政府信息数量比较多的几个部委按年度查询并进行统计(见表3－4)。

表3－4 农业农村部、人社部、工信部2015—2018年度不同意公开政府信息具体理由对比

部委	年份	国家秘密	商业秘密	个人隐私	危及“三安全一稳定”	合计
农业农村部	2018	5	0	88	0	93
	2017	0	0	111	0	111
	2016	8	5	94	1	108
	2015	2	0	0	1	3
人力资源和社会保障部	2018	9	0	0	1	10
	2017	106	0	0	0	106
	2016	7	1	1	0	9
	2015	7	1	1	0	9
工业和信息化部[1]	2018	25	1	0	1	27
	2017	42	6	6	0	54
	2016	69	5	7	5	86

由表3－4可见,第一,农业农村部以个人隐私为由拒绝政府信息公开申请的个案较多。第二,除农业农村部2017年没有涉及国家秘密不予公开的外,其余年份三部委均适用了国家秘密作为豁免公开的理由,且人力资源和社会保障部、工业和信息化部“国家秘密”的适用明显高于商业秘密、个人隐私和“三安全一稳定”的理由。第三,危及“三安全一稳定”是三部委最少援引拒绝公开政府信息的理由。由于仅有近几年的统计数据,所以只能得出初步的结论。不同部委由于业务范围不同,掌握的政府信息种类亦不同,因此涉及豁免公开的事由具有明显的部门性特征;对于政府信息豁免公开的事由不易判断时,特定部门倾向于适用某个理由不同意公开。

(二)国务院各部门2019年不同意公开政府信息事由

新条例于2019年5月15日开始实施,信息公开的统计指标亦随之发生变化,将“内部事务信息”、“过程性信息”和“行政执法案卷信息”作为独立的不公

---

〔1〕 经查询,2015年工业和信息化部的政府信息公开年报没有详细统计本年度的不公开政府信息的具体理由,只有笼统的数据。因此,本表中未收录其2015年的详细数据。——笔者注

开事由加以统计。外交部、国家民族事务委员会、交通运输部、国家体育总局、中国气象局、国防科技工业局、国家烟草专卖局、国家移民管理局、国家国际发展合作署、国家医疗保障局、国家邮政局、国家矿山安全监察局、国家公务员局、国家档案局、国家保密局、中国地震局等部门由于没有收到信息公开申请或新成立职权分离等原因不存在不同意公开政府信息的情形。除上述部门外，国务院各部门2019年政府信息公开年报所记载的不公开事由汇总如表3-5所示：[1]

表3-5　国务院各部门2019年度不同意公开政府信息的具体理由

部委名称	属于国家秘密	其他法律行政法规禁止公开	危及“三安全一稳定”	保护第三方合法权益	属于三类内部事务信息	属于四类过程性信息	属于行政执法案卷信息	属于行政查询事项
国家发展和改革委员会	37	0	7	8	4	21	1	11
教育部	15	1	3	0	10	31	0	0
科学技术部	5	0	6	1	10	6	0	7
工业和信息化部	3	0	0	3	1	2	0	0
公安部	19	0	0	0	59	1	3	0
民政部	0	0	0	0	1	0	0	0
司法部	2	15	1	0	12	1	0	1
财政部	9	0	2	0	7	1	0	0
人力资源和社会保障部	8	0	0	0	7	2	0	0
自然资源部	17	2	4	3	19	16	4	184
生态环境部	5	1	0	0	0	9	0	0
住房和城乡建设部	680	0	0	221	0	0	86	0
水利部	1	0	0	0	0	1	0	0
农业农村部	5	3	0	0	1	0	0	0
商务部	4	0	0	1	1	2	0	0
文化和旅游部	5	0	0	2	0	0	0	0

[1] 中华人民共和国中央人民政府网站，http://www.gov.cn/zhengce/xxgk/index.htm，2020年8月3日访问。

续表

部委名称	属于国家秘密	其他法律行政法规禁止公开	危及“三安全一稳定”	保护第三方合法权益	属于三类内部事务信息	属于四类过程性信息	属于行政执法案卷信息	属于行政查询事项
国家卫生健康委员会	2	0	1	2	2	1	2	0
退役军人事务部	136	0	0	0	1	2	0	0
应急管理部	0	0	3	1	7	1	0	0
中国人民银行	1	0	1	0	4	0	0	52
审计署	15	0	0	0	1	0	1	0
国有资产监督管理委员会	3	0	9	3	5	5	0	0
海关总署	0	0	1	1	7	3	0	4
国家税务总局	2	0	0	0	6	0	1	0
国家市场监督管理总局	2	5	1	20	9	7	16	60
国家广播电视总局	1	1	0	0	3	0	0	0
国家统计局	1	1	0	0	0	0	1	6
国家机关事务管理局	0	0	0	1	0	0	0	1
国家新闻出版署（国家版权局）	1	0	0	0	0	1	0	0
中国银行保险监督管理委员会	4	0	143	9	3	3	1	0
中国证券监督管理委员会	2	2	0	3	42	21	3	0
国家信访局	2	0	0	0	5	0	0	57
国家粮食和物资储备局	0	0	0	0	0	0	0	8
国家能源局	7	0	0	0	5	4	0	0
国家林业和草原局	0	1	0	0	0	0	0	0
国家铁路局	1	0	0	2	0	0	0	51
中国民用航空局	0	0	3	2	0	0	0	0

续表

部委名称	属于国家秘密	其他法律行政法规禁止公开	危及“三安全一稳定”	保护第三方合法权益	属于三类内部事务信息	属于四类过程性信息	属于行政执法案卷信息	属于行政查询事项
国家文物局	2	0	1	0	0	1	0	0
国家中医药管理局	0	0	0	0	0	1	0	0
国家外汇管理局	0	0	0	0	0	0	1	0
国家药品监督管理局	0	0	0	126	4	8	3	0
国家知识产权局	0	0	0	1	8	2	0	60
国家电影局	0	0	0	0	0	1	0	0

各部门由于其职能差异所涉及的不同意公开事由差别较大,数据反映住房和城乡建设部、自然资源部、司法部、公安部、国家卫生和健康委员会、国家发展和改革委员会等部门拒绝公开政府信息的数量较多,这与其职权范围、收到的信息公开申请数量基本呈正相关。表3－5还反映出以下事实:第一,住房和城乡建设部不同意公开政府信息的数量最多,且其中因属于国家秘密、保护第三方合法权益和属于行政执法案卷信息的事由不公开的数量均占该领域的第一位;第二,因属于国家秘密不同意公开政府信息适用广泛;第三,因其他法律行政法规禁止公开适用不多,其中适用最多的是司法部,相当多的部门没有涉及该项不公开理由;第四,中国银行保险监督管理委员会以危及“三安全一稳定”为由拒绝公开信息的数量在各部门中最高,其他部门涉及该理由不多;第五,因保护第三方合法权益而不公开信息在各部门适用中具有不平衡性,除住房和城乡建设部外,国家药品监督管理局、国家市场监督管理总局因此项原因拒绝公开相对较多;第六,因“内部事务信息”“过程性信息”和“行政执法案卷信息”不予公开的比例较大,教育部、公安部、司法部、国家市场监督管理总局、中国证券监督管理委员会等依申请公开政府信息数量较多的部门中,上述事由是不公开信息的重要理由。

二、省级行政区域2017—2019年不同意公开信息概况

(一)部分省(区、市)2017—2018年度不同意公开政府信息事由

以各省、自治区、直辖市公布的2017—2018年度政府信息公开年度报告为研究样本,除香港特别行政区、澳门特别行政区和台湾地区外,其他省、自治区和直辖市均在每年的3月按时公布了上一年度的政府信息公开报告。经过对报告的仔细研读,剔除以下数据:第一,未公布不同意公开的具体理由。《河北省2017年政府信息公开工作年度报告》[1]并未公布不同意公开政府信息的具体原因,与此形成对比的是,该省2016年的报告对此进行了详细的区分和描述。此外,广东、海南、广西、西藏四省(自治区)的报告存在同样的问题。第二,无法区分具体理由。《2017年山西省政府信息公开年度报告》指出:"在'不予公开'的43件申请中,'不是条例所指政府信息'的17件,因属于国家秘密、商业秘密或个人隐私等'不同意公开'的13件。"[2]根据该报告所述,"不是条例所指政府信息"和涉及"国家秘密、商业秘密或个人隐私等"不同意公开的共30件,其余13件不予公开的具体理由不清,从报告中的数字看前后亦无法印证。第三,没有全省政府信息公开年报。例如,《湖南省人民政府(省政府办公厅)2017年度政府信息公开工作报告》仅是省本级政府信息公开年报,截稿时止,笔者在湖南省政府网站仍未查询到该省2017年、2018年全省政府信息公开年报。

其他各省级区域年度报告的结构和数据统计表格式基本一致,这为统计提供了便利。但各省级区域报告内容的详细程度仍有差别:有的省份报告只有文字内容没有附带统计图表;有的省份报告有文字和图表两种版本。以笔者对部分省级区域2017年和2018年度政府信息公开年度报告的阅读可知,上海市和山东省政府信息公开年度报告的内容最为详尽。

---

[1] 河北省人民政府网站,http://info. hebei. gov. cn/eportal/ui? pageId = 6778557&articleKey = 6786293&columnId = 329982,2019年6月25日访问。

[2] 山西省人民政府网站,http://www. shanxi. gov. cn/zw/zfgkzl/zfxxgknb/201803/t20180330_404308. shtml,2019年5月28日访问。

表 3－6 部分省(区、市)2017—2018 年度不同意公开政府信息的具体理由

地域	年度	涉及国家秘密、商业秘密、个人隐私、危及“三安全一稳定”				不是条例所指政府信息	法律法规规定的其他情形	合计
		国家秘密	商业秘密	个人隐私	危及“三安全一稳定”			
北京	2017	49	95	126	32	4079	594	4975
	2018	96	79	90	44	1576	423	2308
天津	2017	6	66	18	37	854	496	1477
	2018	30	73	44	15	934	225	1321
山西	2017	/	/	/	/	/	/	43
	2018	3	15	77	0	23	33	151
内蒙古	2017	12	4	27	6	39	9	97
	2018	/	/	/	/	/	/	129
辽宁	2017	12	296	24	76	464	229	1101
	2018	/	/	/	/	/	/	2842
吉林	2017	9	77	4	0	144	25	259
	2018	10	14	29	6	74	29	162
黑龙江	2017	16	36	23	12	60	43	190
	2018	/	/	/	/	/	/	/
上海	2017	57	106	63	18	1010	819	2073
	2018	54	115	113	26	971	457	1736
江苏	2017	71	237	126	45	2126	417	3022
	2018	51	111	119	17	1576	373	2247
浙江	2017	40	123	71	24	1263	822	2343
	2018	52	59	111	12	3410	779	4423
安徽	2017	13	30	77	21	163	97	401
	2018	33	28	84	38	244	114	541
福建	2017	115	36	122	1	631	170	1075
	2018	24	21	84	1	450	101	681

续表

地域	年度	涉及国家秘密、商业秘密、个人隐私、危及"三安全一稳定"				不是条例所指政府信息	法律法规规定的其他情形	合计
		国家秘密	商业秘密	个人隐私	危及"三安全一稳定"			
江西	2017	/	/	/	/	/	/	294
	2018	169	22	8	0	17	0	216
山东	2017	105	37	50	14	1124	570	1900
	2018	48	39	118	12	1088	165	1470
河南	2017	51	55	124	15	1677	228	2150
	2018	33	55	265	26	1782	202	2363
湖北	2017	32	31	127	5	456	137	788
	2018	41	32	38	8	375	182	676
重庆	2017	6	12	17	30	286	134	485
	2018	/	/	/	/	/	/	332
四川	2017	/	/	/	/	/	/	1862
	2018	77	40	156	35	893	339	1540
贵州	2017	8	71	19	8	43	64	213
	2018	12	22	32	14	95	58	233
云南	2017	/	/	/	/	/	/	82
	2018	12	17	45	109	41	37	261
陕西	2017	15	28	30	10	153	156	392
	2018	/	/	/	/	/	/	714
甘肃	2017	6	4	2	2	22	15	51
	2018	4	3	17	3	16	5	48
青海	2017	9	1	0	0	1	2	13
	2018	2	0	0	0	2	1	5
宁夏	2017	2	4	5	0	56	5	72
	2018	11	1	3	1	11	4	31
新疆	2017	0	1	44	0	5	2	52
	2018	/	/	/	/	/	/	15

2017 年度各省、自治区、直辖市政府信息公开年报的基本情况:因国家秘密不予公开居前三位的是福建省、山东省和江苏省;因商业秘密不予公开居前三位的是辽宁省、江苏省和浙江省;因个人隐私不予公开居前三位的是湖北省、江苏省和北京市;因危及“三安全一稳定”不予公开居前三位的是辽宁省、江苏省和安徽省;因“不是条例所指的政府信息”不予公开居前三位的是北京市、河南省和浙江省;因“法律法规规定的其他情形”不予公开居前三位的是浙江省、上海市和北京市。在上述六项不予公开事由中,江苏省在横向比较中有四项不公开事由的适用进入前三甲。2018 年度各省、自治区、直辖市政府信息公开年报的基本情况:因国家秘密不予公开居前三位的是江西省、北京市和四川省;因商业秘密不予公开较多的省市包括上海市、江苏省、北京市和天津市;因个人隐私不予公开信息较多的地方包括四川省、江苏省、山东省、上海市和北京市;因危及“三安全一稳定”不予公开信息较多的地方有云南省、北京市、安徽省和四川省。

由于部分省(区、市)只有一年的数据,故上述对比具有一定的片面性。但表 3 -6 仍可反映出以下问题:一方面,不予公开理由的适用具有趋同性。“不是条例所指的政府信息”在不予公开事由中数量最多。该结果反映申请人对“政府信息”的理解与条例所指的“政府信息”有差异,究其原因或者是对条例的宣传不足,导致相对人对条例内容缺乏了解;或者是条例规定的“政府信息”概念过于宏观,在适用中导致理解和判断不一致;或者是条例规定的“政府信息”范围过窄,无法满足相对人获取信息的需求。当然,亦不排除申请人明知或应知其所申请的内容不属于政府信息但仍然提出申请的情形。但该事由在各地的适用都比较高的现实仍然值得我们对条例所指“政府信息”概念的内涵与外延进行反思。另一方面,“法律法规规定的其他情形”是行政实践中居于第二位经常被适用的不予公开事由。如本章第一节所述,只有法律和行政法规才能规定不予公开政府信息的范围,地方性法规无权作出此种限制公民权利的规定。即使是法律和行政法规,也只能基于保障国家秘密、商业秘密和个人隐私等正当事由才可以作出不予公开的例外规定,而不能随意剥夺公民获得信息的权利。因此法律和行政法规规定的其他情形,其范围并非毫无边界,仅以“法律法规规定的其他情形”作为拒绝公开的事由,易导致政府信息公开豁免权被滥用。

(二)各省2019年度不同意公开政府信息事由

梳理各省(区、市)2019年度政府信息公开年报,[1]不同意公开政府信息的具体数据如表3－7所示:

表3－7　各省、自治区、直辖市2019年度不同意公开政府信息的具体理由

省级区域	属于国家秘密	其他法律行政法规禁止公开	危及"三安全一稳定"	保护第三方合法权益	属于三类内部事务信息	属于四类过程性信息	属于行政执法案卷	属于行政查询事项
北京	80	295	15	183	279	463	237	328
天津	47	78	24	82	64	121	99	224
河北	20	21	9	40	47	79	40	41
山西	6	23	4	31	5	22	12	16
内蒙古	8	7	4	4	8	14	10	83
辽宁	36	34	3	70	100	59	109	64
吉林	24	18	5	48	16	13	3	13
黑龙江	59	18	16	112	115	59	27	50
上海	86	114	49	143	355	182	42	267
江苏	59	83	17	185	337	331	280	734
浙江	94	109	11	202	316	265	213	299
安徽	58	19	7	75	80	88	154	128
福建	24	101	10	91	139	89	37	77
江西	167	0	0	11	104	34	79	63
山东	66	92	23	159	149	185	100	511
河南	57	79	55	149	226	167	192	394
湖北	57	22	51	92	67	72	61	80
湖南	45	27	9	296	53	168	51	90
广东	125	306	21	253	457	1073	516	1217

〔1〕 中央人民政府网站,http://www.gov.cn/zhengce/xxgk/index.htm,2020年8月3日访问。

续表

省级区域	属于国家秘密	其他法律行政法规禁止公开	危及“三安全一稳定”	保护第三方合法权益	属于三类内部事务信息	属于四类过程性信息	属于行政执法案卷	属于行政查询事项
广西	6	14	11	116	29	69	14	22
海南	10	30	1	5	19	14	0	27
重庆	216	9	35	63	124	136	79	285
四川	99	126	41	175	154	198	65	760
贵州	23	20	2	88	16	98	2	134
云南	19	19	7	20	9	10	7	40
西藏	1	24	2	8	10	10	6	268
陕西	28	34	10	70	73	58	46	122
甘肃	18	11	1	6	10	3	47	105
青海	0	0	0	1	0	0	0	22
宁夏	9	10	1	12	13	16	4	11
新疆	6	1	4	5	2	25	12	62

各省2019年度政府信息公开年报本身的公开程度与以往相比具有很大进步,年报中均按国务院的要求将不公开政府信息的具体理由及数据详细公布。通过表3－7的数据可以发现:首先,国家秘密、商业秘密和个人隐私作为传统的不公开事由占有一定的比例;其次,与国务院各部门相比,因“其他法律行政法规的规定禁止公开信息”在地方的适用频率较高;再次,因危及“三安全一稳定”的理由不公开信息的情况与以往相比适用稳定;最后,因属于内部事务信息、过程性信息和行政执法案卷信息不予公开的比例居于相当高位,上述四种情况基本是各省不公开信息最高的事由之一。以广东省为例,因属于过程性信息不予公开的数量(1073)高于传统的不公开事由即国家秘密(125)、其他法律行政法规禁止公开(306)、危及“三安全一稳定”(21)和保护第三方合法权益(253)的总和。上述结果反映,无论在中央还是地方,“其他法律行政法规禁止公开”作为条例的例外规定实践中适用广泛,但具体范围却不十分清晰,理论和实践的关注度不高;条例修改对内部事务信息、过程性信息和行政执法案卷信

息的公开赋予行政机关裁量权，但实践情况反映不予公开较多。

三、基本结论

（一）对政府信息豁免公开具体事由的理解存在差异

前述数据可见，特定部门偏爱某项豁免公开的事由，除了部门业务、地域差异外，还有一个可能的原因是不同部门和不同地方将同一信息归入不同的豁免公开事由中。以过程性政府信息为例，对于其豁免公开有两条判断路径："一条是经由司法判断的、根据过程性信息危及'社会稳定'从而不予公开的路径，一条是经由规范性文件规定的、根据过程性信息属于信息公开例外从而不予公开的路径。"[1]有学者进行了实践检验，从结果来看"对同一类申请，不同机关的处理结果是五花八门的。事实上，早在2009年就有公开报道显示，上海市将预算作为秘密，而广州则允许公开。这表明，条例及有关法律法规对不公开信息界定的模糊、粗糙，让行政机关在决定公开与否时有较大的裁量权，也给其处理政府信息公开带来了很大的难度。"[2]

政府信息公开涉及的事项、领域较广，且具有一定的专业性。在法律规范相对粗糙、可操作性不强的情况下，政府信息公开及豁免公开的分类很大程度上依赖具体的工作人员，不同工作人员由于自身知识结构和阅历的差异，无法保证完全准确和规范地归类信息，导致可能出现偏差的情况。此外，还存在不予公开事由联结适用的情况，一些案件中法院认为"申请的信息属于行政机关（机构）调查、讨论、处理过程中的信息，其内容尚不确定，公开后可能影响社会稳定"。[3]"王某某诉天津市滨海新区人民政府信息公开案"中相对人就提出行政机关交替使用"不属于本机关公开"和"政府信息不存在"这两个答复理由。最高人民法院确认："这种'交替使用'确实存在，也确实在一定程度上表现出行政机关的不审慎以及对《政府信息公开条例》条文理解得不深入。《政府信息公开条例》第21条规定了政府信息公开答复的各种情形，同时也规定了行政

---

〔1〕王军：《政府信息公开中"社会稳定"的司法认定——基于相关判决事例的分析》，载《行政法学研究》2015年第1期。

〔2〕吕艳滨：《政府信息公开制度实施状况——基于政府透明度测评的实证分析》，载《清华法学》2014年第3期。

〔3〕叶必丰主编：《〈政府信息公开条例〉评估报告》，中国法制出版社2018年版，第220页。

机关在作出答复时应当告知申请人并说明理由的义务，行政机关不仅应当遵循，而且应当尽可能地准确说明理由，并切实避免随意。”[1]

(二)审慎适用危及“三安全一稳定”的理由

危及“三安全一稳定”作为政府信息豁免公开的理由，其内容不清、含义模糊，在学界受到强烈的质疑和批判。从前述各部门的统计结果来看，2017 年 12 个部委没有因危及“三安全一稳定”而不予公开政府信息的情况；纵向观察，不予公开政府信息数量较多的是农业部、人力资源和社会保障部以及工业和信息化部，农业部在 2015 年和 2016 年分别有 1 次适用危及“三安全一稳定”不公开信息；人力资源和社会保障部在 2018 年援引该理由拒绝公开 1 次；工业和信息化部在 2016 年则有 5 次此种情形，2018 年援引该理由拒绝公开 1 次；2019 年度有约一半的中央部门没有适用该理由不公开信息的情况，其中不公开信息数量较多的住房和城乡建设部、公安部、退役军人事务部三部门此项理由的适用为零；仅有中国银行保险监督管理委员会在各部门中独树一帜，有 143 次因危及“三安全一稳定”而不公开信息的情况。总体而言，中央各部门适用危及“三安全一稳定”拒绝公开政府信息的情况比较少。

从各省的情况来看，2017 年度除辽宁省适用危及“三安全一稳定”不予公开的数量(76 次)超过了国家秘密(12 次)和个人隐私(24 次)外，其他各省危及“三安全一稳定”都是被最少适用的不予公开事由，吉林、青海、新疆和宁夏四省(自治区)全省区都没有出现一次适用该理由不公开政府信息的情况。2018 年度除西部地区外，山西省和江西省没有适用该理由不公开信息的情形。至 2019 年度，除个别省份外，危及“三安全一稳定”仍然是各省适用最低的不公开事由。

可见，危及“三安全一稳定”由于其内涵的不确定性，给行政机关不予公开政府信息留有较大的裁量空间，存在被扩大适用和滥用的可能。但也正因为这一点，在社会公众普遍接受信息公开的理念、信息公开范围不断扩大的背景下，行政机关亦慎重对待信息公开申请，虽然有法律依据，但并不愿意轻易援引危及“三安全一稳定”作为拒绝公开的事由。

(三)“非政府信息”和“其他情形”在不公开理由中占比较大

非政府信息是指申请人所申请公开的信息不是条例所指的政府信息。除

[1] 最高人民法院(2016)最高法行申 1842 号行政裁定书。

青海和新疆外,其他省(自治区、直辖市)适用“非政府信息”拒绝公开的情况均超过了其他事由,位列第一。北京市、上海市、江苏省、浙江省、山东省和河南省适用“非政府信息”不同意公开的次数均超过了1000,而北京更是高达4079次,是所有其他不公开事由总和的4.5倍。学界通常着眼于政府信息豁免公开的具体事由,从实践的情况来看,“不是条例所指的政府信息”是具体申请中最常用的拒绝理由。按新条例所指“政府信息,是指行政机关在履行行政管理职能过程中制作或者获取的,以一定形式记录、保存的信息”。“党务信息、咨询信息、司法信息、信访信息、刑事司法信息、民事事务信息”等不属于政府信息。[1]有学者通过对北大法宝相关案例的统计分析发现,政府信息公开行政诉讼中的主要争点系“是否构成政府信息”和“政府信息是否存在”,[2]这一结论进一步验证了“非政府信息”在信息公开实践中被频繁适用、争议较大。这种情况反映出申请人和行政机关对政府信息的理解差异较大,也因为这一概念外延的争议给行政机关援引该理由不公开政府信息留有余地。

从地方的实践来看,“法律法规规定的其他情形”是仅次于“非政府信息”而位列第二的不公开事由,司法实践也印证了这一结论。从北京一中院政府信息公开行政审判十年的情况来看,“涉案信息从行政外部管理信息逐渐深入行政内部管理信息,从具体案件中的行政执法信息扩展到行政机关在制定规范性文件过程中的信息。”[3]“其他情形”具体指哪些情形不甚明确,该理由可能成为口袋性的拒绝公开事由。

(四)“内部事务信息”、“过程性信息”和“行政执法案卷信息”成为新的主要不公开事由

根据《政府信息公开条例》第16条的规定,行政机关对“内部事务信息”、“过程性信息”和“行政执法案卷信息”享有是否公开的裁量权,即可以不予公开,也可以决定公开。但实际操作中行政机关对于上述信息选择不予公开,年报将上述信息作为不同意公开的事由加以统计,暗含了上述信息倾向于不公开

---

〔1〕程琥:《新条例实施后政府信息公开行政诉讼若干问题探讨》,载《行政法学研究》2019年第4期。

〔2〕参见叶必丰主编:《〈政府信息公开条例〉评估报告》,中国法制出版社2018年版,第187页。

〔3〕《北京一中院发布政府信息公开行政审判十年白皮书信息公开行政审判进入新征程》,载北京市第一中级人民法院网站,http://bj1zy.chinacourt.org/article/detail/2017/12/id/3141847.shtml,2019年2月15日访问。

的导向。条例所规定的选择不公开变为实际上的法定不公开。2019 年度的统计数据显示,除属于行政查询事项外,条例修改后“内部事务信息”“过程性信息”和“行政执法案卷信息”成为主要的不公开事由。三项事由在条例修改前也被排除在公开之外,但在以前的统计指标中被纳入“法律法规规定的其他情形”之中。可以预见,未来这三项事由也将成为不公开信息的主要情形。

第三节　政府信息公开争议行政救济管窥

行政复议和行政诉讼是我国主要的行政救济途径,也是政府信息公开申请人和利害关系人寻求救济的主要方式。在政府信息公开争议中,涉及豁免公开事由的纠纷占有相当大的比例。通常来说,相对人在行政机关不同意公开的情况下倾向于进一步寻求救济,而同意公开的情况下,申请人只有对公开范围、内容不满意或利害关系人认为侵犯自己合法权益时才会寻求救济,因此相对人对行政机关不同意公开而提起诉讼的案件高于同意公开而提起诉讼的案件。自 2007 年以来,涉及政府信息公开的行政复议案件呈逐年递增的趋势,自 2007 年(504 件)到 2017 年(24,136 件)的 10 年间,案件数量翻了 47.89 倍;政府信息公开行政复议案件成为仅次于行政处罚的第二类争议事项。[1] “从已经发生的争议来看,尽管政府信息公开也有有关程序性、形式性问题的争议,但主要还是有关政府信息公开范围即拒绝理由上的争议。”[2] 政府信息公开行政诉讼案件中,豁免公开争议所涉及的理由包括“申请政府信息不存在”“不属于本机关公开”“法律法规规定的其他情形”“涉及国家秘密、商业秘密或个人隐私”“不属于条例所指应当公开的政府信息”等。根据政府信息公开年报的统计指标,上述六项理由有四项被归入“不同意公开”的细项。进一步考察因政府信息公开申请复议、提起诉讼的案件和判决情况可以透视豁免公开争议的具体细节。

---

〔1〕《各年度全国行政复议和行政应诉案件统计数据》,载司法部网站,http://www.moj.gov.cn/government_public/node_634.html,2019 年 2 月 15 日访问。

〔2〕叶必丰:《具体行政行为框架下的政府信息公开——基于已有争议的观察》,载《中国法学》2009 年第 5 期。

一、国务院各部门 2017—2019 年信息公开争议救济概况

（一）国务院各部门 2017—2018 年度政府信息公开行政救济

在中央各部门网站查询的结果，有些部门的政府信息公开年报没有说明因政府信息公开产生的争议及其救济情况，如人力资源和社会保障部、农业部、财政部等部委。政府信息公开年报是否包括相关争议及其救济的内容，也是衡量该部门信息公开程度的一个视角。其他部委的信息公开年报相对比较详细，涉政府信息公开争议复议和诉讼的基本情况如表 3－8 所示。

表 3－8　国务院各部门 2017—2018 年度政府信息公开行政救济结果

部委名称	年份	行政复议			行政诉讼		
		维持	被依法纠错	其他情形	维持或驳回	被依法纠错	其他情形
国家发展和改革委员会	2017	10	0	0	4	0	0
	2018	14	0	0	4	1	0
教育部	2017	11	0	0	10	0	0
	2018	13	9	/	/	/	/
科学技术部	2017	3	0	0	1	0	0
	2018	1	0	0	5	0	0
工业和信息化部	2017	48	0	1	192	12	36
	2018	33	35	26	54	1	10
公安部	2017	14	0	1	8	0	2
	2018	18	0	1	10	0	0
民政部	2017	7	1	1	1	1	0
	2018	5	2	0	4	1	0
司法部	2017	17	0	0	10	0	0
	2018	22	2	2	6	2	0
自然资源部	2017	111	2	0	137	1	0
	2018	100	12	3	124	5	58
水利部	2017	1	0	0	4	0	0
	2018	2	2	2	1	0	0

续表

部委名称	年份	行政复议			行政诉讼		
		维持	被依法纠错	其他情形	维持或驳回	被依法纠错	其他情形
国家卫生健康委员会	2017	6	0	0	9	0	0
	2018	11	8	1	11	2	1
中国人民银行	2017	7	0	0	1	0	0
	2018	1	0	0	1	0	0

总体而言，各部委因政府信息公开被申请复议和提起诉讼的比例较低，究其原因，可能相对人的信息公开申请得到了满足，也可能是因为部委拒绝公开的答复能说服相对人，使其信服自己的申请不符合条例的规定；或者相对人止步于信息公开，不想继续寻求救济。从 2017 年和 2018 年的数据来看，工业和信息化部、自然资源部是政府信息公开复议和诉讼最多的两个部门。其中 2017 年工业和信息化部 230 件信息公开决定被提起了行政诉讼，占当年该部门所有信息公开申请量的 8.5%；在水利部收到的 119 件申请中，有 1 件被申请复议、4 件被提起诉讼；国家卫生健康委员会 2017 年收到 1993 份申请，其中 6 件被申请复议、9 件被提起诉讼，是所有部委中申请行政救济比例最低的部委。

上述所列部门中，自然资源部、工业和信息化部、民政部、国家卫生和健康委员会和司法部出现了通过复议或诉讼被依法纠错的情况；不过，被依法纠错的案件数量不多。这说明上述部门信息公开答复合法性程度比较高；结合《政府信息公开条例》修改前的规定来看，要求申请人达到“三需要”的条件之一，也在一定程度上限制了申请人通过复议和诉讼获得支持的概率。

（二）国务院各部门 2019 年度政府信息公开争议行政救济

梳理国务院各部门 2019 年度的政府信息公开年报，[1] 其中国家民族事务委员会、应急管理部、人民银行、国家国际发展合作署、国家医疗保障局、国家粮食和物资储备局、国家移民管理局、国家公务员局、国家保密局、国家电影局和中国地震局没有因信息公开申请复议和提起诉讼的纠纷。其他部门信息公开争议复议和诉讼的结果如表 3－9 所示。

---

〔1〕 中央人民政府网站，http://www.gov.cn/zhengce/xxgk/index.htm，2020 年 8 月 3 日访问。

表3－9　国务院各部门2019年度政府信息公开行政救济情况

部委名称	行政复议					行政诉讼									
						未经复议直接起诉					复议后起诉				
	结果维持	结果纠正	其他结果	尚未审结	总计	结果维持	被结果纠正	其他结果	尚未审结	总计	结果维持	被结果纠正	其他结果	尚未审结	总计
外交部	2	0	0	0	2	0	0	0	0	0	0	0	0	0	0
国家发展和改革委员会	17	0	13	2	32	4	0	0	0	4	4	0	0	0	4
教育部	25	0	0	0	25	2	0	0	0	2	1	0	0	0	1
科学技术部	1	0	0	0	1	22	1	5	0	28	0	0	0	0	0
工业和信息化部	19	5	4	10	38	6	0	0	3	9	5	0	0	1	6
公安部	17	2	29	9	57	1	0	11	3	15	1	0	11	2	14
民政部	3	0	2	0	5	0	0	0	0	0	0	0	2	1	3
司法部	15	18	49	5	87	33	0	0	0	33	23	0	0	0	23
财政部	8	0	5	0	13	10	0	6	0	16	0	1	1	0	2
人力资源和社会保障部	12	0	0	0	12	5	0	0	0	5	0	0	0	0	0
自然资源部	109	11	3	14	137	56	2	7	0	65	51	2	1	0	54
生态环境部	10	1	2	2	15	5	0	0	0	5	4	0	0	0	4
住房和城乡建设部	44	9	4	1	58	7	0	40	9	56	11	0	43	22	76
交通运输部	6	0	1	0	7	11	0	0	1	12	8	0	0	0	8
水利部	3	0	3	1	7	0	0	0	0	0	0	0	0	0	0
农业农村部	4	3	4	0	11	0	0	59	0	59	0	0	0	0	0
商务部	9	2	2	0	13	3	0	3	1	7	7	0	1	0	8
文化和旅游部	4	0	3	0	7	0	0	0	0	0	1	0	0	0	1

续表

部委名称	行政复议					行政诉讼									
						未经复议直接起诉					复议后起诉				
	结果维持	结果纠正	其他结果	尚未审结	总计	结果维持	被结果纠正	其他结果	尚未审结	总计	结果维持	被结果纠正	其他结果	尚未审结	总计
国家卫生健康委员会	23	7	17	4	51	13	0	0	1	14	17	0	0	4	21
退役军人事务部	0	0	5	0	5	0	0	0	0	0	0	0	0	0	0
审计署	12	0	7	0	19	0	0	0	0	0	4	0	0	1	5
国有资产监督管理委员会	0	0	7	0	7	23	0	0	11	34	0	0	0	0	0
海关总署	3	2	1	0	6	1	0	0	2	3	1	0	1	0	2
国家税务总局	0	0	0	0	0	0	0	2	1	3	0	0	0	0	0
国家市场监督管理总局	1	0	5	3	9	2	0	0	1	3	1	0	0	0	1
国家广播电视总局	1	0	0	0	1	0	0	0	0	0	1	0	0	0	1
国家体育总局	1	0	3	0	4	0	0	0	0	0	0	0	2	0	2
国家统计局	1	0	0	0	1	0	0	0	0	0	0	0	0	0	0
国家机关事务管理局	0	0	0	2	2	0	0	0	0	0	0	0	0	0	0
国家新闻出版署	1	1	0	0	2	0	0	1	0	1	0	0	0	0	0
中国气象局	1	0	2	0	3	0	0	0	0	0	1	0	0	0	1
中国银行保险监督管理委员会	7	1	1	0	9	3	2	0	0	5	0	1	0	0	1

续表

部委名称	行政复议					行政诉讼									
						未经复议直接起诉					复议后起诉				
	结果维持	结果纠正	其他结果	尚未审结	总计	结果维持	被结果纠正	其他结果	尚未审结	总计	结果维持	被结果纠正	其他结果	尚未审结	总计
中国证券监督管理委员会	4	0	0	0	4	5	0	0	0	5	0	0	0	0	0
国家信访局	1	0	6	0	7	0	0	0	0	0	0	0	0	0	0
国家能源局	0	0	2	0	2	0	0	0	0	0	1	0	0	1	2
国家国防科技工业局	0	1	0	1	2	0	0	0	0	0	0	0	0	0	0
国家烟草专卖局	7	0	1	0	8	12	1	1	6	20	4	1	0	0	5
国家林业和草原局	8	2	1	0	11	1	0	0	0	11	18	0	0	0	18
国家铁路局	0	0	0	0	0	3	0	1	1	5	0	0	0	0	0
中国民用航空局	6	3	2	0	11	0	1	2	0	3	0	0	2	0	2
国家邮政局	8	1	4	0	13	1	0	0	0	1	4	0	0	0	4
国家文物局	0	2	0	0	2	2	0	1	0	3	0	0	0	0	0
国家中医药管理局	0	0	1	0	1	0	0	0	0	0	0	0	0	0	0
国家煤矿安全监察局	0	0	0	0	0	0	0	0	0	0	0	0	0	0	0
国家外汇管理局	2	0	0	0	2	0	0	0	0	0	0	0	0	0	0
国家药品监督管理局	12	1	1	2	16	5	0	0	1	6	0	0	0	3	3

续表

部委名称	行政复议					行政诉讼									
						未经复议直接起诉					复议后起诉				
	结果维持	结果纠正	其他结果	尚未审结	总计	结果维持	被结果纠正	其他结果	尚未审结	总计	结果维持	被结果纠正	其他结果	尚未审结	总计
国家知识产权局	4	0	1	1	6	0	0	0	0	0	0	0	0	0	0
国家档案局	1	0	0	0	1	0	0	0	0	0	0	0	0	0	0

由表3－9的数据可知：第一，政府信息公开申请数量多的部门所涉及的复议或诉讼案件也相应增多。自然资源部、司法部、住房和城乡建设部、公安部、国家卫生和健康委员会、国家发展和改革委员会等收到政府信息公开较多的部门引起的争议也较多。第二，行政复议在政府信息公开争议解决中发挥了重要作用，分流了相当一部分争议。以涉讼较多的几个部门为例，除住房和城乡建设部外，国家发展和改革委员会、教育部、公安部、司法部、自然资源部、国家卫生健康委员会等部门政府信息公开复议案件数量均大于诉讼案件数量。进一步区分，行政诉讼案件包括未经复议直接起诉和复议后起诉两类，可见经过复议后再起诉的案件大幅缩减。很多政府信息公开争议止步于复议。第三，行政复议的纠错功能显著呈现。根据《行政复议法》的规定，对国务院各部门作出的信息公开决定不服申请复议，该部门是复议机关。经过复议后再提起诉讼的，仅有财政部（1件）、自然资源部（2件）、中国银行保险监督管理委员会（1件）和国家烟草专卖局（1件）所涉诉讼案件被法院纠正；就个例来看，自然资源部（65件）、住房和城乡建设部（56件）因政府信息公开涉讼案件，经过复议后基本被法院支持。这意味着国务院各部门的信息公开决定本身没有问题，或者能通过复议程序纠偏。

二、各省级行政区域2017—2019年信息公开争议救济概况

（一）各省（区、市）2017—2018年度政府信息公开行政救济

省级政府信息公开年报反映政府信息公开的地区差异，但《2017年山西省

政府信息公开年度报告》和《2018年山西省政府信息公开年度报告》[1]只给出行政复议和行政诉讼案件的总数，没有判决或裁定的具体结果；2017年和2018年西藏自治区没有政府信息公开行政复议和行政诉讼的统计数据，该区可能不存在此类争议救济。《湖南省人民政府（省政府办公厅）2017年度政府信息公开工作报告》和《湖南省人民政府（省政府办公厅）2018年政府信息公开工作报告》仅是省本级政府信息公开年报，不包括全省的统计数据。[2] 另外，重庆市和新疆自治区2018年的复议和诉讼情况仅有整体数据，没有具体的结果。其他各省（区、市）2017年度和2018年度政府信息公开案件争议基本情况如表3－10所示。

表3－10　各省（区、市）2017—2018年度政府信息公开争议行政救济结果

地域	年份	行政复议				一审行政诉讼			
		维持	被依法纠错	其他情形	合计	维持或驳回	被依法纠错	其他情形	合计
北京	2017	975	295	116	1330	467	106	797	1370
	2018	606	231	279	1116	352	100	496	948
天津	2017	420	52	152	624	336	9	165	363
	2018	344	44	54	442	299	11	53	363
河北	2017	94	48	159	301	123	6	54	183
	2018	51	25	13	89	101	7	6	114
内蒙古	2017	25	16	17	58	56	11	39	106
	2018	19	28	18	65	28	12	11	51
辽宁	2017	194	41	46	281	184	13	44	241
	2018	338	54	83	475	436	17	147	600
吉林	2017	693	594	314	1601	270	19	46	335
	2018	144	61	175	380	257	24	110	391

[1] 山西省人民政府网站，http://www.shanxi.gov.cn/zw/zfgkzl/zfxxgknb/index_2957.shtml，2020年8月6日访问。

[2] 湖南省人民政府网站，http://www.hunan.gov.cn/hnszf/xxgk/zfxxgk/index.html? state＝3，2020年8月6日访问。

续表

地域	年份	行政复议				一审行政诉讼			
		维持	被依法纠错	其他情形	合计	维持或驳回	被依法纠错	其他情形	合计
黑龙江	2017	65	15	33	113	86	13	25	124
	2018	68	13	18	99	128	13	31	172
上海	2017	1309	65	223	1597	1037	34	577	1648
	2018	854	70	165	1089	834	19	195	1048
江苏	2017	1422	207	628	2257	1421	154	487	2062
	2018	1455	152	408	2015	1511	90	495	2096
浙江	2017	845	231	510	1586	734	78	322	1134
	2018	833	211	284	1328	1058	106	364	1528
安徽	2017	444	125	192	761	287	23	188	498
	2018	624	101	291	1016	455	53	179	687
福建	2017	106	49	0	155	75	23	0	98
	2018	79	36	0	115	122	22	0	144
江西	2017	189	29	33	251	99	38	87	224
	2018	231	41	27	299	198	43	40	281
山东	2017	1224	376	592	2192	1061	260	279	1600
	2018	1023	221	217	1461	970	110	218	1298
河南	2017	797	192	303	1292	806	113	248	1167
	2018	805	207	489	1501	966	247	249	1462
湖北	2017	442	108	292	842	409	74	211	694
	2018	411	143	316	870	329	50	298	677
广东	2017	1155	200	224	1579	381	31	146	558
	2018	977	205	491	1673	396	102	271	769
广西	2017	101	42	205	348	110	11	58	179
	2018	152	61	53	266	129	8	67	204

续表

地域	年份	行政复议				一审行政诉讼			
		维持	被依法纠错	其他情形	合计	维持或驳回	被依法纠错	其他情形	合计
海南	2017	5	3	15	23	11	2	0	13
	2018	12	5	19	36	2	2	19	23
重庆	2017	279	124	48	451	296	53	123	472
	2018	/	/	/	468	/	/	/	398
四川	2017	1046	334	907	2287	1290	81	710	2081
	2018	1131	272	665	2068	315	90	865	2270
贵州	2017	83	60	115	258	49	83	43	175
	2018	180	101	174	455	364	97	262	723
云南	2017	28	14	23	65	38	3	41	82
	2018	42	32	31	105	48	9	45	102
陕西	2017	87	29	80	196	135	79	52	266
	2018	198	89	160	447	504	135	95	734
甘肃	2017	64	17	52	133	31	8	10	49
	2018	66	58	39	163	110	14	50	174
青海	2017	24	5	29	58	56	8	24	88
	2018	33	4	3	40	33	1	1	35
宁夏	2017	17	7	5	29	9	6	11	26
	2018	10	4	8	22	9	1	10	20
新疆	2017	30	12	19	61	13	2	12	27
	2018	/	/	/	36	/	/	/	19

政府信息公开实施情况与经济发展水平具有一定的关系。甘肃、青海、宁夏、新疆和西藏收到的政府信息公开申请明显少于其他省(区、市),由于基数较小、复议和诉讼案件数量也少。西藏是全国所有省区中收到政府信息公开申请数量最少的地方,也没有此类复议和诉讼案件。这一方面可能与西藏的人口规模相关,另一方面也说明《政府信息公开条例》《行政复议法》《行政诉讼法》等

法律法规在该地区可能并不被公众熟知，或者公众不倾向于利用制度化的途径获取信息、化解纠纷。比较而言，北京市、上海市、江苏省、浙江省、山东省、河南省和四川省因政府信息公开申请复议和提起诉讼的总量均达到四位数。上海市2017年度收到政府信息公开申请42,404件，其中65件被复议机关依法纠错、34件被法院依法纠错，是所有省（区、市）中被纠错比例最低的区域。

不过，政府信息公开的实施情况除与经济发展水平相关外，还与各种主客观因素相关，公众的法律意识、当地政府自上而下的推动等均影响制度的效果，因此也存在个别发展水平一般的地区信息公开争议救济实施较好的情况。"GDP规模越大的省份，实施条例的数据总量越多，很多人均GDP不够多的非经济发达省份却有着较强的实施条例的积极性，其积极性甚至超过了很多人均GDP较高的省份。"[1]同样作为经济相对比较发达的江苏省，2017年度收到政府信息公开申请3224件，被复议机关纠错207件，被法院纠错154件；浙江省2017年共收到政府信息公开申请31,975件，被复议机关纠错231件，被法院纠错78件。两者对比，江苏省被纠错率高于邻居浙江省。

将地方的数据与中央部委的数据进行对比后发现，各地因政府信息公开争议通过复议和诉讼被纠错的比例高于中央部委。这一方面可能与部门的职权有关，中央部委的职权涉及的主要是行政事项的划分，业务事项相对较明确；且中央部委通常并不直接与相对人发生联系，故收到的信息公开申请相对较少，由于案件基数小被纠错的数量也相对较少。另一方面，各地的统计数据包括了省、市、县、乡等政府及其职能部门，涉及部门多、地域范围广、级别跨度大、执法水平参差不齐，对条例理解和执行不到位，故被复议机关和法院纠错的数量和比例也相应提高。

（二）各省（区、市）2019年度政府信息公开行政救济

从地方数据来看（见表3－11），与国务院各部门政府信息公开争议所反映的结论一致：首先，政府信息公开数量越多产生的争议随之增多。北京市、上海市、江苏省、浙江省、山东省、河南省、广东省和四川省依然是政府信息公开争议最多的地区，也是复议和诉讼量最多的省、市。政府信息公开申请数量多的部门所涉及的复议或诉讼案件也相应增多。自然资源部、司法部、住房和城乡建

---

〔1〕 参见叶必丰主编：《〈政府信息公开条例〉评估报告》，中国法制出版社2018年版，第58页。

设部、公安部、国家卫生和健康委员会、国家发展和改革委员会等收到政府信息公开较多的部门引起的争议也较多。其次，行政复议起到了分流解决行政争议的重要作用。以涉讼争议较多的几个省市为例，一方面，除河南省外，其他省、市行政复议数量均大于未经复议而直接提起诉讼的案件量，这说明超过一半的当事人首先选择了复议作为救济途径；另一方面，经过行政复议后提起诉讼的案件数量占行政复议数量的25% ~35%，这意味着大量的争议通过复议得以化解。不过，数据也反映，相对人并不完全愿意选择复议制度，河南省未经复议而直接提起诉讼的案件数量（1367）多于行政复议案件数量（1348），并且有510宗案件的当事人在复议后又提起了诉讼。最后，行政复议能够发挥行政系统内部的纠错功能。经过行政复议后再起诉的案件被法院纠错的数量较少，内蒙古和上海市没有一件结果被法院纠错的案件；尤其是上海市信息公开数量基数大，诉讼结果显示该地政府信息公开的实施情况相对较好。

表3-11　各省（区、市）2019年度政府信息公开争议行政救济结果

地域	行政复议					行政诉讼									
						未经复议直接起诉					复议后起诉				
	结果维持	结果纠正	其他结果	尚未审结	总计	结果维持	结果纠正	其他结果	尚未审结	总计	结果维持	结果纠正	其他结果	尚未审结	总计
北京	1114	465	153	237	1969	485	75	129	102	791	386	10	39	55	490
天津	309	48	66	35	458	180	15	58	39	292	67	1	18	22	108
河北	198	80	42	28	348	72	12	14	33	131	67	1	22	26	116
山西	76	61	76	24	237	67	43	20	29	159	16	11	13	9	49
内蒙古	13	10	14	4	41	22	7	2	11	42	10	0	0	1	11
辽宁	127	64	24	25	240	140	25	20	46	230	102	4	1	16	123
吉林	115	37	84	16	252	55	17	13	13	98	30	8	8	7	53
黑龙江	163	61	43	40	307	191	26	45	37	299	48	3	14	13	78
上海	749	42	51	131	973	670	11	117	86	884	251	0	26	29	306
江苏	925	187	273	138	1523	634	59	178	261	1132	372	10	60	142	584
浙江	676	223	228	323	1450	574	109	377	216	1276	422	21	43	109	595

续表

地域	行政复议					行政诉讼									
						未经复议直接起诉					复议后起诉				
	结果维持	结果纠正	其他结果	尚未审结	总计	结果维持	结果纠正	其他结果	尚未审结	总计	结果维持	结果纠正	其他结果	尚未审结	总计
安徽	224	81	42	31	378	283	85	60	11	439	85	3	3	2	93
福建	87	39	11	19	156	39	6	18	40	103	30	8	2	24	64
江西	97	61	115	19	292	72	19	47	12	150	31	11	6	7	55
山东	692	312	221	114	1339	303	67	131	64	565	285	25	42	43	395
河南	739	235	227	147	1348	770	160	232	205	1367	313	42	71	84	510
湖北	232	63	90	59	443	170	42	94	38	344	63	1	24	21	109
湖南	255	124	199	68	646	362	69	88	49	568	165	14	80	47	306
广东	771	158	184	288	1401	280	31	112	114	537	217	28	27	105	377
广西	79	28	38	77	222	47	12	18	27	104	28	2	11	17	58
海南	50	35	77	16	178	24	16	27	12	79	39	9	8	14	70
重庆	153	65	25	28	271	197	36	38	73	344	48	7	5	19	79
四川	1082	347	298	137	1864	492	56	167	158	873	479	30	106	129	744
贵州	313	163	142	66	684	178	77	28	89	372	60	9	17	23	109
云南	97	61	61	19	238	39	12	7	22	80	0	0	0	0	0
西藏	0	0	0	0	0	0	0	0	0	0	0	0	0	0	0
陕西	246	71	66	41	424	264	67	167	69	567	61	11	9	18	99
甘肃	109	54	35	12	210	45	14	18	11	88	25	0	7	10	42
青海	34	15	1	4	41	25	1	13	15	54	8	3	10	4	25
宁夏	42	5	16	6	69	29	6	15	20	70	8	0	0	3	11
新疆	52	14	23	5	94	29	0	13	20	62	11	1	4	0	16

三、基本结论

（一）条例修改后政府信息公开争议量没有显著变化

一方面，政府信息公开争议在行政复议和行政诉讼的案由中占有很大的比例，甚至出现滥用信息公开申请权和缠讼的现象。以《最高人民法院公报》刊登“陆红霞诉南通市发展和改革委员会政府信息公开答复案”[1]（以下简称“陆红霞案”）的判决为风向标，法院在对待“滥用”行政诉权的问题上由过去的消极态度转向积极应对和作为。当事人通过信息公开、反复诉讼来发泄怨恨，这种现象暴露出我国行政救济途径的部分失灵，作为行政纠纷解决渠道的行政救济不能有效地发挥作用，必然导致矛盾激化、升级和积压。我们在客观审视滥用诉权行为并进行法律规制的同时，应正视滥用诉权行为产生的深层次原因，合理架构行政纠纷解决渠道，疏通行政争议。另一方面，考虑到《政府信息公开条例》修改后，删除了“三需要”的限制，政府信息公开数量及产生的争议应当大幅增加。但数据显示，2019 年的数字与以往相比并没有显著增加，甚至多个省份比以往的争议量减少。以四川省为例，无论是行政复议还是行政诉讼的案件数量，2019 年的数据均低于前两年。其背后原因，可能是行政机关更加主动公开信息，客观上削减了申请公开信息的需求，也可能是在条例修改前，行政机关在实践中已经突破了“三需要”的限制，实际上对申请人资格并没有作特殊要求，所以条例修改后并没有呈现出信息公开争议急剧增加的局面。

（二）行政复议在化解政府信息公开争议中起到分流阀的作用

当事人对政府信息公开决定不服，既可以申请行政复议，对复议决定不服再向法院提起诉讼，也可以直接向法院提起诉讼。当事人首次选择的救济手段，以及复议后对结果是否满意，可以充分反映行政复议的实施效果。以北京市为例，首先，2019 年申请行政复议的数量为 1969，未经复议而直接提起诉讼的案件数量为 791。争议发生后有 60% 的当事人首先选择申请行政复议，其余 40% 的当事人首先选择提起诉讼。其次，约有 1/4 的当事人对复议决定不服继续提起诉讼。2019 年政府信息公开行政争议为 1969 件，经过复议后再起诉的

---

〔1〕《陆红霞诉南通市发展和改革委员会政府信息公开答复案》，载《最高人民法院公报》2015 年第 11 期。

为490件,同年政府信息公开行政诉讼总量为1281件。反观之,1969件纠纷中有3/4的纠纷通过行政复议得以化解;进一步分析,通过复议得以解决的争议占所有争议(行政复议1969件、行政诉讼1281件)的46%。最后,在行政复议所处理的1969件争议中,有465件得以纠正;当事人不服复议决定继续提起诉讼的490件争议,有10件被法院纠正,有386件被维持。可见,行政复议能化解掉相当一部分政府信息公开争议,且复议决定的纠错效果良好。从其他各省(市、区)的情况来看,除个别地区和个别年份外,虽然数字有所差异、比例略有不同,但2019年与行政救济数据呈现出的结果一致,即政府信息公开争议中当事人首先选择行政复议的人数多于行政诉讼,在北京市、山东省和广东省这种情况尤其明显;经过行政复议再起诉后被纠错的案件数量比较少,内蒙古、上海、云南、西藏、甘肃、宁夏通过诉讼纠错的案件为零,结合政府信息公开总量和争议数量,同年在上海市当事人未经复议直接起诉的案件总量为884件,其中被法院纠错的案件为11件,从数据上看,上海市的政府信息公开状况居于全国首位。

(三)法院倾向于尊重行政机关的判断

无论中央部委还是省级行政区域,政府信息公开争议通过复议和诉讼被纠错的比例不高,这一结论在部委更高于地方。2017年仅有自然资源部、民政部、工业和信息化部在复议和诉讼中有被纠错的情况出现,其他各部委在这项指标上均表现非常好。从各省的情况来看,2017年和2018年度复议机关纠错的案件数量高于法院纠错的案件数量;至2019年度,无论案件是否经过复议,通过复议机关纠错的案件数量高于通过诉讼纠错的案件数量。以河南省为例,2019年政府信息公开复议案件总量为1348件,其中通过复议纠错的数量为235件;信息公开涉讼的案件总量为1877件,被法院纠正的数量为220件。

这说明行政机关履行政府信息公开义务的情况良好,对于不公开事由的判断相对比较准确,获得了司法机关的认可;复议制度在信息公开争议中发挥了重要的作用。为了防止通过诉讼泄露不应公开的信息,涉及豁免公开事由的案件诉讼中质证往往流于形式,《最高人民法院关于审理因垄断行为引发的民事纠纷案件应用法律若干问题的规定》(法释〔2012〕5号)第11条规定:“证据涉及国家秘密、商业秘密、个人隐私或者其他依法应当保密的内容的,人民法院可以依职权或者当事人的申请采取不公开开庭、限制或者禁止复制、仅对代理律师展示、责令签署保密承诺书等保护措施。”上述审理涉密案件证据审查的规定同样适用于行政诉讼，政府信息公开诉讼法院倾向于尊重行政机关对豁免理由的判断，“齐某某诉上海市松江区人民政府等复议案”中最高人民法院认为：“行政机关对隐私权范围的界定与区分处理，属行政机关基于行政管理实践与行政管理相对人合法权益的综合判断，属于行政机关自由裁量权范畴，除非行政判断明显不当，否则人民法院应尊重行政机关的判断。”[1]以国家秘密豁免公开的司法审查为例，“法院对被上诉人形式定密要件的完全既受，折射出法官对国家秘密认定过程所涉专业知识的忌惮。……审查程度越深，法官接触到的国家秘密文件也就越多，承担的保密职责也就越大。在《保守国家秘密法》对法官这一可能接触国家秘密的特殊群体未作明确的权利义务规范的背景下，法官选择在司法审查强度领域的‘无条件缴械’也就成了明哲保身的‘正常’之举”。[2]

（四）法院通过典型个案探索豁免公开事由的具体标准

由于政府信息公开例外的范围广泛、规范依据内容模糊，为行政审判带来了难题。法院面对日益增多的政府信息公开诉讼案件，不得不从实体上探索例外范围的具体标准，最高人民法院公布的政府信息公开十大案例，涉及的内容主要是不予公开范围的界定和适用。尤其在几个案件中法院更是对“法律法规规定”不予公开的其他情形涉及的信息进行了界定和阐释，例如，“张宏军诉江苏省如皋市物价局案”中法院认为“所谓内部信息，就是对外部不产生直接约束力的普遍政策阐述或对个案的非终极性意见。之所以要免除公开内部信息，目的是保护机构内部或不同机构之间的交流，从而使官员能够畅所欲言，毫无顾忌地表达自己的真实想法。”“钱群伟诉浙江省慈溪市掌起镇人民政府案”中法院认为“所谓历史信息，是指《政府信息公开条例》施行前已经形成的政府信息。虽然在立法过程中确有一些机关和官员希望能够将历史信息排除在适用范围之外，但《政府信息公开条例》对政府信息的定义并没有将信息的形成时间进行限定，亦未将历史信息排除在公开的范围之外。”“杨政权诉山东省肥城市房产管理局案”中法院认为“过程性信息一般是指行政决定作出前行政机关内部或行政机关之间形成的研究、讨论、请示、汇报等信息，此类信息一律公开或过早

---

〔1〕 最高人民法院(2017)最高法行申305号行政裁定书。

〔2〕 郑春燕：《政府信息公开与国家秘密保护》，载《中国法学》2014年第1期。

公开,可能会妨害决策过程的完整性,妨害行政事务的有效处理。但过程性信息不应是绝对的例外,当决策、决定完成后,此前处于调查、讨论、处理中的信息即不再是过程性信息,如果公开的需要大于不公开的需要,就应当公开。”“周如倩诉上海市人力资源和社会保障局政府信息公开案”〔1〕中原告申请公开相关高评委专家名单,被告方基于以下三点理由认为信息公开会危及社会稳定:一是根据人职发〔1991〕8号文规定,评审委员会名单在本期评审工作完成之前不能对外公布;二是公开可能引发不正之风,影响评审工作公平、公正性;三是公开可能引发打击报复,对评委本人生活和工作造成影响。一审法院的判决从条例的立法目的、公开后果等视角出发进行说理并否定了原告的主张。

(五)法院对不同豁免公开事由的审查强度不同

针对国家秘密的豁免公开,法院重点进行形式审查,即相关信息是否符合国家秘密的定密程序。新条例第17条规定:“行政机关应当建立健全政府信息公开审查机制,明确审查的程序和责任。行政机关应当依照《中华人民共和国保守国家秘密法》以及其他法律、法规和国家有关规定对拟公开的政府信息进行审查。行政机关不能确定政府信息是否可以公开的,应当依照法律、法规和国家有关规定报有关主管部门或者保密行政管理部门确定。”《最高人民法院关于审理政府信息公开行政案件若干问题的规定》(法释〔2011〕17号)第5条规定:“被告拒绝向原告提供政府信息的,应当对拒绝的根据以及履行法定告知和说明理由义务的情况举证。因公共利益决定公开涉及商业秘密、个人隐私政府信息的,被告应当对认定公共利益以及不公开可能对公共利益造成重大影响的理由进行举证和说明。被告能够证明政府信息涉及国家秘密,请求在诉讼中不予提交的,人民法院应当准许。”

对于个人隐私和商业秘密的认定,法院应进行重新审查,但实践中法院倾向于尊重行政机关的判断。“李刚诉国家外汇管理局信息公开案”中法院指出:“行政机关对涉及商业秘密的信息具有进行审查的法定职权,并对此应当负有举证责任。”〔2〕“罗文与中华人民共和国商务部信息公开行政纠纷上诉案”中法

〔1〕 上海市黄浦区人民法院(2010)黄行初字第31号行政判决书,上海市第二中级人民法院(2010)沪二中行终字第189号判决。

〔2〕 北京市第一中级人民法院(2014)一中行初字第10188号行政判决书。

院指出："法院……要审查行政机关对商业秘密或个人隐私的认定是否具有相应的事实根据和法律依据；是否履行了书面征求第三方意见的程序；是否进行了必要的区分处理；是否进行了公益与私益的利益衡量；答复程序是否合法、法律适用是否准确和全面等。行政机关应根据申请人自身特殊情况和用途，结合《政府信息公开条例》的立法本意，予以综合考量后作出答复。"〔1〕

对危及"三安全一稳定"的信息公开争议，法院应进行全面审查，在证明标准上应达到"充分"的程度。"申请人所申请的政府信息是否危及'三安全一稳定'，应当由行政机关结合政府信息的性质、范围、影响等因素进行综合判断，并提供证据和依据予以证明。经对行政机关认定申请信息危及'三安全一稳定'的理由及证据进行全面审查，认为行政机关未能充分举证和说明理由的，可不予支持。"〔2〕

〔1〕 北京市高级人民法院(2017)京行终字5065号行政判决书。

〔2〕 程琥：《新条例实施后政府信息公开行政诉讼若干问题探讨》，载《行政法学研究》2019年第4期。

第四章

国家秘密信息的豁免公开

第一节　国家秘密的一般范畴

涉及国家安全的有关国防、外交和军事类信息豁免公开，是各国政府信息公开法的一致规定，多数国家通过保密法将涉及国家安全、国际关系和财政、经济、资源利益的信息确定为国家秘密。

一、国防、军事信息

国家安全通常涉及国家独立、主权和领土完整以及相关的国家政权、社会制度和国家机关的安全，广义的国家安全包括国防、外交、政治、经济、文化、社会等方面的安全；狭义的国家安全仅指国防安全。涉及国家安全的国防、军事信息属于绝对豁免公开的范畴，但无论是国际文件还是各国的国内立法，对"国防、军事信息"的具体范围解释不尽相同。

《关于国家安全和信息权利的全球性原则》(2013 年)第 9 条罗列了可以不公开的国防、军事类信息，主要包括：第一，有关正在进行的防御计划及运行和能力的信息；第二，有关一国的武器系统及其他军事系统(包括通信系统)的生产、能力或使用情况；第三，为防止军事威胁或行为、蓄意破坏的威胁或行为而采取的保障领土安全、重要基础设施或重要国家机构(重要机构)的具体措施的信息，此等信息的效力依赖于保密；第四，关于或来自情报工作的运作、来源和方法的信息且涉及国家安全事项；第五，外国国家或政府间组织提供的、关于国家安全事项的信息且提供方明确期待对其保密，以及涉及国家安全事项的其他外交通信。[1]

《非洲信息获取示范法》第 30 条规定"国家安全和防御"是指：(a)为应对敌对方而采取的，或与侦查、预防、镇压或遏制与颠覆或敌对行动有关的军事策略或战略，军事演习或行动；(b)与国防、或与侦查、预防、镇压或遏制与颠覆或敌对活动有关的情报；(c)为收集、评估或处理(b)中提到的信息有关之方案、科学或技术设备；(d)秘密来源的身份信息；(e)任何被设计、开发、生产或当作武器或其他装备(核武器除外)所使用的数量、特征、能力、缺陷或部署。"颠覆或敌对行动"是指：(a)具有涉外因素的对国家的攻击；(b)针对一国人民或国家战略资产的破坏或恐怖主义行为，无论发生在国内或国外；(c)外国或敌对情报的行动。[2]

俄罗斯《国家保密法》第 5 条规定可以成为国家秘密的范围非常广泛，其中涉及国防、军事信息的内容具体包括以下几类："第一，军事领域的信息文件资料；第二，经济、科学与技术领域的信息文件资料；第三，侦察、反间谍和侦查活动领域的信息文件资料。"《国家保密法》对上述三类可以定为国家秘密的资料进行了详细、全面的列举。为了防止国家秘密范围过宽，保密法同时规定下列资料不应当被确定为国家秘密："第一，关于危及公民安全和健康的非常事件、灾难及其后果，以及关于自然灾害情况，关于自然灾害的官方预报和后果；第二，关于生态、卫生、保健、人口、教育、文化、农业等状况，以及犯罪状况；第三，国家提供给公民、公职人员、企业、机构和组织的特别优待、补偿和社会保障情况；第四，有关侵犯个人和公民权利与自由的事实；第五，有关俄罗斯联邦黄金储备和国家外汇储备额；第六，关于俄罗斯联邦高级官员的健康状况；第七，有关国家权力机关及公职人员的违法事实。"[3]

美国《信息自由法》规定"为保障国家安全、依照总统行政命令规定，有保密必要的国防、外交信息"可以豁免公开，但信息法没有作进一步的解释。根据

---

[1] 参见开放社会基金会网站，https://www.opensocietyfoundations.org/sites/default/files/tshwane-mandarin-20150217.pdf，2017 年 9 月 28 日访问。

[2] 参见非洲人权委员会网站，http://www.achpr.org/files/instruments/access-information/achpr_instr_model_law_access_to_information_2012_eng.pdf，2017 年 9 月 28 日访问。

[3] 刘洪岩：《俄罗斯定密制度问题研究》，载《保密科学技术》2011 年第 2 期。

2009年12月签署的13526号行政命令，国家秘密包括：第一，军事计划、武器系统和作战信息；第二，外国政府信息；第三，情报活动（包括秘密行动）、情报来源和方法以及密码；第四，包含秘密情报来源的外交关系或外交活动；第五，与国家安全有关的科学、技术或经济事项；第六，美国政府保护核材料和设施的计划；第七，有关国家安全的保障系统、设施、蓝图、计划之弱点或能力；第八，开发、生产或使用大规模杀伤性武器。[1]

日本在实务上认定下列信息属于国防、军事类信息："a. 显现日本防空能力之现状、弱点；b. 显示装备能力或弱点，而能得知将来可能强加之武力项目；c. 暴露航空自卫队在某特定地点进行收集情报之状态；d. 表示防卫力调整之方向；e. 显示有飞机部队等编成、废止、移防等事情；f. 得以判断军事器材运用之能力；g. 得把握一部分军事实力。"[2]

英国《信息自由法》将危害国家安全的信息（第24条）和损害军队防御能力的信息（第26条）分别作为豁免公开的理由。"危害国家安全"并没有明确的法律解释，"诺曼·贝克 v. 信息专员和内阁办公室"案（Norman Baker v. the Information Commissioner and the Cabinet Office，2007）中，信息法庭从"内政部长诉雷曼案（Secretary of State for the Home Department v. Rehman，2001）"中总结出国家安全的五要素，包括：第一，"国家安全"是指英国及其人民的安全；第二，国家安全利益不限于针对英国、政府系统及其人民的个人行为；第三，保障民主、国家、宪法和法律制度是国家安全和军事防务的一部分；第四，对外国的行动可能间接影响英国的安全；第五，英国与其他国家在打击国际恐怖主义方面的相互合作有助于促进英国的国家安全。[3] "损害军队防御能力"的信息包括但不限于："第一，政策和战略、规划和情报；第二，操作性的命令、战术和参与规则；第三，总体的能力和有效性，例如部队、军事装备和武器的作战能力；第四，计划和相关措施：维持军事行动所必需的用品和服务，军事能力、当前和未来的武器

[1] 参见美国政府出版局网站，https://www.gpo.gov/fdsys/pkg/FR-2010-01-05/pdf/E9-31418.pdf，2017年6月11日访问。

[2] 范姜真微：《政府信息公开与国家机密保护——以日本之学说及实务见解为主》，载《政大法学评论》2007年第100期。

[3] 参见英国信息专员办公室网站，https://ico.org.uk/media/for-organisations/documents/1174/safeguarding_national_security_section_24_foi.pdf，2017年6月11日访问。

装备，针对其他国家任何正式和非正式的防御、加强防御之安排和协议；第五，不太明晰的信息，例如燃料和其他供给的细节。"[1]

二、外交、国际关系信息

哪些属于应予豁免公开的国际关系类信息，各国信息法没有明确的界定。按照英国信息专员办公室对国际关系的解释，有关国际关系的信息涉及以下几个方面：第一，英联邦政府与其他国家或国际组织交往的信息；第二，国家间交换政治观点；第三，英国关于其他国家和国际组织的战略定位；第四，国家之间的外交事务；第五，国际贸易伙伴关系；第六，涉及英国海外公民或到英游客的领事事宜；第七，海外办事处的办事程序；第八，外国官员和部长的国事访问；第九，国际资金问题；第十，法院处理或待处理案件；第十一，有争议性的访问者；第十二，国际事件，如奥运会；第十三，大学、研究机构和吸引资金有关的国际关系和策略联盟；第十四，与城镇结对有关的地方当局；第十五，区、县议会或地方发展机构申请欧盟资助。[2] 豁免公开的核心问题并非这些信息有多么重要，而是这些信息的公开将损害国家利益。

日本在实务上认定下列信息属于可以豁免公开的外交类信息："a. 以该信息为缔结条约或协议为目的之外交交涉过程中，所进行会谈之具体内容，而当事国间有不公开之惯例存在；b. 如将该类信息公开，不仅对手之国家，甚至会损及国家之信用，使国家于国际事务交涉进行困难，甚至对将来外交事务之有效推行亦产生阻碍。"[3]

三、经济、财政利益信息

经济、财政利益信息一般是指对国家利益、国计民生和社会稳定有重大影响的经济生活信息，如未经批准的价格、工资、汇率、利率调整方案、涉及重大商

---

〔1〕 参见英国信息专员办公室网站，https://ico. org. uk/media/for – organisations/documents/1181/defence – section – 26 – foia – guidance. pdf，2017 年 6 月 11 日访问。

〔2〕 参见英国信息专员办公室网站，Freedom of Information Act Awareness Guidance No. 14：International Relations，https://ico. org. uk/media/for – organisations/documents/1184/awareness_guidance_14_ – _international_relations. pdf，2017 年 6 月 11 日访问。

〔3〕 范姜真微：《政府信息公开与国家机密保护——以日本之学说及实务见解为主》，载《政大法学评论》2007 年第 100 期。

业利益的信息披露禁令、金融监督机构或由其准备的材料等。许多国家的信息权法将国家财政政策、经济利益信息纳入豁免公开的范围。

墨西哥《信息权法》第 13 条规定,损害国家的金融或经济稳定的信息属于特殊例外;秘鲁《透明化与公众信息获取法》第 17 条第 2 款规定,被银行业、税务、工业、商业、技术和证券交易规则保护的信息免于公开;瑞典《信息权法》第 2 条第 1 款规定,与中央财政政策、货币政策或外汇政策以及公共经济利益“有直接关系”的情况,信息不予公开。[1]

英国信息专员办公室认为“影响经济”是指:第一,公共机构作为主要的顾客、雇主或投资者;第二,国家和地方层级的规划,如运输政策和机场建设;第三,社会、健康和环境政策,如公共交通与私家车的使用;第四,通过制定或影响利率、税收、汇率、对公共支出的控制来规划或管理经济;第五,促进经济发展,包括预期经济和海外贸易;第六,政治考虑,如贸易封锁。“影响财政利益”是指:第一,有关利率、货币政策框架以及政府借贷预测的市场趋势;第二,监管机构持有的信息,如金融服务和监管机构的规则;第三,政府的现金交易和银行业务安排;第四,有关英国的外汇储备、外汇负债管理和外汇交易;第五,预期的投资政策;第六,公共企业的财务。[2]

需要注意的是,国家经济、财政利益信息豁免公开仅指那些影响国家经济安全的重大信息,不包括国家的财政预决算支出信息,不能以此为由限制公众了解国家相关部门财务状况以及安全部门的财务信息。国际货币基金组织《财政透明度良好做法守则》(2007 年)第三部分“方便公众获得信息”明确指出:“向公众提供信息是财政透明度的一个决定性特征。有关这方面的原则和做法是,全面提供财政活动和政府目标方面的信息,有关这类信息的报告应有利于政策分析和加强问责制。”因此,国家经济、财政利益信息的豁免公开应把握其限度,避免利用此项理由扩大豁免公开的范围。

---

〔1〕[加]托比·曼德尔:《信息自由:多国法律的比较》,龚文庠等译,社会科学文献出版社 2011 年版,第 143 页。

〔2〕参见英国信息专员办公室网站,https://ico. org. uk/media/for – organisations/documents/1177/theeconomy. pdf,2017 年 6 月 11 日访问。

四、环境与资源信息

对环境与特定资源的保护基于国家的主权,《奥尔胡斯公约》规定环境信息在影响特定利益(国家安全、经济利益、他人权益等)的情况下可以豁免公开,公约认可“公共当局可以以公开信息会对环境造成不利影响为理由而拒绝公开信息。该例外允许政府保护例如珍稀品种养殖场等一些地区免受利用——甚至于对这些地区所在地址进行保密。该条款主要是提供一种保护,允许公共当局在决定是否公开信息时考虑到对环境的伤害。”《奥尔胡斯公约》从公众参与的角度出发,促进环境信息的公开,故对“环境信息”定义采用相对宽泛的非穷尽式列举方式予以阐释。公约第 2 条第 3 款规定环境信息:“指下列方面的书面形式、影像形式、音响形式、电子形式或任何其他物质形式的任何信息:(1)各种环境要素的状况,诸如空气和大气层、水、土壤、土地、地形地貌和自然景观、生物多样性及其组成部分,包括转基因生物,以及这些要素的相互作用;(2)正在影响或可能影响以上(1)项范围内环境要素的各种因素,诸如物质、能源、噪声和辐射,及包括行政措施、环境协定、政策、立法、计划和方案在内的各种活动或措施,以及环境决策中所使用的成本效益分析和其他经济分析及假设;(3) 正在或可能受环境要素状况影响或通过这些要素受以上(2)项所指因素、活动或措施影响的人类健康和安全状况、人类生活条件、文化遗址和建筑结构。”[1]

瑞典《新闻自由法》规定“保护动物和植物物种”信息可以有条件豁免公开。英国《信息自由法》将“特定资源类”信息的豁免公开扩大至所有的“环境信息”,对于环境信息覆盖的范围,英国立法和信息公开指南都没有明确的界定。俄罗斯《国家保密法》第 5 条规定“关于俄罗斯联邦贵金属与宝石国家储备量和俄罗斯联邦中央银行白金、铂金属、天然金刚石的储备量,以及地下矿藏中俄罗斯联邦战略矿物按俄罗斯联邦政府确定的清单的储备量及其开采量、生产量和需求量”属于国家秘密。美国《信息自由法》规定的豁免公开范围包括“有关矿井和地址和地球物理信息及数据,包括地图”。

国家虽然有通过立法将环境和资源类信息纳入免除公开范围的权力,但将

---

〔1〕 参见联合国欧洲经济委员会网站,http://www. unece. org:8080/fileadmin/DAM/env/pp/Publications/Aarhus_AIG_2015_Chinese. pdf,2017 年 3 月 29 日访问。

此类信息划定为“国家秘密”必须是出于国家安全和利益的根本目的，不得借此扩大免除公开的范围。因自然原因或人类活动（包括国家行动或私人公司的行动）引起的对公共卫生、公共安全或环境的迫切或实际威胁的情况下，所有可以使公众了解此等威胁或采取措施减轻或防止此等威胁带来的危害的信息不属于免除公开的范围。关于自然资源开发、污染和排放清单、拟建或现存的大型公共工程或资源提取物对环境的影响、有关特别危险设施的风险评估和管理计划等信息公众也有权知悉。

五、追查刑事犯罪中的秘密信息

追查刑事犯罪中的秘密信息是指在公安机关、国家安全机关、检察机关对实施危害社会的行为，依法应当负刑事责任的自然人或法人追查过程中，产生的会对犯罪的预防、制止与调查、起诉的维持、处罚的执行以及其他维护公共安全和公共秩序的活动产生不利影响的信息。例如，公安机关的重大工作计划、行动方案，避免执法过程遭到非法干预的执法材料等。此类信息在绝大多数国家的政府信息公开法中都有规定，将其纳入国家秘密一类，排除在政府信息公开范围之外。例如，秘鲁《透明化与公众信息获取法》第 16 条第 1 款规定“与预防和打击犯罪相关的保密信息”免于公开；南非《信息公开促进法》第 39 条规定，一经公布就能够合理认为对执法手段、起诉、调查和预防犯罪造成破坏性后果的信息属于豁免公开；英国《信息自由法》第 30 条“如果公开就会或者可能会妨碍犯罪侦破的信息”以及第 31 条“如果公开就会或者可能会妨碍察觉、预防、起诉犯罪或者总体上损害司法部门的信息”均属豁免公开信息；韩国《公共机关信息公开法》第 7 条第 1 款第 4 项规定，与预防和调查犯罪、提起和进行公诉、执行判决、服刑、保安措施以及在审理中的诉讼有关，一旦公开会严重阻碍公务的正常进行，或者侵犯被告人接受公正审判权利的信息不予公开。

六、其他信息

其他类信息是指除上述情况以外的其他可能造成国家安全与利益损害的信息，一般以兜底条款的形式出现在法律中。例如，我国《保守国家秘密法》第 9 条第 7 款规定“经国家保密行政管理部门确定的其他秘密事项”应当确定为国家秘密；英国《信息自由法》第 44 条规定“其他法律或者欧洲共同体职责履行中规定禁止公开的信息”豁免公开；秘鲁《透明化与公众信息获取法》第 17 条第 6 款规定“任何其他法律予以保密的信息”免于公开。学界关于这些兜底条款的存废有着较大的争议：肯定说认为为了保持一国之内法律法规的协调性，防止法律的不周延以及社会情势的变迁，在国家秘密范围内设置兜底条款以减少国民主观认识不足所带来的法律缺陷，使执法者遵循法律的精神和原则，适应社会情势的客观需要，将一些新情况通过兜底条款来适用解决，从而保持法律的相对稳定性；否定说则认为“国家秘密”这一内涵抽象、范围宽泛的概念本就在认定上存在问题，具有缺乏实践操作性、导致权力滥用的风险。若在此基础上增加一项兜底条款，将会直接造成只要“相关国家保密部门”愿意，任何事项都有可能被界定为“国家秘密”的可怕后果，降低乃至丧失了保护国家秘密措施的可靠性。[1]

第二节　国家秘密信息豁免公开的条件

国家秘密类信息具有绝对豁免公开的效力，一旦确定为“国家秘密”即可豁免公开，构成国家秘密需要从实质要件和形式要件两个方面进行判断。例外情况下，即使属于国家秘密的信息，但涉及特殊、特别重大的公共利益时，仍应公开。

一、国家秘密豁免公开的实质条件

（一）基于保障国家安全和利益之目的

保障国家安全是国家成立的首要职责，也是危害国家安全类信息取得豁免公开之合理解释。《关于国家安全和信息权利的全球性原则》对“合法的国家安全利益”解释为“符合国际法和国内法的利益，其真实目的和主要影响是保障国

---

〔1〕 参见戚红梅：《我国政府信息豁免公开制度研究》，苏州大学 2013 年博士学位论文。

家安全”。[1] 豁免公开的事由应严格限定在维护“国家安全”的范畴内，而不应为了其他利益滥用国家安全之豁免理由。《关于国家安全、言论自由和使用信息的约翰内斯堡原则》第12条规定：“一个国家不应绝对禁止使用所有与国家安全有关的信息，而应当在法律中仅仅确定那些为了保护合法的国家安全利益而有必要保守机密的特定的范围狭窄的信息类别。”[2]

除了前述国家安全信息之外，各国可以通过国内立法扩大豁免公开的国家利益信息范围，这些利益可能涉及国家的政治利益、经济利益、外交利益等方面。国家秘密的核定必须基于国家安全和国家利益的考量，而一些非必要因素则是确定国家秘密时所不允许的。美国13526号行政命令规定：“任何情况下都不得基于下列原因对信息进行保密分类：(1)隐瞒违法行为、行政效率低下或行政上的错误；(2)防止信息披露对个人、组织或机构造成尴尬；(3)限制竞争；(4)防止或延迟发布与保障国家安全利益无关的信息。”[3]

(二)豁免公开对于保障国家利益是“必要”的

基于国家安全和利益的理由限制信息公开，是民主和法治社会所“必要”的，信息披露对合法的国家安全利益造成重大危害之风险应是真实且可以识别的；公开带来的风险应大于公开带来的总体公共利益；限制公开应是为防止危害可采用的限制最少的手段；限制不得损害信息权的本质。有关国家安全和利益类信息被作为国家秘密，适用绝对豁免公开，故这类信息在立法时应有足够的理由排除公开，立法机关应说明公开信息可能造成的重大损害。如果仅以抽象、空泛、毫无根据或互相矛盾的不合理说辞，作为拒绝公开之理由，则不符合正当性的要求。

如何衡量国家安全和利益的必要性，按照《关于国家安全和信息权利的全球性原则》的解释，信息公开利大于弊的因素包括：第一，促进对公共事务的公开讨论；第二，加强政府的问责制；第三，促进就重要问题或重大利益事项进行

---

〔1〕 参见开放社会基金会网站，https://www.opensocietyfoundations.org/sites/default/files/tshwane-mandarin-20150217.pdf，2017年9月28日访问。

〔2〕 参见第19条组织网站，https://www.article19.org/data/files/medialibrary/1803/11-08-08-STANDARDS-Johannesburg-ZH.pdf，2017年9月28日访问。

〔3〕 参见美国政府出版局网站，https://www.gpo.gov/fdsys/pkg/FR-2010-01-05/pdf/E9-31418.pdf，Sec.1.7(a).，2017年6月11日访问。

积极和知情的辩论;第四,促进对公共资金支出的有效监督;第五,揭示政府决定的理由;第六,有助于保护环境;第七,揭示对公众健康或安全的威胁;第八,披露"违反人权或国际人道主义法的行为"或帮助建立"针对违反人权或国际人道主义法的行为"的问责制。相反,信息公开弊大于利的因素是指公开可能会构成"对合法的国家安全利益造成危害"的真实且可识别的风险。豁免公开的相关立法条款中包含国家安全和特定的国家利益,信息公开可能造成的损害是真实的、实际的和实质的,且信息公开和可能的损害之间具有因果关系。信息公开对国家安全和利益的损害应达到一定的程度才能获得豁免公开的充分理由,如果信息的公开将导致损害或可能损害国家安全和利益,损害发生的可能性大于50%,那么立法者有充足的理由将其纳入国家秘密范围适用豁免公开;如果损害发生的可能性低于50%,但这种损害仍然是显著和重大的损害,立法者也可以将其确定为国家秘密并适用豁免公开。[1]

(三)应由"法律"作出明确的规定

对影响国家安全和公共利益的信息豁免公开符合利益衡量的需求,但对国家安全和利益类信息的范围、种类应由法律作出明确的规定,而不能由行政机关裁量决定,即豁免公开应符合"例外法定原则"。对于"法律"的解释,也涉及具有例外事项设定权的机关范围,即仅指狭义上的立法机关还是包括了部分行政机关?这个问题应从"知情权"的本质出发。如果将知情权作为公民宪法上的基本权利,那么对该权利的限制应遵守法律保留原则。如果知情权并非宪法上的基本权利,则不需要遵守法律保留原则。《公众的知情权:信息自由的立法原则》(1999年)明确规定"对公共权力机构所掌控信息的获取权是一项基本人权。"诸多国家的宪法也作出了类似的规定。知情权作为一种宪法基本权利,对其限制应遵守法律保留原则,故对豁免公开事由之规定应限于狭义的法律,即享有立法权的机关制定之规则,行政机关不能自行设定豁免公开的范围。

法律的内容必须清楚、明确,以易于理解的方式作出规定,使每个人了解何等信息不予公开、何等信息应予以公开及与信息有关的何等行为将受制裁。对

---

[1] 参见开放社会基金会网站,https://www.opensocietyfoundations.org/sites/default/files/tshwane-mandarin-20150217.pdf,2017年9月28日访问。

公民享有的信息权应作广义的阐释，而对豁免公开应作狭义的解释，当两者发生冲突时，应从有利公开的角度进行解释。当行政机关引用豁免条款限制信息公开时，有义务证明其行为符合法律规定的条件。有关国防、外交信息被请求公开时，行政机关必须具体说明该信息属于国家秘密、属于法律所规定的豁免公开范围，不能仅以抽象、空泛的说辞作为拒绝公开的理由。

二、国家秘密豁免公开的形式要件

（一）定密权人

定密权人是具体适用保密法确定国家秘密的工作人员，他们一方面熟悉保密法的规定，另一方面又了解特定国家秘密的内容。定密权人的范围不宜过宽，否则国家秘密具有扩散的风险，对定密权人的专业知识、保密规定也具有较高的要求。国家秘密并非完全不为人所知，只是其知悉范围具有特定的要求，国家秘密的级别越高，定密权人的范围越窄，知悉秘密的人员越少。

《关于国家安全和信息权利的全球性原则》（2013 年）第 13 条（关于保密信息界定的授权）规定："（a）只有依法经特别授权或指定的官员才有权进行保密信息界定。如果未经指定的官员认为某信息应属保密信息，则可以暂时将此等信息设为保密信息并标以明确的期限，直至经指定的官员对此等保密建议进行审核为止。如果无法律规定控制有关机构对信息保密进行界定，则至少应当采取一种良好实践——在法规中指定代理机构履行此等职责。（b）负责决定保密信息界定的人员的身份应可追溯或有文件记录。在确保问责制的前提下，如有迫不得已的理由，可以隐瞒其身份。（c）依法指定的官员应将其界定保密信息的权力分配给其行政效率高的高级下属（但数量应尽可能少）。公布有权界定保密信息的人数及可以访问保密信息的人数的相关信息，是一种良好实践。"[1]

美国 13526 号行政命令规定，具有秘密指定权的人应限制在最小的范围内，最高机密（Top Secret）的指定权人包括总统、副总统、总统指定的政府部门

---

〔1〕 参见开放社会基金会网站，https://www.opensocietyfoundations.org/sites/default/files/tshwane-mandarin-20150217.pdf，2017 年 9 月 28 日访问。

首长或官员。秘密和机密的指定权人包括总统、副总统、总统指定的政府部门首长或官员、行政机关首长指定的高级公务员。具有较高级别秘密指定权的人同时具有较低级别的秘密指定权。具有秘密制定权的机关每年应接受一次恰当定密和解密的培训，以避免过度定密。[1]

（二）秘密等级

国家秘密实行分级管理的制度，国家秘密根据其内容与国家安全和利益的关联程度分为不同的等级，密级与国家利益呈正相关关系。制定有保密法的国家均对国家秘密划分不同的级别，通常分为三级或四级国家秘密。

美国13526号行政命令规定的秘密等级包括：第一，绝对机密（Top Secret），公开被合理预见对国家安全造成"特别严重"的损害；第二，秘密（Secret），公开被合理预见对国家安全造成"严重损害"；第三，机密（Confidential），公开被合理预见对国家安全造成"损害"。[2]

根据俄罗斯《国家保密法》（1993年，第5485－1号总统令）的规定，"构成国家秘密的信息文件资料可确定为三个密级，其载体相应的也可分为"绝密""机密""秘密"三种秘密等级。构成国家秘密的信息文件资料的密级应当与由于该信息文件资料的传播扩散可能会给俄罗斯联邦安全造成损失的程度相符。俄罗斯联邦的安全可能会由于构成国家秘密的信息文件资料的传播扩散而遭受损失，对这种损失程度的评定程序，以及将上述信息文件资料划定为某种密级的规定，由俄罗斯联邦政府确定。"[3]

英国的国家秘密分为绝密、机密、秘密和有限保护四级。绝密是指泄露后会导致大规模的生命损失；有限保护是指可能对公众造成压抑和心理上的伤害。英国没有制定统一的国家秘密范围和定密标准，由文件起草人根据绝密、机密、秘密和有限保护的定义确定密级。[4]

法国的国防机密分为定级的机密和需要保护的机密。定级的机密分为绝

---

〔1〕参见美国政府出版局网站，https://www.gpo.gov/fdsys/pkg/FR－2010－01－05/pdf/E9－31418.pdf，2017年6月11日访问。

〔2〕参见美国政府出版局网站，https://www.gpo.gov/fdsys/pkg/FR－2010－01－05/pdf/E9－31418.pdf，Sec1.2.，2017年6月11日访问。

〔3〕刘洪岩：《俄罗斯定密制度问题研究》，载《保密科学技术》2011年第2期。

〔4〕参见林广华：《荷兰、法国、英国保密法制建设的经验与启示》，载《中国发展观察》2010年第2期。

密、机密、秘密三级。此外,还有一种仅限于法国公民知悉的“法国专用”信息。实行机密产生处控秘、产生部门确定密级的原则,由机密产生机构确定密级,并进行保护。并没有统一的定密标准和范围,由产生人员根据危害后果作出判断。在确定密级时,应附文字说明和保密期限建议。[1]

(三)秘密标记

“保密信息界定”是对信息的处理过程。在此过程中,相关机构对包含敏感信息的记录进行审查并予以标记,标记的内容包括秘密等级、信息访问主体的范围、定密过程、保密期限等内容。美国13526号行政命令规定档案被确定为秘密后,应立即标记以下内容:第一,秘密等级;第二,指定权人的身份,如姓名、职务,机关的个人识别身份;第三,信息来源的部门,或其他明显标识;第四,解密说明,包括解密日期或事由、从原始定密之日起10年的日期、从原始定密之日起最长25年的日期、适用本命令第一部分第四点的简要分类理由说明;第五,简明的分类理由。[2]

(四)保密期限

信息的公开是绝对的,而保密是相对的。被确定为国家秘密的信息,在当下具有保密的必要,一定时间经过后,信息公开对国家安全和利益的危害已不存在,因此不再具有保密的必要性。知情权禁止信息永久保密,即使信息属于国家秘密,也应设定保密期,一般情况下,信息到期后应自动解密。同时,法律亦承认保密信息可以经法定程序续期。《关于国家安全和信息权利的全球性原则》第16条(保密期的时间限制)规定:“(a)如果保密是保护合法的国家安全利益的必要手段,可以国家安全为由拒绝公开相关信息。拒绝公开信息的决定应当定期审查,以确保符合本原则。(b)设定保密的机构应当指定保密失效的日期、条件或情形。(c)任何信息不得无限期地保密。有关基于国家安全理由而作的保密,其推定的最长期限应当由法律规定。(d)仅在例外情况下,可以根据另外的决策者的新决定在超过推定的失效期限后对信息保密,且应设定新的

---

〔1〕 参见林广华:《荷兰、法国、英国保密法制建设的经验与启示》,载《中国发展观察》2010年第2期。

〔2〕 参见美国政府出版局网站,https://www.gpo.gov/fdsys/pkg/FR-2010-01-05/pdf/E9-31418.pdf,Sec1.6.,2017年6月11日访问。

失效期限。"[1]

虽然国家秘密应有保密期是各国立法的共识,但不同国家、不同的密级的保密期限的设定差异很大,且在国家秘密续期问题上态度暧昧。如果国家立法对保密期限规定过长,且对续期次数没有限制,事实上将导致国家秘密无限期的情况。法国非常机密和机密的保密期限一般为 60 年,普通机密的保密期限一般为 30 年。[2]

三、国家秘密信息豁免公开的例外

(一)国家秘密解除

1. 主动解除,包括信息到期后自动解密和有权机关主动审查后解密两种方式。自动解除是指国家秘密保密期限届满时,无论是否经过解密程序,均自动公开。美国第 13526 号行政命令规定,除了一些例外情形,超过 25 年保密期且依据美国法典第 44 编被确认为具有永久性历史价值的定密信息一般应当在最初定密后第 25 年的 12 月 31 日自动公开。

系统审查是指保密期限未届满或解密条件尚未出现时,有权机关定期对保密文件进行审查,以确定是否有继续保密的必要,或对保密文件予以降级或解密。《关于国家安全和信息权利的全球性原则》建议"一国法律规定对此等(保密)决定至少每五年审查一次",多个国家要求进行此等审查的期限更短。美国 13526 号行政命令规定,行政机关行使自由裁量权,在保密期满之前根据公共利益的需要权衡利弊,由拥有原始定密权的机关负责人决定是否提前解密。此外,美国于 2010 年根据 13526 号行政命令成立了美国国家解密中心(National Declassification Center,NDC),负责处理堆积如山的秘密文件,以应对信息公开的要求。[3]

2. 被动解除,是指行政机关根据个人申请而启动的强制解密审查程序。根据美国相关法律的规定,强制解密审查适用于 2 年内未进行解密审查、并且不属于美国《中央情报局法》所规定的免于审查范围之内的信息。对此类信息,如

[1] 参见开放社会基金会网站,https://www.opensocietyfoundations.org/sites/default/files/tshwane-mandarin-20150217.pdf,2017 年 9 月 28 日访问。

[2] 参见林广华:《荷兰、法国、英国保密法制建设的经验与启示》,载《中国发展观察》2010 年第 2 期。

[3] 参见程洁:《美国国家解密中心研究》,载《保密科学技术》2015 年第 6 期。

果申请人对信息的描述足够清晰,使行政机关可以据此查找到定密信息,则行政机关必须启动解密审查。如果行政机关拒绝强制解密审查申请,申请人可以提起上诉。[1] 美国信息安全监督办公室和跨部门安全定密上诉委员会享有密级审查权,可以受理定密异议申请,并对原机关决定的秘密进行解除和降级。

(二)涉及极重要利益的信息

违反国际人权和人道主义法的行为相关信息应披露。国家秘密信息虽然属于绝对豁免公开的一类信息,但在特殊情况下,即使存在应当保护的国家安全和公共利益,特定信息关系到特殊的、极其重大的公共利益时,不能以国家安全、公共利益或国家秘密为由拒绝公开信息。公共利益的重中之重,就是公开严重侵犯人权或严重违反国际人道主义法的信息,包括国际法规定的犯罪、系统或广泛地侵犯自由和安全权利的信息。根据《关于国家安全和信息权利的全球性原则》的规定,有关侵犯人权或违反人道主义法的信息,高度推定应当予以公开,在任何情况下都不得以国家安全为由拒绝公开这些信息,从而达到"阻碍对侵权行为追究责任或剥夺受害者获得有效救济"的目的。这种情况在一国政权更迭、司法过渡时期具有特别重要的意义,在此期间,该国尤其需要确保真理、正义,并保证严重侵犯人权的行为不会重演,因此,向社会公开旧制度下侵犯人权的总体情况关系到极为重要的公共利益。继任政府应立即完整地保护并保存相关信息,并毫不延迟地公开前任政府隐瞒的此等信息。凡对是否存在侵犯人权和国际人道法的行为有争议时,如果特定信息单独或与其他信息相结合可以揭示所指控侵权真相,那么这类信息就应当公开。

保障人身自由和安全的权利,禁止酷刑和其他形式的虐待以及保障生命权相关的信息应披露。为了保障刑事侦查的顺利进行,侦查信息属于国家秘密的一种而取得豁免公开的资格。但为了防止有权机关滥用权力、剥夺或变相剥夺人身自由或生命,应当公开国家或代表国家实施的剥夺人身自由的行为发生地、被剥夺自由人员的身份、对其指控的罪名或对其拘留原因。关于任何人士在拘留期间死亡的信息,关于国家剥夺某人生命的信息,包括关于此等被杀人士的身份、死亡时情况及其遗体所在地点的信息,任何情况下,不得以国家安全

[1] 参见程洁:《美国的密级审查制度:依据、程序与理念》,载《保密工作》2012 年第 10 期。

为由拒绝公开，从而导致发生秘密拘留、设立和运作秘密拘留场所或者秘密处决。任何情况下，关于国家或国家允许或默许剥夺自由的人员，不得向其家人或对其福利有合法利益的人隐瞒或拒绝透露此等人士的命运或下落。关于被剥夺自由人士、在拘留期间死亡人士或国家执法人员致死的人士，如果其本人或死亡人士的家人明确且自愿要求不予公开并且符合人权，在保护其隐私权的必要范围内可以不向公众公开其姓名及其他个人信息。

（三）其他高度推定应披露的信息

根据《关于国家安全和信息权利的全球性原则》第 10 条的规定，高度推定应披露的信息包括：第一，与政府的结构和权力相关的信息，包括所有军事、警察、安保和情报机构及其下级单位，适用于上述机构及其监督机构、问责制度的法律法规及此等机构的行政首长的姓名，评价和控制公共资金支出所需信息，包括此等机构的总体预算毛额、主要列支项目和基本支出信息，在有关国家安全事务方面，国家缔结的双边和多边协定的存在情况及其条款，以及国家作出的其他主要的国际承诺。第二，使用军事力量或获得大规模毁灭性武器的决定，这类信息包括：关于决定派遣作战部队或采取其他军事行动的信息，包括确认采取此等行动的事实、行动的总体规模范围、行动的根本原因说明以及“能证明公开理由所称的部分事实是错误的”信息。第三，有关监视信息，“有关各种监视以及授权监视、选择监视目标的程序以及使用、共享、存储和销毁被截取材料的程序”的总体法律框架应当向公众公开。公众有权获取被授权进行监视的机构的相关信息和使用监视的相关统计信息。此外，应当允许公众充分了解关于非法监视的事实。在不侵犯受监视人士的隐私权的前提下，应最大限度地披露有关此等监视的信息。第四，财务信息，此类信息包括足以使公众了解安全部门财务状况以及安全部门的财务规则的信息。此等信息应当包括但不限于：显示列支大项的部门和机构预算；显示列支大项的年度财务报表；财务管理规则和控制机制；采购规则最高审计机构和负责审核安全部门财务的其他机构出具的报告，包括此等报告中被定为保密信息的摘要部分。第五，对违反宪法和法律的行为及其他滥用权力行为的问责制，本原则所涵盖的信息包括公共机构或人员违反宪法和法律的行为和其他滥用权力行为的认定、特征和范围等有关信息。第六，公共卫生、公共安全或环境，此类信息包括：在自然原因或人类活动（包括国家行动或私人公司的行动）引起的、对公共卫生、公共安全或环境的迫切或实际的威胁的情况下，所有可以使公众了解此等威胁或采取措施防止或减轻此等威胁带来的危害的信息。关于自然资源开发、污染和排放清单、拟建或现存的大型公共工程或资源提取物对环境的影响、有关特别危险设施的风险评估和管理计划等其他信息和定期更新。

第三节　我国国家秘密豁免公开的适用

我国既有《政府信息公开条例》又有《保守国家秘密法》，且后者的效力高于前者。政府信息公开中的保密审查与《保守国家秘密法》的规定不能有效衔接，法院亦不愿意触碰国家秘密的实质判断，信息公开与保密审查机制无法有机协调。

一、国家秘密的确定

（一）国家秘密的内涵

《保守国家秘密法》（以下简称《保密法》，2010 年）第 2 条规定："国家秘密是关系国家安全和利益，依照法定程序确定，在一定时间内只限一定范围的人员知悉的事项。"该条是关于"国家秘密"的概括性规定。根据上述规定，构成"国家秘密"需符合三个实质要件：第一，国家秘密是有关"国家安全和利益"的事项；第二，泄露后可能损害国家在政治、经济、国防、外交等领域的安全和利益；第三，国家秘密在一定时间内只限一定范围的人员知悉。我国《国家安全法》第 2 条规定："国家安全是指国家政权、主权、统一和领土完整、人民福祉、经济社会可持续发展和国家其他重大利益相对处于没有危险和不受内外威胁的状态，以及保障持续安全状态的能力。"根据国家对外和对内职能的不同，国家安全类信息应包括与对外防御和国际关系相关的信息，对内与国家的经济安全、科技安全、自然资源保障相关的信息。属于"国家安全和利益"的事项并非必然被纳入"国家秘密"，同时还要符合损害政治、经济、国防、外交等国家利益的条件。

（二）国家秘密的外延

我国立法对国家秘密的确定采取法律上的概括、列举加部门具体确定的方式。《保密法》第9条对国家秘密的范围作了列举:“下列涉及国家安全和利益的事项,泄露后可能损害国家在政治、经济、国防、外交等领域的安全和利益的,应当确定为国家秘密:(一)国家事务重大决策中的秘密事项;(二)国防建设和武装力量活动中的秘密事项;(三)外交和外事活动中的秘密事项以及对外承担保密义务的秘密事项;(四)国民经济和社会发展中的秘密事项;(五)科学技术中的秘密事项;(六)维护国家安全活动和追查刑事犯罪中的秘密事项;(七)经国家保密行政管理部门确定的其他秘密事项。政党的秘密事项中符合前款规定的,属于国家秘密。”可见,国家秘密涉及的具体范围相对比较宽泛,有学者对此提出了批评,例如对于“第(四)项中的‘社会发展’事项应作限缩性解释,即只有公开后会对国家安全和利益造成损害的‘社会发展’事项,才属于《保守国家秘密法》保护的范围。”[1]除了《保密法》对国家秘密事项作了正面列举外,《国家秘密定密管理暂行规定》(国家保密局令2014年第1号)对国家秘密的外延做了负面排除的规定,第19条规定:“下列事项不得确定为国家秘密:(一)需要社会公众广泛知晓或者参与的;(二)属于工作秘密、商业秘密、个人隐私的;(三)已经依法公开或者无法控制知悉范围的;(四)法律、法规或者国家有关规定要求公开的。”

判断是否属于国家秘密,仅依赖《保密法》远不足以满足实践需求。中央各部委在国家秘密的确定上具有较大的裁量权。《保密法》第11条规定:“国家秘密及其密级的具体范围,由国家保密行政管理部门分别会同外交、公安、国家安全和其他中央有关机关规定。军事方面的国家秘密及其密级的具体范围,由中央军事委员会规定。国家秘密及其密级的具体范围的规定,应当在有关范围内公布,并根据情况变化及时调整。”《保密事项范围制定、修订和使用办法》(国家保密局令2017年第1号)明确要求保密事项采用正文和目录相结合的形式,目录应当以表格形式列明国家秘密具体事项及其密级、保密期限(解密时间或者解密条件)、产生层级、知悉范围等内容。例如,《卫生工作国家秘密范围的规定》(卫办发〔2011〕62号)附件《卫生工作国家秘密目录》明确载明了一系列保密事项,如表4-1所示。

---

〔1〕 郑春燕:《政府信息公开与国家秘密保护》,载《中国法学》2014年第1期。

表 4－1　卫生工作国家秘密目录

序号	国家秘密事项名称	密级	保密期限	控制范围
1	卫生部指定的病原微生物菌（毒）种保藏机构保藏的一类高致病性病原微生物菌（毒）种及样本总体数据和保存情况（包括数量、地点和方式等）	机密	20 年	有关领导和相关工作人员
2	国家医学统一考试启用之前的试题（试卷），包括备份试题（试卷）及标准答案、评分标准	机密	启用之前	相关工作人员
3	国家及各省、自治区、直辖市、计划单列市卫生行政部门统计的引产数	机密	20 年	有关领导和相关工作人员
4	通过特殊渠道获得的医学重要成果的技术内容及其来源	机密	20 年	相关工作人员
5	卫生部指定的病原微生物菌（毒）种保藏机构保藏的二类高致病性病原微生物菌（毒）种及样本总体数据和保存情况（包括数量、地点和方式等）	秘密	10 年	有关领导和相关工作人员
6	国家医学统一考试题库内用于组卷的试题、标准答案和评分标准	秘密	启用之前	相关工作人员
7	地市级卫生行政部门统计的引产数	秘密	10 年	有关领导和相关工作人员

（三）定密权人

定密权人是了解国家保密政策法规、熟悉本单位涉密相关文件，有能力确定国家秘密范围和级别的人员。《保密法》第 12 条第 1 款规定："机关、单位负责人及其指定的人员为定密责任人，负责本机关、本单位的国家秘密确定、变更和解除工作。"第 13 条第 2 款规定："中央国家机关、省级机关及其授权的机关、单位可以确定绝密级、机密级和秘密级国家秘密；设区的市、自治州一级的机关及其授权的机关、单位可以确定机密级和秘密级国家秘密。具体的定密权限、授权范围由国家保密行政管理部门规定。"法律对"授权的机关、单位"的具体条件和资质以及授权程序未作出明确的规定，仅在《保守国家秘密法实施条例》第 11 条规定："中央国家机关、省级机关以及设区的市、自治州级机关可以根据保密工作需要或者有关机关、单位的申请，在国家保密行政管理部门规定的定密权限、授权范围内作出定密授权。定密授权应当以书面形式作出。授权机关应当对被授权机关、单位履行定密授权的情况进行监督。中央国家机关、省级机关作出的授权，报国家保密行政管理部门备案；设区的市、自治州级机关作出的授权，报省、自治区、直辖市保密行政管理部门备案。”

（四）保密期限

根据《保密法》及相关行政法规和规章的规定，我国国家秘密的保密期限分两种情况：

第一，长期保密。《国家秘密保密期限的规定》（国家保密局1990年9月19日发布）第6条规定：“制定保密范围的中央国家机关可以规定有关保密范围中某类事项的保密期限为‘长期’。在有关中央国家机关或者其授权的机关作出解密决定以前，其他机关、单位应当对保密期限为‘长期’的事项长期采取保密措施，不得擅自决定解密。”“吴某某等与天津市滨海新区规划和国土资源管理局信息公开上诉案”中法院认为“《测绘管理工作国家秘密目录》第16项‘1:50万、1:25万、1:1万国家基本比例尺地形图及数字化成果’的密级为‘秘密’，保密期限为‘长期’的规定，该附图属于秘密级国家秘密，被上诉人就该附图认定为属于秘密级国家秘密符合相关法律法规的规定。依据《国家秘密定密管理暂行规定》第33条‘保密事项范围明确规定保密期限为长期的国家秘密事项，机关、单位不得擅自解密；确需解密的，应当报规定该保密事项范围的中央有关机关批准……’《中华人民共和国保守国家秘密法》第15条第2款‘秘密级不超过十年’的除外情形，需报经国家测绘地理信息局批准后方可解密的规定，本案所涉附图在未经批准解密前仍处于保密状态。”[1]

第二，有期限保密。国家秘密的保密期限与其密级相关，我国国家秘密的保密期限除另有规定外，一般在10～30年。《保密法》第15条规定：“国家秘密的保密期限，应当根据事项的性质和特点，按照维护国家安全和利益的需要，限定在必要的期限内；不能确定期限的，应当确定解密的条件。国家秘密的保密

---

〔1〕 天津市第二中级人民法院（2015）二中行终字第181号行政判决书。《测绘地理信息管理工作国家秘密范围的规定》（自然资源发〔2020〕95号），自然资源部、国家保密局2020年6月18日发布，《测绘管理工作国家秘密范围的规定》废止。——笔者注

期限，除另有规定外，绝密级不超过30年，机密级不超过20年，秘密级不超过10年。机关、单位应当根据工作需要，确定具体的保密期限、解密时间或者解密条件。机关、单位对在决定和处理有关事项工作过程中确定需要保密的事项，根据工作需要决定公开的，正式公布时即视为解密。"《国家秘密保密期限的规定》（国家保密局1990年9月19日发布）第10条规定："国家秘密事项的保密期限届满即自行解密。"

（五）秘密标记

秘密标记是国家秘密、密级、保密期限等内容的外在载体。《保密法》第17条规定："机关、单位对承载国家秘密的纸介质、光介质、电磁介质等载体（以下简称国家秘密载体）以及属于国家秘密的设备、产品，应当做出国家秘密标志。"国家秘密一经确定，应当同时在国家秘密载体上作出国家秘密标志。国家秘密标志形式为"密级★保密期限"、"密级★解密时间"或者"密级★解密条件"。

（六）国家秘密的解除

我国《保密法》规定了国家秘密主动解除的两种方式，没有被动解除的相关规定。第19条规定："国家秘密的保密期限已满的，自行解密。机关、单位应当定期审核所确定的国家秘密。对在保密期限内因保密事项范围调整不再作为国家秘密事项，或者公开后不会损害国家安全和利益，不需要继续保密的，应当及时解密；对需要延长保密期限的，应当在原保密期限届满前重新确定保密期限。提前解密或者延长保密期限的，由原定密机关、单位决定，也可以由其上级机关决定。"

《保守国家秘密法实施条例》（2014年）补充规定了定密异议制度，第20条规定："机关、单位对已定密事项是否属于国家秘密或者属于何种密级有不同意见的，可以向原定密机关、单位提出异议，由原定密机关、单位作出决定。机关、单位对原定密机关、单位未予处理或者对作出的决定仍有异议的，按照下列规定办理：（一）确定为绝密级的事项和中央国家机关确定的机密级、秘密级的事项，报国家保密行政管理部门确定。（二）其他机关、单位确定的机密级、秘密级的事项，报省、自治区、直辖市保密行政管理部门确定；对省、自治区、直辖市保密行政管理部门作出的决定有异议的，可以报国家保密行政管理部门确定。在原定密机关、单位或者保密行政管理部门作出决定前，对有关事项应当按照主张密级中的最高密级采取相应的保密措施。"

二、政府信息公开中的保密审查

(一)保密审查主体

根据《政府信息公开条例》第14条的规定,“依法确定为国家秘密的政府信息”不予公开,该规定属于绝对豁免公开的事项。在决定政府信息是否公开之前,需要进行保密审查。第17条规定:“行政机关应当建立健全政府信息公开审查机制,明确审查的程序和责任。行政机关应当依照《中华人民共和国保守国家秘密法》以及其他法律、法规和国家有关规定对拟公开的政府信息进行审查。行政机关不能确定政府信息是否可以公开的,应当依照法律、法规和国家有关规定报有关主管部门或者保密行政管理部门确定。”《国务院办公厅关于进一步做好政府信息公开保密审查工作的通知》(国办发〔2010〕57号)规定实行“先审查、后公开”和“一事一审”原则:“各机关、单位对拟公开政府信息进行保密审查,应由承办单位提出具体意见,经机关、单位指定的保密审查机构审查后,报机关、单位有关负责同志审批。未经审查和批准,不得对外公开发布政府信息。”根据该通知,拟公开的政府信息在公开前均应进行保密审查。

在政府信息公开中享有保密审查权的主体是政府信息的持有主体,首先由政府信息公开工作机构经办人员提出保密审查的初审意见,然后由该单位保密审查机构或人员审核,再报单位负责人审批,最终决定是否公开。实践中,有些地方的保密审查更加简化,例如,《河池市政府信息公开保密审查制度(试行)》(河政办发〔2010〕321号)第9条规定的政府信息保密审查程序包括两个步骤:(一)政府信息公开工作机构经办人员审查,并提出是否公开的意见。公开的政府信息涉及其他行政机关的,应当征求其他行政机关的意见。(二)政府信息公开工作机构负责人审核,决定是否公开。对不能确定是否公开的政府信息,应当依照法律、法规和国家有关规定,报有关主管部门或者同级保密工作部门确定。

将政府信息公开中的保密审查主体与国家秘密的定密权主体进行对比,可以发现,信息公开中的保密审查主体较国家秘密的定密权主体宽泛。如前所述,国家秘密的定密权主体包括“中央国家机关、省级机关、设区的市、自治州一级的机关、被授权的机关、单位”,由于法律承认“授权的机关、单位”享有定密权,我国国家秘密的定密主体范围相对广泛。政府信息公开的保密审查中,一方面将那些形式上标注有“国家秘密”的信息纳入不予公开的范围,另一方面信息公开主体同时附有核定信息在实质上是否属于“国家秘密”的权力。政府信息公开主体同时附有保密审查的职责,该主体并不一定是国家秘密的定密权主体,通过信息公开的保密审查,通过反向界定不属于政府信息公开范围的事项,事实上享有了国家秘密的定密权。例如,《河池市政府信息公开保密审查制度(试行)》(河政办发〔2010〕321 号)第 8 条规定:“政府信息属于下列情形之一的,不予公开:(一)已标注国家秘密标志,并仍在保密期限内的政府信息;(二)虽已满保密期限,但需要延长保密期限的政府信息;(三)虽未标注国家秘密标志,但属于国家秘密的政府信息;(四)涉及商业秘密和个人隐私的政府信息;(五)其他危及国家安全、公共安全、经济安全和社会稳定的政府信息。”

(二)保密审查的范围

原条例第 14 条第 4 款规定:“行政机关不得公开涉及国家秘密、商业秘密、个人隐私的政府信息。……”《最高人民法院关于审理政府信息公开行政案件若干问题的规定》(法释〔2011〕17 号)第 8 条规定:“政府信息涉及国家秘密、商业秘密、个人隐私的,人民法院应当认定属于不予公开范围。”按照原条例的规定,行政机关不得公开“涉及”国家秘密的政府信息。部门规定和地方规定使用了不同的术语来划定国家秘密豁免公开的范围:第一,多数规范沿袭原条例用语采用了“涉及”的概念;第二,个别规定使用了“确定”或“属于”的概念,即凡“属于”国家秘密、商业秘密或个人隐私的信息不予公开。进一步梳理相关规范,规定“确定”“属于”国家秘密不予公开政府信息的相关规定列举如表 4 – 2 所示。

表 4 – 2　确定/属于国家秘密豁免公开的规定

序号	规范名称	属于国家秘密豁免公开的规定
1	《国家海洋局政府信息公开实施办法(试行)》(国海规范〔2016〕5 号,已失效)	第二十二条　确定为国家秘密和涉及国家安全的信息,及法律法规禁止公开的事项禁止公开
2	《国家邮政局政府信息公开工作办法》(2014 年 8 月 6 日发布)	第十一条　下列政府信息,不予公开:(一)属于国家秘密的

续表

序号	规范名称	属于国家秘密豁免公开的规定
3	《文化部政府信息公开实施办法(试行)》(2008年6月17日发布)	第十六条　凡属国家秘密或者公开后可能危及国家安全、公共安全、经济安全和社会稳定的政府信息,不得公开
4	《贵州省政府信息公开暂行规定》(黔府发〔2011〕9号,已失效)	第二十九条　行政机关不得公开下列政府信息: (一)依照保密法规定,明确标识为“秘密”“机密”“绝密”的国家秘密事项
5	《海南省政府信息公开办法》(海南省人民政府令第194号,2005年8月31日发布)	第九条　下列政府信息,不予公开: (一)属于国家秘密的
6	《黑龙江省政府信息公开规定》(黑龙江省人民政府令第7号公布,已废止)	第十七条　政府信息涉及下列内容的,不予公开: (一)国家秘密和法律、法规、规章规定的工作秘密
7	《湖北省政府信息公开规定》(湖北省人民政府令第262号,2004年5月18日发布)	第三条　政府信息以公开为原则,不公开为例外。除下列以外的政府信息必须公开: (一)国家秘密
8	《吉林省政务信息公开管理办法》(吉林省人民政府令第163号,2004年9月5日发布)	第九条　下列政务信息,不予公开: (一)属于国家秘密的
9	《辽宁省政府信息公开规定》(辽宁省人民政府令第222号,2008年11月7日修正公布)	第八条　下列政府信息不予公开: (一)国家秘密
10	《上海市政府信息公开规定》(上海市人民政府令第32号,2020年4月26日发布)	第十六条　下列政府信息不予公开: (一)依法确定为国家秘密的政府信息
11	《广州市政府信息公开规定》(广州市人民政府令第132号,2015年9月30日修改公布)	第十四条　下列政府信息不予公开: (三)国家秘密

续表

序号	规范名称	属于国家秘密豁免公开的规定
12	《海口市政府信息公开规定》(海口市人民政府令第 75 号,2009 年 9 月 16 日公布)	第十四条　下列政府信息不予公开: (一)属于国家秘密的
13	《南昌市政府信息公开规定》(洪府发〔2008〕9 号,2008 年 5 月 28 日发布)	第十条　涉及下列内容的政府信息不予公开: (一)属于国家秘密的
14	《宁波市政府信息公开规定》(宁波市人民政府令第 155 号,已失效)	第十四条　下列政府信息,免予公开: (一)属于国家秘密的
15	《苏州市政府信息公开规定》(苏州市人民政府令第 143 号予以废止)	第十六条　下列政府信息,免予公开: (一)属于国家秘密的
16	《深圳市政府信息公开规定》(深圳市人民政府令第 156 号,2006 年 8 月 3 日发布公布)	第八条　涉及下列内容的政府信息不予公开: (一)属于国家秘密的
17	《银川市政府信息公开办法》(银政办发〔2014〕162 号,2014 年 12 月 15 日发布)	四、政府信息免予公开范围的界定: (一)属于国家秘密的
18	《洛阳市政府信息公开暂行办法》(洛政〔2017〕41 号予以废止)	第十二条　下列政府信息,不予公开: (一)属于国家秘密的

遵循文义解释,“涉及”不等于“属于”,前者的外延应大于后者。此处可能产生的问题是,不属于国家秘密但其内容又牵涉国家秘密的政府信息,是否应当公开。如果“涉及”国家秘密的政府信息一律豁免公开,可能导致实践中具有公开义务的主体借“涉及国家秘密”之名扩大豁免公开的范围,这既不符合《保密法》的规定,也与政府信息公开的理念背道而驰。故 2019 年《政府信息公开条例》的修订将“涉及”国家秘密的表述修改为“依法确定为国家秘密的政府信息”不予公开。条例修改后,原采用“涉及”国家秘密表述的地方立法和规范性文件应根据条例的规定进行修订,否则即有违反上位法之嫌。根据《国务院办公厅关于加强行政规范性文件制定和监督管理工作的通知》(国办发〔2018〕37

号）有关要求，《国家海洋局政府信息公开实施办法（试行）》（国海规范〔2016〕5号，已失效）以及《自然资源部关于公布第一批已废止或者失效的规范性文件目录的公告》（自然资源部公告 2019 年第 30 号）予以废止。地方的相关规范如《黑龙江省政府信息公开规定》《苏州市政府信息公开规定》《洛阳市政府信息公开暂行办法》也已通过主动清理等方式予以废止，但仍有相当多的部门和地方规定在《政府信息公开条例》修改后没有作出相应的修改，存在与上位法不符的情形。

（三）法院倚重形式审查

《最高人民法院关于审理政府信息公开行政案件若干问题的规定》（法释〔2011〕17 号）第 5 条第 4 款规定："被告能够证明政府信息涉及国家秘密，请求在诉讼中不予提交的，人民法院应当准许。"第 8 条规定："政府信息涉及国家秘密、商业秘密、个人隐私的，人民法院应当认定属于不予公开范围。"在政府信息公开行政诉讼案件中，行政机关负有不公开的举证责任，只要行政机关举证证明原告所申请的信息在形式上属于"国家秘密"或者涉及"国家秘密"，在诉讼中可以不予提交相关信息，法院应当允许。因此，法院仅能对行政机关所举证的形式进行审查。"即使政府信息没有被确定为国家秘密，但如果公开该政府信息确实有可能危及国家安全、公共安全、经济安全和社会稳定，也依法不能公开。判断公开政府信息是否有可能危及'国家安全、公共安全、经济安全和社会稳定'，不能随意而为，也不能任意扩大适用范围，应当按照《政府信息公开条例》第 14 条第 1 款、第 2 款和第 3 款的规定，在公开政府信息前进行保密审查，必要时还应当依照法律、法规和国家有关规定报有关主管部门或者同级保密工作部门确定。"〔1〕例如，在"邵某某诉浙江省人民政府复议案"中，法院认为："邵某某申请公开的浙信联（2013）2 号文件，经浙江省人民政府向中共浙江省委、浙江省人民政府信访局征询意见，确认该文件属于秘密级文件。"〔2〕这类信息具有"事后定密"的特点，当事人在申请信息公开前，该信息并没有被确定为国家秘密，当事人提出信息公开申请后，行政机关认为不应公开该信息，同时征询相关部门的意见，该信息进而被有关部门确定为秘密级信息。在这一过程中，

---

〔1〕 最高人民法院（2017）最高法行申 9280 号行政裁定书。

〔2〕 最高人民法院（2016）最高法行申 3071 号行政裁定书。

政府信息公开机关及其工作人员实际上承担了国家秘密初步核定的义务。法院认为这种补定密措施并不违法。“陈晓兰诉上海市卫生局案”中法院认为:“上海市卫生局在文件形成六年后才定密,未严格依照定密时间的规定,工作上虽存在过失,但仍有必要对涉密文件采取补定密措施,且与法无悖。”“政府信息是否属于国家秘密,其裁量基准时应当确定在人民法院作出裁判之前。”〔1〕

“高某某与天津市蓟县人民政府政府信息公开行政纠纷再审案”〔2〕等系列案中,法院明确地表示了形式审查的立场,“行政机关在公开政府信息前应当对拟公开的政府信息进行保密审查。蓟县政府对涉案政府信息进行保密审查后将该信息确定为国家秘密符合法律规定。原审法院依据《保守国家秘密法》第13条规定,对定密机关的定密权限、审批程序等程序事项进行形式审查并无不当。”此系列案中法院同时指出对国家秘密的判断不属于行政诉讼的受案范围,“根据《保守国家秘密法》第13条、第20条的规定,政府信息是否属于国家秘密由法定机关确定,对政府信息是否属于国家秘密有争议的,由国家保密行政管理部门或者省、自治区、直辖市保密行政管理部门确定。因此,国家秘密确定权和国家秘密争议的裁决权具有专属性,再审申请人对涉案政府信息是否属于国家秘密持有异议,依法不属于行政审判职权范围。”“国家秘密的定密问题涉及行政机关自由裁量权的行使,法院对行政机关在国家秘密定密问题上的判断一般予以尊重。”〔3〕

在审查强度上,法院也往往倾向于尊重行政机关的判断,被学者诟病为“点到即止”〔4〕。“蔡某某诉江苏省公安厅政府信息公开决定案”中最高人民法院指出:“公民所申请公开的政府信息是否属于国家秘密,行政机关在告知申请人时对涉密事项作出何种程度的说明,均属于行政机关裁量权的范围,人民法院应尊重行政机关的判断。”〔5〕申请公开的政府信息属于或涉及国家秘密,行政

〔1〕 李广宇:《政府信息公开裁判百选》,人民法院出版社2013年版,第204页、第215页。

〔2〕 参见最高人民法院(2016)最高法行申1350号、(2016)最高法行申1351号、(2016)最高法行申1352号、(2016)最高法行申1353号、(2016)最高法行申1544号、(2016)最高法行申1546号、(2016)最高法行申1547号、(2016)最高法行申1548号行政裁定书。

〔3〕 贾某、北京市石景山区人民政府再审审查与审判监督案,最高人民法院(2018)最高法行申9790号行政裁定书。

〔4〕 郑春燕:《政府信息公开与国家秘密保护》,载《中国法学》2014年第1期。

〔5〕 最高人民法院(2017)最高法行申2213号行政裁定书。

机关对相对人负有告知和说明理由的义务，但法院对行政机关说理义务的审查非常形式化，“根据原审法院所查明的事实，财政部提交的证据材料能够证明涉案政府信息确系国家秘密，且财政部在被诉告知书中亦向余某某说明了不予公开的具体理由，已经履行了法定告知义务，符合政府信息公开条例的相关规定。”[1]“蔡某某、天津市河北区人民政府再审审查与审判监督”案中蔡某某要求公开“河北区三十五中学片区棚户区改造（旧城区改建）房屋征收项目社会稳定风险评估报告”。行政机关经审查后认为该信息属于国家秘密，故不予公开，并得到了一审、二审和再审法院的支持。[2]

三、构建与信息公开相适应的定密制度

（一）政府信息公开中的保密审查与国家秘密定密有效衔接

公开与保密是一对矛盾体，政府信息是公共产品，基于公民知情权的要求，政府信息假定应予公开，只有在例外的情况下才可以豁免公开。“我国传统体制下的保密模式是‘保密是原则、不保密是例外’，这与建设阳光政府进程中政府信息公开制度所倡导的‘公开是原则、不公开是例外’的理念明显是背道而驰的。”[3]政府信息公开中的保密审查是针对不应当公开信息的审核，所有的豁免公开事项都属于保密审查的范围。按照条例的规定绝对豁免公开的政府信息有三类：一是被确定为国家秘密的政府信息；二是法律和行政法规禁止公开的政府信息；三是公开后可能危及国家安全、公共安全、经济安全、社会稳定的政府信息。《保密法》具体列举了六项国家秘密的范围，包括了国家安全、国防、军事、外交、科技、经济、追查刑事犯罪等领域的事项，法律、行政法规禁止公开的政府信息和公开后可能危及国家安全、公共安全、经济安全、社会稳定的政府信息与法律所列举的保密事项范围交叉重叠，这两类信息完全可以确定为国家秘密；即使不属于法律所列举的六类事项，《保密法》授权“国家保密行政管理部门”具有确定秘密事项的权力，政府信息持有部门也可以提出建议，由“国家保

---

〔1〕余某某、中华人民共和国财政部财政行政管理（财政）再审审查与审判监督案，最高人民法院（2017）最高法行申7653号行政裁定书。

〔2〕最高人民法院（2017）最高法行申5327号行政裁定书。

〔3〕沈福俊：《建立与政府信息公开制度相适应的保密制度——以〈保守国家秘密法〉的修改为视角》，载《法学》2009年第9期。

密行政管理部门”确定为国家秘密。我国《保密法》所确定的国家秘密范围已经相当广泛,《政府信息公开条例》第 14 条所规定的“三安全一稳定”豁免公开事由再次限缩了不予公开的范围。

（二）完善国家秘密的定密要件

首先,明确国家秘密的范围和等级。《保密法》第 9 条虽然列举了国家秘密的事项范围,但其外延相当抽象,几乎囊括了社会生活的各个方面,同时法律授权由国家保密行政管理部门分别和外交、公安、国家安全和其他中央有关机关确定保密事项的具体范围,反映为各工作部门的国家秘密目录清单,清单通常以规范性文件的形式呈现,实际上起到了划定国家秘密具体范围的作用。实践中真正对国家秘密的认定起作用的是国家保密局与中央各部委联合制定的“国家秘密目录”,该目录直接决定了我国国家秘密的范围和数量,但目录本身即是“秘密”,几乎无法通过公开渠道查询,更难以判断其是否契合“关系国家安全和利益”的核心标准。“廖某某要求履行法定职责案”中最高人民法院认为:“根据财政部提供的《财政部、国家保密局关于印发〈财政工作国家秘密范围的规定〉的通知》(财办〔2014〕28 号)及附件《财政工作国家秘密目录》的规定,有关国家安全的专项预算及相关资料数据为绝密。因此,廖某某申请公开‘财政部在 2015 年度下拨给重庆市人民政府财政部门的国家安全经费明细账目内容’的涉案政府信息涉及国家秘密,财政部据此决定不予公开涉案政府信息具有事实和法律依据。”〔1〕构建与政府信息公开相适应的保密制度,“从保密主导下的公开逐步走向公开主导下的保密,应建立信息公开负面清单制度,将所有免于公开的政府信息条目进行动态化列举”〔2〕,使国家秘密的范围明晰化并具有可操作性。

其次,严格限定定密权主体。根据《保密法》的规定,定密权主体包括法定的定密主体和授权的定密主体,《保密法》对授权依据没有作出明确的规定,实践中法律、法规、规章甚至规范性文件都可能成为授权定密的依据,其结果是授权定密主体几乎将所有的机关、单位都纳入其范围。定密主体过宽会导致定密不准确,甚至会出现定密随意、密级偏高的问题。“依照《政府信息公开条例》第

---

〔1〕 最高人民法院(2017)最高法行申 5300 号行政裁定书。

〔2〕 王锡锌:《政府信息公开十年:迈向治理导向的公开》,载《中国行政管理》2018 年第 5 期。

14条第2款的规定,处于《政府信息公开条例》并列的法规(如军事法规、自治法规),以及处于《政府信息公开条例》之下的'国家有关规定',都可以设置保密审查标准或者作出例外规定。如果这样的分析结论可以成立的话,那么,我们可以发现这样一个可能发生的事实:国家通过《政府信息公开条例》一只手给公众知情权,又用另一只手不断地收缩公众知情权的范围。"[1]

最后,完善国家秘密的解密机制。国家秘密的一个明显特征就是时空特征,即"在一定时间内"只限一定范围的人员知悉的事项。任何秘密信息都是存在于一定的时间和空间内,超过一定的时间和空间界限,就丧失了保密的必要性。《保密法》规定了不同级别国家秘密的保密期限,但实际情况是定密容易解密难。"刘某某、江苏省人力资源和社会保障厅劳动和社会保障行政管理(劳动、社会保障)再审审查与审判监督"案中原告主张"即使属于国家秘密,秘密级别的保密时间是10年,2000年至2007年的资料也已经超过法定保密期限,已经不是国家秘密,应当予以公开。"最高人民法院认为"再审申请人在本案中申请公开沭阳县人社局2000年至2017年上报被申请人的《沭阳县教师工资报表》。根据涉案8号通知第1条第2款规定,工资、人事、机构编制、职位职称工作的统计资料属于人事工作中国家秘密。因此,再审申请人申请公开的上述信息涉及国家秘密,被申请人据此决定不予公开涉案政府信息,于法有据,结果正确。被申请人在其作出的《政府信息公开申请答复告知书》向再审申请人说明了不予公开的具体理由,可见,被申请人已经通过涉案《政府信息公开申请答复告知书》履行了法定告知义务,符合《中华人民共和国政府信息公开条例》的相关规定。故再审申请人主张涉案《政府信息公开申请答复告知书》违反《中华人民共和国政府信息公开条例》的相关规定,缺乏事实和法律依据。"[2]法院根据该信息形式上仍具有国家秘密的特点,认为行政机关的答复符合法律的规定。至于原告所主张的超过保密期限应予公开的问题,法院既没有给予实质审查也没有回应当事人的主张。

(三)法院享有对保密争议的实质审查权

首先,定密行为争议应属于行政诉讼的受案范围。《保密法》第20条规定:

---

〔1〕章剑生:《知情权及其保障——以〈政府信息公开条例〉为例》,载《中国法学》2008年第4期。

〔2〕最高人民法院(2018)最高法行申8929号行政裁定书。

“机关、单位对是否属于国家秘密或者属于何种密级不明确或者有争议的,由国家保密行政管理部门或者省、自治区、直辖市保密行政管理部门确定。”该条并非将相对人与行政主体之间的定密争议排除出行政诉讼的受案范围,仅是规定了机关、单位之间定密争议的解决机制,即“机关、单位对是否属于国家秘密或者属于何种密级不明确或者有争议的,由国家保密行政管理部门或者省、自治区、直辖市保密行政管理部门确定。”“政府信息公开和保守国家秘密是密切关联的两个方面,两者的争议解决与救济机制只有并行才能切实发挥作用。……定密行为的可诉性,虽然不能从《保守国家秘密法》中找到规范依据但通过合宪性解释、体系解释等方法,不难从保密法律制度的渊源体系中寻得规范依据。”[1]

其次,相对人与国家秘密争议具有法律上的利害关系。信息被确定为国家秘密,意味着相关利害关系人无法知悉该信息,当事人对定密有异议,应有权寻求法院的救济。“涉及政府信息公开争议的国家秘密确定行为,与公民、法人和其他组织明显有利害关系,法院不应以没有请求权基础为由,拒绝启动司法审查。换言之,政府信息公开争议本身,就是一种‘利害关系’。”[2]

最后,法院应加大对国家秘密的审查力度,构建严格的法律审查标准,不应仅停留在形式审查。从我国行政诉讼的司法实践来看,法院对国家秘密的审查即使是在形式审查的标准下,也是一种较弱的审查强度,法院基本上放弃审查权。法院对国家秘密的审查标准有三种观点,即“指定说(形式说)、实质说和折中说(综合说)……自 20 世纪 70 年代以来,各国学界大都倾向于折中说,即既要看国家秘密定密主体是否合法、定密手续是否齐全等形式要件,还要看定密决定是否符合法律规定等实质要件。”[3]法院应当在现行法律框架内,根据法律规定的条件进行严格审查,要求行政机关举证说明保密文件产生的目的、性质、做成方法、公开所产生的危害程度、保密必要性等,以达到对定密行为实质监督、促进政府信息公开之最终目标。

---

[1] 郑磊:《论定密授权的规范内涵》,载《法学》2013 年第 10 期。

[2] 王莘子:《国家秘密确定行为司法审查问题研究》,载《中国法律评论》2019 年第 3 期。

[3] 张群:《国家秘密司法审查研究》,载《法治研究》2014 年第 6 期。

第五章

危及“三安全一稳定”类信息的豁免公开

第一节　“三安全一稳定”的内涵与外延

《政府信息公开条例》第14条规定:“公开后可能危及国家安全、公共安全、经济安全、社会稳定的政府信息,不予公开。”不同于国家秘密类信息,危及“三安全一稳定”的信息外延具有不确定性,前者是基于信息种类的豁免公开,而“三安全一稳定”类政府信息则是建立在损害基础上的豁免公开,即只要政府信息公开后可能危及国家安全、公共安全、经济安全和社会稳定,无论信息的种类如何,都不应公开。条例虽然作出了例外的规定,但对“三安全一稳定”却没有明确的界定,需要借助其他立法规定予以区分。

一、“三安全一稳定”的内涵

(一)国家安全

各国对“国家安全”的内涵和外延认识并不统一,我国《国家安全法》第2条规定:“国家安全是指国家政权、主权、统一和领土完整、人民福祉、经济社会可持续发展和国家其他重大利益相对处于没有危险和不受内外威胁的状态,以及保障持续安全状态的能力。”根据该条规定,国家安全的核心是维护我国的国家利益和其他重大利益的安全。《国家安全法》规定了十几个领域维护国家安全的具体任务,既包括政治、军事、国土传统安全,也包括经济、文化、社会、科技、信息、生态、资源、核安全这些非传统安全,还包括外层空间、国际海底区域和极地这些新型领域的安全,以及中国海外利益的安全。

(二)公共安全

“公共安全”是我国立法中广泛使用的概念,《刑法》分则第二章专门规定了“危害公共安全罪”,但《刑法》及司法解释都没有对“公共安全”作出明确的阐释。《蚌埠市人民政府办公室关于试行政务公开负面清单制度的通知》(蚌政办秘〔2017〕159号)规定公开后危害公共安全的信息是指“公开后可能危害多数人的生命、健康和公私财产安全的信息”。学者认为公共安全是指“不特定人的生命、健康和重大公私财产安全,这里的不特定是指无论犯罪行为是否具有针对性,其最终会侵害到哪些人的生命、健康和重大公私财产安全事先是无法确定的,而且该行为所造成的危险状态或危害结果有随时转化或扩大的现实可能性。”〔1〕

(三)经济安全

经济安全是指国家根本经济利益在不受伤害的条件下正常运行的态势,它具体包括金融安全、市场安全、产业安全、战略物资和能源安全、经济信息网络安全以及宏观经济整体安全等。“经济安全”一词在我国立法中出现不多,《对外贸易法》(2016年修正)第49条规定:“国务院对外贸易主管部门和国务院其他有关部门应当建立货物进出口、技术进出口和国际服务贸易的预警应急机制,应对对外贸易中的突发和异常情况,维护国家经济安全。”立法并没有对“经济安全”作出具体解释,《国家安全法》第19条规定:“国家维护国家基本经济制度和社会主义市场经济秩序,健全预防和化解经济安全风险的制度机制,保障关系国民经济命脉的重要行业和关键领域、重点产业、重大基础设施和重大建设项目以及其他重大经济利益安全。”可见,经济安全的根本目标是“国家基本经济制度和社会主义市场经济秩序”。《蚌埠市人民政府办公室关于试行政务公开负面清单制度的通知》(蚌政办秘〔2017〕159号)规定公开后影响经济安全的信息是指“公开后可能影响贸易安全、粮食安全、能源安全、信息安全、重大经济金融政策有效实施、金融市场稳定的信息。”学者认为“国家经济安全是指在全球化背景下,国家消除国内外潜在的经济危机,防止外界不稳定因素冲击,避

〔1〕 何洋:《试论刑法中“公共安全”的涵义》,载《河北法学》2012年第3期。

免本国经济遭到严重破坏，经济能够全面、可持续、健康发展的一种状态。”[1]经济安全涉及的领域包括“科技、产业和经济竞争力、经济体制、财政金融和外汇外贸、国外市场、能源、资源和海上运输线、可持续发展、关键基础设施”等。[2]

（四）社会稳定

“社会稳定”则是一个内涵不清的概念，《国家安全法》第29条规定：“国家健全有效预防和化解社会矛盾的体制机制，健全公共安全体系，积极预防、减少和化解社会矛盾，妥善处置公共卫生、社会安全等影响国家安全和社会稳定的突发事件，促进社会和谐，维护公共安全和社会安定。”社会稳定是与“公共安全”“社会安定”相勾连的概念，社会安全通常是指不特定的、多数人的健康、生命以及财产的安全。《突发事件应对法》第3条规定：“突发事件，是指突然发生，造成或者可能造成严重社会危害，需要采取应急处置措施予以应对的自然灾害、事故灾难、公共卫生事件和社会安全事件。”《蚌埠市人民政府办公室关于试行政务公开负面清单制度的通知》（蚌政办秘〔2017〕159号）规定公开后危害社会稳定的信息是指“公开后可能危害国家政治制度稳定、国家政治权力稳定、国家政治生活稳定、国家政策法律法规稳定、社会秩序稳定的信息。”《四川省社会稳定风险评估办法》（四川省人民政府令第313号）第10条规定：“下列重大行政决策应当开展社会稳定风险评估：（一）涉及职工分流或者职工利益变动的国有企业（国有控股企业）改制、重组、上市、拆迁和职工收入分配制度等重大事项；涉及事业单位机构改革事项；（二）涉及养老保险、医疗保险等社会保险制度和社会救助政策等重大调整；水、电、燃气、教育、医疗等关系群众切身利益的商品、服务价格和收费标准重大调整；（三）涉及农村集体土地征收、被征地农民补偿安置和移民安置等方面的重大政策和改革措施；涉及经济适用房等住房保障政策重大调整；涉及城市基础设施建设和国有土地上房屋征收补偿、居民安置等政策重大调整；（四）大中型水利水电工程涉及编制建设征地移民安置规划大纲、编制移民安置规划及方案调整，组织开展蓄水验收，以及涉及人数多、关系

〔1〕 徐英倩：《论我国国家经济安全立法》，载《学习与探索》2017年第10期。

〔2〕 中国现代国际关系研究院经济安全研究中心编：《国家经济安全》，时事出版社2005年版，第9～15页。

移民群众切身利益的重大敏感问题等事项;(五)涉及行政区划重大调整;(六)可能造成重大环境影响或者存在重大环境风险的建设项目,可能造成重大安全事故隐患的建设项目,重大自然灾害后的重要恢复重建建设项目等;(七)涉及人员多、敏感性强,可能对社会稳定产生影响的重大活动;(八)其他涉及群众切身利益,可能对社会稳定产生影响的重大行政决策。"这意味着有关社会稳定的政府信息通常出现在上述领域。

二、危及"三安全一稳定"类信息的外延

(一)行政实践中的"三安全一稳定"信息

《中共中央办公厅、国务院办公厅关于全面推进政务公开工作的意见》(国办发〔2016〕80号)提出到2020年,政务公开总体迈上新台阶,依法积极稳妥实行政务公开负面清单制度。从现有公布的政务公开负面清单来看,[1]大部分清单没有对"三安全一稳定"进一步作出解释,仍然停留在概括规定的层面。个别地方政府结合本地区、本部门的职权范围,对适用"危及国家安全、公共安全、经济安全和社会稳定"的信息进行了负面列举。湖南省永州市将政务公开负面清单作为落实"放管服"改革措施之一,其下辖各区、县和职能部门制定了标准化和负面清单。[2] 结合清单的列举,危及"三安全一稳定"的信息主要涉及的事项如表5-1所示。

---

〔1〕 截至2020年1月20日,以"政务公开负面清单"为关键词在北大法宝进行标题检索,共有5部规范性文件,包括《湖南省食品药品监督管理局办公室关于印发湖南省食品药品监督管理局政务公开负面清单管理制度的通知》(湘食药监办〔2017〕105号)、《江华瑶族自治县政务公开负面清单(试行)》(江公开办〔2017〕03号)、《蚌埠市人民政府办公室关于试行政务公开负面清单制度的通知》(蚌政办秘〔2017〕159号)、《珠海市人民政府办公室关于建立政务公开负面清单制度(试行)的通知》(珠府办函〔2018〕298号)、《日照市人民政府办公室关于实行政务公开负面清单制度的指导意见(试行)》(日政办发〔2019〕4号)等。

〔2〕 参见永州市人民政府网站,http://www.yzcity.gov.cn/zwgkyd2017/zlcggfgfgg/list.shtml,2020年1月20日访问。

表5-1　负面清单中列举的部分危及“三安全一稳定”类政府信息

序号	信息事项内容	信息事项类别
1	财务凭证、账簿、财务报表、财务分析报告等	财政工作中的信息
2	按规定应不予公开的财政资金信息	
3	公、检、法、司专项转移支付资金信息	
4	储备粮油相关资金信息	
5	涉军专项资金和人员经费信息	
6	包括涉密文件、密码电报；内部合同和协议文本；内部统计数据；单位人员非工作联系方式；正在调查、讨论、处理过程中的信息；研究中尚未实施的事务；行政复议、法律诉讼资料；涉及国家秘密、商业秘密、个人隐私的档案资料等	其他内部信息
7	机关内部工作需要且不宜公开的各类会议纪要、专报、通报、领导讲话、文件材料、研究课题等	
8	向上级政府的请示、报告中涉及国家秘密、商业秘密、个人隐私，或者危及国家安全、公共安全、经济安全和社会稳定的信息	
9	给有关部门的公函中涉及国家秘密、商业秘密、个人隐私，或者危及国家安全、公共安全、经济安全和社会稳定的信息	
10	给有关部门的批复中涉及国家秘密、商业秘密、个人隐私，或者危及国家安全、公共安全、经济安全和社会稳定的信息	
11	行政决策、文件、合同等合法性审核意见	
12	“扫黄打非”专项行动相关信息	其他信息
13	可能影响社会稳定的重大边界水事纠纷	

（二）司法实践涉及的“三安全一稳定”信息

由于“三安全一稳定”具有非常模糊的内涵和外延，且行政机关享有不公开的举证责任，因此，在实践中行政机关尽量避免适用该事由不公开信息，如此产生的纠纷和诉讼案件更少。其中部分案件还涉及国家秘密和“三安全一稳定”两项理由同时适用，截至2020年1月20日，以“危及国家安全、公共安全、经济安全和社会稳定”在北大法宝对司法案例进行全文检索，去除同类案件和多项事由并用的案件，真正适用危及“三安全一稳定”不公开信息且获得法院支持的案例仅有3件（见表5-2），且均涉及与土地使用相关的重点工程建设问题，与

“国家安全”和“公共安全”相关。

表 5－2　诉讼案件中涉及的危及“三安全一稳定”类政府信息

序号	案件名称	审理法院和案号	涉及的政府信息
1	韦某某与上海市规划和国土资源管理局案	上海市第三中级人民法院（2017）沪 03 行终 121 号行政判决	“上海轨道交通 14 号线东新路站建设工程设计方案附图”包含地下车站的位置，公开可能危及国家安全、公共安全、经济安全、社会稳定
2	郑某某诉北京市规划委员会政府信息公开案	北京市第二中级人民法院（2015）二中行终字第 633 号行政判决	“北京市南水北调配套工程团城湖调节池工程”的“建设工程规划许可证及附件附图”，涉及城市基础设施专项控制性详细规划，关系到国家的战略安全、城市的正常运转、社会的稳定有序和群众的正常生活，公开该政府信息可能危及国家安全、公共安全、经济安全、社会稳定
3	周某某诉北京市规划委员会信息公开行政判决书案	北京市第二中级人民法院（2014）二中行终字第 295 号行政判决	“和平一二三村土地一级开发工程项目的建设用地规划许可证及附件附图”公开可能危及国家安全、公共安全、经济安全、社会稳定

无论从行政实践还是司法实践来看，都无法清晰勾勒出“三安全一稳定”类政府信息的具体范围，该项事由的适用具有随意性、补充性和宽泛性的特点。一方面，该项不公开事由与国家秘密、商业秘密和个人隐私存在重合；另一方面在行政机关不希望公众知晓信息但其他事由又无法适用时，危及“三安全一稳定”成为最后的不公开理由。

第二节　危及“三安全一稳定”类信息豁免公开的适用

一、从总则到分则的变化

“危及国家安全、公共安全、经济安全和社会稳定”作为固定的表述在《政府信息公开条例》修改前规定在条例第 8 条，位列总则之中。这意味着“三安全一稳定”在决定信息是否公开的问题上具有统领性的地位，也就是说，危及“三安全一稳定”属于豁免公开的第二道门槛。判断政府信息是否属于豁免公开的范围，首先看信息在种类上属于绝对豁免公开还是相对豁免公开；相对豁免公开的信息，无论信息属于何种类型，只要其公开可能对国家安全、公共安全、经济安全和社会稳定有影响，行政机关就可以不公开这类信息。“三安全一稳定”可以说是判断信息是否应公开的兜底条款和限制。“熊某某诉宜昌市伍家岗区人民政府等复议案”中法院的裁判理由支持了这种理解，最高人民法院认为：“《政府信息公开条例》第 14 条第 4 款规定：行政机关不得公开涉及国家秘密、商业秘密、个人隐私的政府信息。这是对不予公开的政府信息范围的规定，但并不能就此理解为，不能公开的范围仅仅包括国家秘密、商业秘密、个人隐私这三类。《政府信息公开条例》第 8 条还规定：行政机关公开政府信息，不得危及国家安全、公共安全、经济安全和社会稳定。据此，即使政府信息没有被确定为国家秘密，但如果公开该政府信息确实有可能危及国家安全、公共安全、经济安全和社会稳定，也依法不能公开。”〔1〕“有学者否认“三安全一稳定”是“一个独立的例外情况”，甚至认为其“已包含在‘涉及国家秘密’题中了”。〔2〕 也有学者认为“假如‘三安全、一稳定’只是第 14 条的脚注，没有独特的、广袤的内涵，那它纯属多余，也难以称之为原则。而且，从法规范分析看，也难以凭据第 8 条不在第二章第 14 条之内，就得出其不是规定例外情况的结论。况且，从实践看，也并非如此。‘三安全一稳定’是一个独立的例外情况，它也的确与国家秘密有交叉，却不重叠，外延更大，它还囊括了其他不宜公开的情形。比如，它与《公务员法》(2006 年)第 12 条、第 15 条规定的工作秘密就有着某种呼应。”〔3〕

条例修订后“行政机关公开政府信息，不得危及国家安全、公共安全、经济安全和社会稳定”的表述调整为“公开后可能危及国家安全、公共安全、经济安全、社会稳定的政府信息，不予公开”，且位置从原来的总则部分被放在第二章“公开的主体和范围”之下，与国家秘密并列作为公开的例外之一。这一变化意味着“危及三安全一稳定”从原来的免除公开总体标准变为专指一类信息免除

〔1〕 最高人民法院(2017)最高法行申 9280 号行政裁定书。

〔2〕 李广宇：《政府信息公开司法解释读本》，法律出版社 2011 年版，第 258 页。

〔3〕 余凌云：《政府信息公开的若干问题——基于 315 起案件的分析》，载《中外法学》2014 年第 3 期。

公开的理由。在具体适用上,“三安全一稳定”与其他事由既是并列关系又是补充关系。政府信息属于国家秘密,同时其后果可能危及国家安全、公共安全、经济安全和社会稳定,行政机关应优先适用国家秘密作为豁免公开的理由;只有在相关信息既不属于国家秘密、商业秘密和个人隐私,法律、行政法规也没有做出禁止公开的规定;行政机关经过衡量后认为公开会损害公共利益,此时才能适用该项事由不公开信息。

二、危及“三安全一稳定”类信息豁免公开的条件

(一)基于损害基础的豁免

信息的种类应是国家秘密、商业秘密和个人隐私以外的其他信息。如前所述,“危及三安全一稳定”类信息与其他豁免公开事由是补充关系,不宜同时适用两类事由免除公开。如果信息构成其他豁免公开的事由,其他公开理由具有优先适用的效力。实践中,因“三安全一稳定”的判断具有一定的难度,行政机关经常援引多项理由不公开信息,“张某与北京市规划和自然资源委员会信息公开争议案”中,行政机关答复称相对人“申请公开的信息涉及(国家秘密个人隐私商业秘密公开可能危及国家安全、公共安全、经济安全、社会稳定),属于不予公开的政府信息范围”。[1] 本案被告并没有具体说明被申请信息不公开的理由,诉讼中被告向一审法院提交了涉案信息定密档案,经一审法院核实,涉案信息为国家秘密。可见,本案所涉信息已被确定为国家秘密,基于国家秘密的理由不予公开,而非属于“危及三安全一稳定”的理由不公开信息。

信息对“国家安全、公共安全、经济安全和社会稳定”具有一定损害,损害的程度应达到“危及”的标准,危及应是指损害即将发生之意,这种损害应是“可以预见的迫切损害”,行政机关对信息公开可能造成的损害负有举证责任。“赵青霞诉北京市规划委员会规划管理信息公开案”中赵某申请公开《关于通州地表水厂选址及配套供水干线规划方案的批复》,被告以“申请公开的信息公开可能危及国家安全、公共安全、经济安全、社会稳定为由决定不予公开”,法院认为“行政机关根据上述规定不予公开政府信息,需要予以证明并履行告知和说明义务。在本案诉讼中,市规委对所作《告知书》作出了一定证明和说明,但尚有

---

〔1〕 北京市第三中级人民法院(2019)京03行终834号行政判决书。

不足。”[1]重大行政决策风险评估和社会稳定风险评估是预防原则的贯彻和体现，“公开某一政府信息有可能危及社会稳定的，应该对可能存在的社会稳定风险进行评估，并根据评估结论作出信息公开答复”。[2]

（二）绝对豁免公开

根据我国《政府信息公开条例》第14条的规定，公开后可能危及国家安全、公共安全、经济安全、社会稳定的政府信息与依法确定为国家秘密的政府信息、法律、行政法规禁止公开的政府信息具有同样的法律地位和适用条件，即只要信息的公开可能危及“三安全一稳定”，行政机关在是否公开的问题上没有选择权，应将信息纳入不予公开的范围。行政机关应对信息是否危及国家安全、公共安全、经济安全和社会稳定进行评估、判断和说理。

（三）保障公共利益的兜底作用

根据立法原意，该条是政府信息公开应当维护公共利益的规定。[3]“三安全一稳定”是独立的豁免公开事由，具有兜底性的保障作用。实践中行政机关发现很多政府信息不宜公开，但又无法依法对应任何一项不予公开情形时，可以适用“三安全一稳定”不予公开信息。条例修改前，有学者提出“割断现行条例中‘三安全一稳定’‘三需要’原则性规定与不公开信息的连接。实践中，行政机关对于一些客观上不宜公开但难以找到明确不予公开法律依据的情况，往往会以‘三安全一稳定’‘三需要’条款作为法律依据。”[4]条例修改后，依然保留了“三安全一稳定”对信息公开的例外要求，从第14条规定来看，“三安全一稳定”与国家秘密具有一样的法律地位，属于绝对豁免公开的例外之一。即“三安全一稳定”并非是国家秘密或法律、行政法规禁止公开的政府信息之结果要件，而是并列要件。

三、行政机关政务信息公开负面清单的补充作用

危及“三安全一稳定”的判断权在信息持有机关，《公安机关执法公开规定》（公通字〔2018〕26号）第13条规定：“法律文书有下列情形之一的，不得向

---

〔1〕 北京市第二中级人民法院（2014）二中行终字第1327号行政判决书。

〔2〕 马惟菁、马良骥：《公开政府信息是否危及社会稳定的认定》，载《人民司法》2012年第6期。

〔3〕 曹康泰主编：《中华人民共和国政府信息公开条例读本》，人民出版社2009年版，第50页。

〔4〕 黄海华：《修改〈政府信息公开条例〉应当遵循的立法原则》，载《中国法律评论》2016年第4期。

社会公开：……（三）经本机关负责人批准不予公开的其他情形。”根据该项规定，行政机关负责人具有确定不公开信息的权力，确定不公开信息需要说明理由并定期核查，除国家秘密、商业秘密和个人隐私等这些通常的事由外，其可能选择的理由就是“三安全一稳定”。该规定具有一定的合理性，如《公安机关执法公开规定》（公通字〔2018〕26 号）第 15 条规定向社会公开法律文书，除应当删除文书中涉及的国家秘密、商业秘密和个人隐私外，还应当删除“案件事实中涉及有伤风化的内容，以及可能诱发违法犯罪的细节描述”。上述内容确不宜向社会公开。但同时该规定赋予负责人过大的权力，如此，条例一方面努力限缩不公开信息的范围，另一方面通过“三安全一稳定”赋予行政机关广泛的裁量权。

危及“三安全一稳定”与“以公开为常态、以不公开为例外”的原则存在悖论，为了保障最大限度公开目标的实现，《关于全面推进政务公开工作的意见》（国办发〔2016〕80 号）要求各省（自治区、直辖市）政府和国务院各部门要依法积极稳妥制定政务公开负面清单，细化明确不予公开范围，对公开后危及国家安全、经济安全、公共安全、社会稳定等方面的事项纳入负面清单管理，及时进行调整更新。负面清单要详细具体，便于检查监督，负面清单外的事项原则上都要依法依规予以公开。政务信息公开负面清单列举模式是行政机关在条例规定下的自我规制和规范，这种模式一定程度上可以消减条例对“三安全一稳定”缺乏详细规定、行政机关裁量权宽泛带来的问题，同时又给行政机关留有余地，避免其他豁免公开事由无法适用时带来的尴尬。

第三节 “三安全一稳定”类信息豁免公开的反思

一、“三安全一稳定”的内涵不明晰

“三安全一稳定”是典型的不确定法律概念，应否作为一项豁免公开事由值得反思。《国家安全法》第 3 条规定：“国家安全工作应当坚持总体国家安全观，以人民安全为宗旨，以政治安全为根本，以经济安全为基础，以军事、文化、社会安全为保障，以促进国际安全为依托，维护各领域国家安全，构建国家安全体

系,走中国特色国家安全道路。”根据该条规定,“总体国家安全观”是我国《国家安全法》的基本指导思想,总体国家安全观构建集政治安全、国土安全、军事安全、经济安全、文化安全、社会安全、科技安全、信息安全、生态安全、资源安全、核安全等于一体的国家安全体系。“公共安全、经济安全、社会稳定”是国家安全不可或缺的组成部分。根据上述立法规定,《政府信息公开条例》没有必要单独强调影响“公共安全、经济安全和社会稳定”的政府信息豁免公开,危及公共安全、经济安全、社会稳定的政府信息可能被确定为国家秘密,也可能被纳入危及国家安全的范畴,危及“三安全一稳定”的政府信息既缺乏确定的内涵,外延上亦存在重复,“公共安全、经济安全和社会稳定”完全可以被“国家安全”所替代。

二、“三安全一稳定”与其他豁免公开事由关系不清

“三安全一稳定”是从结果的角度衡量信息能否公开,而国家秘密、商业秘密和个人隐私等是基于信息种类的豁免公开。仅从结果的角度看,基于种类豁免公开的信息也可能存在危及国家安全、公共安全、经济安全和社会稳定的后果,因此行政机关存在“适用困难、适用混乱、刻意扩大适用范围”等实践难题。[1]

“三安全一稳定”与国家秘密的关系混沌不清。“高文香诉天津市滨海新区规划和国土资源管理局政府信息公开案”中原告申请公开《标明拟建项目用地范围的现势地形图》,行政机关认为该信息“明确标示了国防军事设施、通信设施、电力设施及公路路面铺设材料属性,上述政府信息涉及国家秘密,公开后可能危及国家安全、公共安全、经济安全、社会稳定。”[2]行政机关的答复同时适用了“国家秘密”和“危及三安全一稳定”两项理由,且分别从信息种类和危害后果两个角度说明拒绝的理由,并获得法院支持。无论条例修改之前还是修改之后,虽然危及“三安全一稳定”条款在位置上有变化,但其从来都不是国家秘密信息豁免公开的补充规定,而是一项独立的不公开事由。鉴于其内涵不清晰、外延不确定,适用上存在相当大的困难。

---

〔1〕 肖卫兵:《论我国政府信息公开例外体系构建完善》,载《交大法学》2018 年第 1 期。

〔2〕 天津市滨海新区人民法院(2014)滨行初字第 121 号行政判决书。

“三安全一稳定”与过程性信息亦具有牵连关系。在“储祥山与如皋市公安局政府信息公开”争议案中，原告要求如皋市公安局公开 2013 年 3 月 24 日使用手机号码 158××××1675 向 110 平台报警的接处警记录、处理结果及接受案件回执单。[1] 原告主张公开的接处警记录和接受案件回执单是在行政程序中形成的信息，属于过程性政府信息。过程性政府信息之所以获得豁免公开，根本原因在于保护行政程序免受不必要的干扰。法院认为保护过程性信息不予公开的理由在于“避免因其内容不确定，公开后可能影响国家安全、公共安全、经济安全或者社会稳定。”行政机关日常作出大量的行政行为，并非每一个行为都与国家安全、公共安全直接相关，笼统地将这一过程性政府信息与国家安全相联系并不恰当，在实践中极易被行政机关所利用来作为规避公开的理由。

三、“危及”的损害标准要求相对宽松

危及“三安全一稳定”类信息与国家秘密一样，属于绝对豁免公开事项，但与国家秘密不同的是，国家秘密认定有形式要件和实质要件的要求，《保守国家秘密法》《保守国家秘密法实施条例》《国家秘密定密管理暂行规定》等一系列法律、法规、规章和规范性文件对定密主体、定密内容和保密期限等内容有详尽的规范。政府信息公开实践中，只要信息具有国家秘密的标志就可以按照法律要求不予公开；即使信息暂时是否属于国家秘密尚不确定，但各部门纳入国家秘密的信息通常采用清单的形式列举，且有专人负责，相对容易判断。但危及“三安全一稳定”的信息与国家秘密具有同样免于公开的法律地位，却没有可操作的信息认定实体标准和程序规范，实践中只能依赖行政机关工作人员判断。司法实践中，“周如倩诉上海市人力资源和社会保障局政府信息公开案”[2] 中法院尝试从条例的立法目的、公开后果等视角出发说明信息公开对社会稳定的危害。“二审判决采用的消极定义方法对‘社会稳定’概念进行判断，自然可以在对此个案作出裁判的同时，为今后同类案件在作出同类判断时提供必须排除

---

[1] 江苏省南通市中级人民法院(2014)通中行终字第 0080 号行政判决书。

[2] 上海市黄浦区人民法院(2010)黄行初字第 31 号行政判决书，上海市第二中级人民法院(2010)沪二中行终字第 189 号判决书。

考虑的事项。”[1]但在绝大多数案件中，法院对“三安全一稳定”缺乏充分的说理，没有采用周如倩案复杂的分析和说理，没有明确、合理和统一的适用标准。

由于“三安全一稳定”内涵和外延不清晰，且该事由具有兜底的作用，立法初衷是为了保障公共利益，但该事由的宽泛解释起到了反向口袋作用，给行政机关不公开信息提供借口，甚至被滥用。“潘丽萍与杭州市国土资源局下城分局政府信息公开纠纷案”[2]中，经过3次诉讼、3次信息公开答复。潘某申请公开“杭州市国土资源局杭土资拆许字(2009)第065号房屋拆迁许可证中拆迁范围内所有拆迁安置补偿款发放，房屋安置事项的明细及以上各户拆迁协议的档案信息”，下城国土分局针对该信息公开申请第一次拒绝答复的理由是“对于申请公开各户拆迁协议的档案信息，要求原告在5个工作日内提供所需信息与本人生产、生活、科研等特殊需要有关的证明材料，逾期未提供的，视作放弃申请。”潘某不服提起诉讼，二审法院判决要求下城国土分局于判决生效之日起15日内就潘丽萍提出的要求获取“各户拆迁协议”的政府信息公开申请重新作出答复。2017年8月17日，下城国土分局作出下国土公开(2017)第40号信息公开告知书称“杭土资拆许字(2009)065号房屋拆迁许可证中拆迁范围内各户(123户)拆迁协议的档案，公开可能危及国家安全、公共安全、经济安全、社会稳定，根据《中华人民共和国政府信息公开条例》第8条规定，本机关决定不予公开。”潘某不服，再次提起诉讼，(2017)第40号信息公开告知书被法院撤销并要求重新答复。基于该生效判决，下城国土分局于2018年6月11日作出下国土公开(2018)第22号信息公开告知书，“杭土资拆许字(2009)065号房屋拆迁许可证中拆迁范围内各户(123户)拆迁协议的档案的信息，因涉及个人隐私，公开后可能损害第三方合法权益，经征求第三方意见，第三方不同意公开，故不予公开。”申请人不服再次提起诉讼，法院生效判决认为“下城国土分局三次以明显不能成立的理由拒绝履行信息公开职责，无视人民法院生效裁判阐明的信息公开规则，其行为依法应予纠正。”该案中，行政机关先后三次分别以“三需

---

[1] 朱芒：《什么是或者不是“社会稳定”——(2010)沪二中行终字第189号行政判决评析》，载《华东政法大学学报》2011年第3期。

[2] 杭州市中级人民法院(2019)浙01行终25号行政判决书。

要”、“三安全一稳定”以及“个人隐私”为由拒绝相对人的信息公开申请，存在滥用职权的嫌疑。从拒绝公开的事由来看，虽然行政机关的拒绝理由没有获得法院支持，但“三安全一稳定”作为兜底性的规定，具有无限延展的适用空间，如果不加规制，就给行政机关滥用权力留下空间。

第六章

商业秘密信息的豁免公开

第一节　商业秘密及其豁免公开的正当性

“商业秘密”作为政府信息豁免公开的例外是各国立法通例，其本质是知情权和商业秘密权的冲突与协调。商业秘密能为权利人带来现实的或者潜在的经济利益和竞争优势，立法者认为这种私益具有优先性和保护必要性，因此当商业秘密构成政府信息的一部分时，通常允许这部分信息免除公开。由于商业秘密具有“秘密性”“价值性”的天然属性，信息的公开必然会对企业造成损害。政府信息公开的目的在于保障知情权，公与私、公开与保密本就是矛盾体，知情权与商业秘密天然存在对立。

一、商业秘密的内涵

各国信息公开立法对什么是商业秘密没有规定，需要借助有关商业秘密保护的专门立法加以识别。《与贸易有关的知识产权协议》（TRIPS）第 39 条对“未披露过的信息”予以保护，只要有关信息符合下列三个条件：（1）在一定意义上，其属于秘密，也就是说，该信息作为整体或作为其中内容的确切组合，并非通常从事有关该信息工作之领域的人们所普遍了解或容易获得的；（2）因其属于秘密而具有商业价值；（3）合法控制该信息之人，为保密已经根据有关情况采取了合理措施。[1] 2016 年 6 月 8 日，欧洲议会和欧盟委员会通过了欧盟《商业秘密保护指令》（欧盟第 2016/943 号指令），该指令统一了欧盟各国对商业秘密的定义，第 2 条第 1 款规定："1. 具有秘密性且并不为该领域工作人员普遍知悉或容易获得的信息；2. 因秘密性而具有商业价值的信息；以及 3. 信息权利人为保护其秘密性而采取了合理措施的信息。商业秘密可包括技术信息（如制作方法、配方或化学成分）或者商业信息（如顾客名单、产品发布日期或者市场调研的结果）"[2]。该指令生效后，以德国为首的欧盟成员国纷纷修改国内立法，将指令的内容整合到本国的法律体系当中，寻求为商业秘密提供充分的保护。

我国《政府信息公开条例》虽然规定涉及"商业秘密"的政府信息豁免公开，但条例本身没有对商业秘密作出界定，我国也没有专门的商业秘密保护法，对"商业秘密"的立法界定需诉诸《中华人民共和国反不正当竞争法》（2019 年修正，以下简称《反不正当竞争法》），该法第 9 条第 4 款规定："商业秘密，是指不为公众所知悉、具有商业价值并经权利人采取相应保密措施的技术信息、经营信息等商业信息。"相较于旧法，该款规定有两处重大变化：内涵上不再将"实用性"作为商业秘密的构成要件之一，商业秘密的外延不再局限于技术信息和经营信息。

二、商业秘密的基本特征

结合域外立法和我国《反不正当竞争法》及司法解释的规定，构成商业秘密应同时符合以下要件：

（一）秘密性

根据《国家工商行政管理局关于商业秘密构成要件问题的答复》（工商公字〔1998〕第 109 号）的规定，商业秘密的秘密性是指"该信息不为公众所知悉。即该信息是不能从公开渠道直接获取的"。《国家工商行政管理局关于禁止侵犯商业秘密行为的若干规定》（1998 年修订）进一步对商业秘密的构成要件进行

---

〔1〕 参见中国保护知识产权网，http://ipr.mofcom.gov.cn/law/detail.shtml? id=1714，2019 年 10 月 3 日访问。

〔2〕 参见欧盟《商业秘密保护指令》，载中国知识产权保护网，http://ipr.mofcom.gov.cn/article/gjxw/lfdt/oz/qtoz/201802/1916968.html，2019 年 10 月 3 日访问。

了解释，第2条第2款规定："本规定所称不为公众所知悉，是指该信息是不能从公开渠道直接获取的。"秘密性是认定商业秘密的难点和争议的焦点，据统计有关商业秘密的民事诉讼案件中"44%的案件争议焦点集中在不为公众所知悉"。[1] 判断商业信息是否符合商业秘密之"秘密性"的特点，应围绕以下两方面考察：其一，"不为公众所知悉"；其二，"不能从公开渠道直接获得"。这意味着其他人无法从合法、公开的渠道直接获取信息，但经营者从公开信息中间接获得的商业秘密信息不构成侵权。根据《最高人民法院关于审理不正当竞争民事案件应用法律若干问题的解释》(法释〔2007〕2号)第9条的规定，"不为公众所知悉"是指不为其所属领域的相关人员普遍知悉和容易获得。商业秘密的秘密性特点具有相对性，该信息不是公知信息，但不排斥合法接触者对商业秘密的知悉。在商业秘密的使用与管理中，一定限度的公开是无法避免的。《最高人民法院关于审理侵犯商业秘密民事案件适用法律若干问题的规定》(法释〔2020〕7号)第4条规定："具有下列情形之一的，人民法院可以认定有关信息为公众所知悉：(一)该信息在所属领域属于一般常识或者行业惯例的；(二)该信息仅涉及产品的尺寸、结构、材料、部件的简单组合等内容，所属领域的相关人员通过观察上市产品即可直接获得的；(三)该信息已经在公开出版物或者其他媒体上公开披露的；(四)该信息已通过公开的报告会、展览等方式公开的；(五)所属领域的相关人员从其他公开渠道可以获得该信息的。将为公众所知悉的信息进行整理、改进、加工后形成的新信息，符合本规定第三条规定的，应当认定该新信息不为公众所知悉。""吴某某不服上海市虹口区国家税务局政府信息公开申请答复案"中法院认为"财务印鉴、企业印鉴和公司电话号码是企业在经营活动中进行意思表示的确认形式和开展经营活动的条件，不属于商业秘密。"[2] 财务印鉴、企业印鉴和公司电话号码在企业经济交往活动中起到证明作用，恰以其公开性对外发生法律效力，不符合"不为公众所知悉"和"不能从公开渠道直接获得"的要件。

(二)价值性

《国家工商行政管理局关于商业秘密构成要件问题的答复》(工商公字

---

〔1〕《中国商业秘密司法保护现状(2009—2018)》，载微信公众号"杭州知产宝"，2019年10月3日。

〔2〕上海市虹口区人民法院(2011)虹行初字第33号行政判决书。

〔1998〕第109号)中指出商业秘密除具有秘密性外,还应当具有实用性,即“该信息能为权利人带来经济利益”。《关于禁止侵犯商业秘密行为的若干规定》(1998年修订)第2条第3款规定:“能为权利人带来经济利益、具有实用性,是指该信息具有确定的可应用性,能为权利人带来现实的或者潜在的经济利益或者竞争优势。”《反不正当竞争法》修改后,取消了商业秘密应具有“实用性”的要求。突出其“价值性”,即商业秘密具有现实的或者潜在的市场价值,能为持有者带来竞争优势。商业秘密的价值性可以从以下三个方面来理解:其一,商业秘密的价值性体现为经济价值,一项商业秘密能为其持有人带来经济利益。其二,商业秘密的价值性既可能是现实的、已经实现的经济利益,也可能是未来可能实现的经济利益。其三,商业秘密的价值可能是直接的经济利益,也可能是间接的经济利益即企业的竞争优势,这种竞争优势最终会给企业带来经济利益。

(三)保密性

“权利人对该信息采取了保密措施”是商业秘密成立的必要条件。从主观上来看,权利人具有保密的意愿。《国家工商行政管理局关于禁止侵犯商业秘密行为的若干规定》(1998年修订)第2条第6款规定“权利人是指依法对商业秘密享有所有权或者使用权的公民、法人或者其他组织”。从客观上看,权利人为防止信息泄露采取与其商业价值等具体情况相适应的合理保护措施。《关于禁止侵犯商业秘密行为的若干规定》(1998年修订)第2条第4款规定“权利人采取保密措施,包括订立保密协议,建立保密制度及采取其他合理的保密措施”。权利人所采取的保密措施应具有适当性,即保密措施应当与商业秘密的商业价值、重要程度等相适应。《国家工商行政管理局关于商业秘密构成要件问题的答复》(工商公字〔1998〕第109号)中指出:“权利人采取保密措施,包括口头或书面的保密协议、对商业秘密权利人的职工或与商业秘密权利人有业务关系的他人提出保密要求等合理措施。只要权利人提出了保密要求,商业秘密权利人的职工或与商业秘密权利人有业务关系的他人知道或应该知道存在商业秘密,即为权利人采取了合理的保密措施,职工或他人就对权利人承担保密义务。”“深圳市元鸣实业发展有限公司诉深圳市工商行政管理局处罚侵犯商业秘密行为案”争议的焦点问题是“东莞新发兴公司生产的花泥在生产配方、生产工艺、机器设备等方面是否具有新颖性,是否构成商业秘密”。法院采纳鉴定意见,认为新发兴公司的花泥生产技术属于商业秘密。元鸣公司聘请曾经在新发兴公司学习花泥生产配方及技术的工作人员到其公司生产花泥,而该人员又是单方面中止了与新发兴公司的劳务合同后。在没有经过许可的情况下,元鸣公司利用该人员所掌握的新发兴公司的花泥生产方面的商业秘密,大量生产与本属于新发兴公司的元素成分完全相同、含量基本相同的发泡胶花泥,该行为构成侵犯他人商业秘密的不正当竞争的违法行为,应当受到行政处罚。[1]

由于商业秘密的内容不同,保密措施是否合理取决于商业秘密的具体内容和时空要素。随着新技术的发展,对商业秘密持有者的保密技术也提出了更高要求,不过,对权利人也不应提出过于苛责的要求。一般情况下,合理的保护措施包括:经营者建立了保密制度,将有关信息明确列为保密事项,或者经营者虽然没有制定保密制度,但明确要求对某项信息予以保密。此外,某些信息依其属性就可以表明属于商业秘密,权利人无须采取其他保密措施。例如,某软件开发商在其开发的软件上进行加密,同时制作了解密软件。

根据《最高人民法院关于审理侵犯商业秘密民事案件适用法律若干问题的规定》(法释〔2020〕7 号)的规定,“人民法院应当根据商业秘密及其载体的性质、商业秘密的商业价值、保密措施的可识别程度、保密措施与商业秘密的对应程度以及权利人的保密意愿等因素,认定权利人是否采取了相应保密措施”。第 6 条规定:“具有下列情形之一,在正常情况下足以防止商业秘密泄露的,人民法院应当认定权利人采取了相应保密措施:(一)签订保密协议或者在合同中约定保密义务的;(二)通过章程、培训、规章制度、书面告知等方式,对能够接触、获取商业秘密的员工、前员工、供应商、客户、来访者等提出保密要求的;(三)对涉密的厂房、车间等生产经营场所限制来访者或者进行区分管理的;(四)以标记、分类、隔离、加密、封存、限制能够接触或者获取的人员范围等方式,对商业秘密及其载体进行区分和管理的;(五)对能够接触、获取商业秘密的计算机设备、电子设备、网络设备、存储设备、软件等,采取禁止或者限制使用、访问、存储、复制等措施的;(六)要求离职员工登记、返还、清除、销毁其接触或者获取的商业秘密及其载体,继续承担保密义务的;(七)采取其他合理保密措

---

〔1〕 参见北大法宝,https://m.pkulaw.com/pqnl/a25051f3312b07f3e2709a813e94c711718546afab2362d5bdfb,2019 年 12 月 3 日访问。

施的。”“黄某某与莆田市城乡规划局不予公开政府信息纠纷抗诉案”中争议的焦点问题是行政相对人的房屋被拆迁安置在开发商的楼层内，相对人要求行政机关公开楼层平面图，开发商能否以该平面图属于其公司商业秘密为由，不同意行政机关公开？法院认为“行政相对人的房屋被拆迁安置在开发商的楼层内，开发商除向规划部门提交楼层平面图外，还应向房管部门提交相关楼层平面图，可知该楼层平面图不属于需要采取保密措施进行保密的对象，不属于商业秘密”。[1]

三、商业秘密豁免公开的正当性基础

（一）权利正当性

对于商业秘密的属性，存在“财产权说”“人格权说”“信息权说”“企业权说”“知识产权说”等不同观点。[2] 大陆法系国家认为商业秘密是非财产权，德国奉行“人格权说”；英美法系则有“契约关系理论”和“财产权说”，美国视商业秘密为权利人的私有财产。《与贸易有关的知识产权协定》（Agreement On Frade – Related Aspects of Intellectual Property Rights，以下简称 TRIPS 协定）[3] 没有使用“商业秘密”的概念，而采用了“未披露信息”，但从表述来看协定“从整体上界定了商业秘密及商业秘密权作为一种知识产权的法律属性”[4]。协定第 39 条第 2 款明确规定了可以获得法律保护的未披露信息应当具备秘密性、价值以及采取合理保护措施三个要件，第 3 款规定政府主管部门对行使职权过程中收集到的商业秘密负有保密义务。对包括商业秘密在内的知识产权保护应“有助于促进技术革新及技术转让和传播，有助于技术知识的创造者和使用者的相互利益，并有助于社会和经济福利及权利与义务的平衡”。（TRIPS 协定第 7 条目标）为了实现上述目标，协定允许成员国政府通过立法或采取适当措施实现知识产权保护的终极目的，出于保护公共利益的需要对权利人进行一些必要的限制。

---

[1] 福建省莆田市中级人民法院（2013）莆行再终字第 1 号行政判决书。

[2] 徐朝贤：《商业秘密权初探》，载《现代法学》2000 年第 6 期。

[3] 商务部网站，http://sms.mofcom.gov.cn/article/wtofile/201703/20170302538505.shtml，2020 年 8 月 20 日访问。

[4] 吴汉东：《财产的非物质化革命与革命的非物质化财产法》，载《中国社会科学》2003 年第 4 期。

我国学者对商业秘密的本质属性长期存在争议，多数学者主张"知识产权说"。"从商业秘密本质属性和保护路径的演变探寻，商业秘密可以成为一种知识产权。""首先，商业秘密是通过智力劳动产生的成果，其保护有利于促进创新，符合知识产权保护的正当性基础，具有知识产权的'内核'；其次，历经数百年的演变，商业秘密不再是单纯的相对性权利，而是具有相当程度的对世性和排他性，与知识产权具有同质性。商业秘密权利人不仅可以对抗签有保密协议的合同相对方，而且可以对抗其他第三人。"[1]商业秘密作为一种知识产权，具体内容包括"身份权、保密权、使用权、收益权和处分权。"[2]我国《民法总则》将商业秘密纳入知识产权客体予以保护，使商业秘密作为一项法定的民事权利类型得到明确，也为商业秘密权利人在权益保护上提供了最基本的法律依据。《民法典》承袭总则的规定，第123条规定："民事主体依法享有知识产权……（五）商业秘密。"商业秘密权属于知识产权，是一种新型权利，商业秘密通常被作为"财产"，"财产性是知识产权的根本属性"。"商业秘密是一种财产和权利。"[3]

知情权属于不特定的社会公众，商业秘密属于特定的持有者，知情权和商业秘密权的冲突实为不同权利主体之间不同权利的冲突。解决权利冲突应遵循三个原则：一是权利平等保护的原则；二是在特定情况下社会利益优先的原则；三是一般利益优于特殊利益，并兼顾特殊利益的原则。按照上述原则，知情权和商业秘密权应受平等保护，不可偏废。两种权利所指向的利益主体和利益范围存在差别，尽管知情权更多地指向公共利益，但如果仅以此作出公共利益优于特定利益的结论，将导致商业秘密不复存在、商业秘密权受到根本颠覆；如果对商业秘密加以例外保护，并不会对知情权所代表的公共利益造成实质损害。在两种权利应受平等保护的前提下，根据实质损害判断权利冲突时的取舍，实现公共利益与特殊利益的最优平衡。

（二）经济正当性

从经济效益角度出发，保护商业秘密免于公开的理据在于：

---

〔1〕 林秀芹：《商业秘密知识产权化的理论基础》，载《甘肃社会科学》2020年第2期。

〔2〕 徐朝贤：《商业秘密权初探》，载《现代法学》2000年第6期。

〔3〕 刘春田、郑璇玉：《商业秘密的法理分析》，载《法学家》2004年第3期。

首先,商业秘密的诞生需要开发者大量的投资。商业秘密是经营者在生产经营过程中通过人力、物力、财力的投入而获得的对其经营有商业价值和竞争优势的信息。尤其是技术秘密的研发需要投入人力、物力和时间等高额成本,且这一过程可能面临技术创新的失败。开发者、投资者之所以愿意投入技术开发,技术秘密带来的预期收益会大于投入的成本。对商业秘密加以保护,是对投资者的一种回报。保护商业秘密具有鼓励发明和创新的重要作用,"对于政府而言,通过对这类信息施加免于公开的保护,可以消除信息提交者的忧虑,获取更加真实可靠的信息。对于信息提交者而言,无论是自愿还是被要求提交信息,都无须担心该信息会被强制公开从而损害其商业竞争优势和利益"。[1] 如果不对商业秘密加以保护,必然导致投资者、经营者不再愿意投入技术研发和创新。

其次,商业秘密的持有过程需要付出经济成本。商业秘密的持续者为保持自己的竞争优势需要采取合理保密措施,保障商业秘密持续处于不为公众所知悉的状态。保密不仅体现在商业秘密的存储设备、空间环境等物质要求,以及保密制度等管理措施,更重要的是对接触商业秘密人员的要求。为了有效保障其商业秘密不被其他竞争对手所知悉,不仅对在职员工具有保密要求,对员工离职后的特定时间内仍有竞业禁止的限制。竞业禁止的要求越高,企业在员工离职时所付出的经济补偿就越多。

最后,商业秘密可以为权利人带来经济效益。信息本身可以带来财富,商业秘密的核心价值是使持有者在同行业中具有竞争优势,并利用其优势地位盈利,带来经济效益,可以说商业秘密甚至是企业的核心竞争力。商业秘密的豁免公开是财产权和知情权博弈的结果,商业秘密的价值与其秘密性紧密相关。"激励机制有利于解释对商业秘密创造活动的影响。'激励'表现为赋予知识创造者以垄断地位。激励效应在于使商业秘密权利人获取大于成本的收益。"[2] 如果商业秘密得不到保护,权利人便不能借助这一信息赢得行业发展优势;商业秘密一旦被公开,商业秘密也就丧失价值,损害企业的经济利益和竞争地位。商业秘密的损害后果具有不可逆转性。商业秘密一旦公开,对权利人

---

〔1〕 高秦伟:《美国政府信息公开申请的商业利用及其应对》,载《环球法律评论》2018 年第 4 期。

〔2〕 胡良荣、易小辉:《激励与规制:商业秘密保护的经济学分析》,载《知识产权》2013 年第 11 期。

经济上的损害不可逆转。

(三)价值正当性

保护商业秘密免于公开,有助于商业竞争领域实现公平、公正的法律价值。一方面,通过保护商业秘密维护公平的市场竞争秩序。"知识产权法蕴含着以下正义价值:平等主体的人格正义;利益均衡的分配正义;权利安排的秩序正义。"〔1〕利用他人的商业秘密应支付对价,否则将带来市场秩序的混乱,从根本上阻碍技术进步。"创造者的权利即知识产权应为本权,是对知识财产依法进行全面支配的权利;传播者、利用者的权利则为他权,是根据法律规定或本权人的意思对他人知识财产进行有限支配的权利。根据利益衡平原则,本权与他权的关系表现为:主体之间公平相待,交换应该是有偿互利的,但合理使用除外;知识财产利益合理分享,在法定范围内应该兼顾各方当事人的利益,这具象为创造者权利、传播者权利、利用者权利三者之间的协调。"〔2〕《民法典》第 501 条规定:"当事人在订立合同过程中知悉的商业秘密或者其他应当保密的信息,无论合同是否成立,不得泄露或者不正当地使用;泄露、不正当地使用该商业秘密或者信息,造成对方损失的,应当承担赔偿责任。"政府信息公开中,尤其应避免商业对手利用信息公开获取他人的商业信息,并加以利用。

另一方面,通过保护商业秘密免于公开达到个体利益与公共利益的平衡。商业秘密涉及经营者利益和公共利益两个方面。一般商业秘密案件侧重保护的是私益,不涉及知情权的问题;而信息公开法侧重规定的是政府信息公开,对"商业秘密"等免除公开的规定要体现公益与私益之间的平衡。解决矛盾的方法是进行利益衡量,信息公开立法对商业秘密采取不公开的预设,立法者采取了私益优先的假定。商业秘密作为一种专有权利,应与公众利益相平衡,不能过于强调任何一个方面,而对另一个方面产生消极影响。如果商业秘密的范围过宽,将导致私人或企业掌握强大的数据和信息,基于垄断和营利的目的不公开这些信息,长期以商业秘密的形式存在,进而延缓技术进步、危害社会整体公共利益。如果长期持续保护商业秘密,便也意味着信息永远无法进入公众领

〔1〕 吴汉东:《知识产权法价值的中国语境解读》,载《中国法学》2013 年第 4 期。

〔2〕 吴汉东:《知识产权的私权与人权属性——以〈知识产权协议〉与〈世界人权公约〉为对象》,载《法学研究》2003 年第 3 期。

域,会阻碍社会的整体创新与技术进步,增加科研成本、打击人们的创新热情。商业秘密法律保护会引发秘密权利人与社会信息、技术创新之间的价值冲突。"商业秘密都通过类别式例外立法的方式进行保护。对商业秘密通过类别式例外保护也不是绝对的,它同样受制于公共利益衡量对于除商业秘密外的其他具有商业价值的秘密信息,保护机制主要是损害衡量。"[1]

第二节 豁免公开的商业信息范围与例外

商业秘密的外延范围直接影响政府信息公开的范围。《政府信息公开条例》和《反不正当竞争法》虽然具有不同的立法目的,但两者对商业秘密的界定应当是统一的,政府信息公开中的商业秘密例外,应当包括《反不正当竞争法》所指的技术信息、经营信息和其他商业秘密。

一、核心商业秘密

(一)技术信息和经营信息

技术信息和经营信息是商业秘密的核心内容,这两类信息是否构成商业秘密,首先应根据商业秘密的构成要件进行判断,规范性文件通常采取列举的方式规定技术秘密和经营秘密的范围。《关于禁止侵犯商业秘密行为的若干规定》(1998 年修订)指出:"本规定所称技术信息和经营信息,包括设计、程序、产品配方、制作工艺、制作方法、管理诀窍、客户名单、货源情报、产销策略、招投标中的标底及标书内容等信息。"《江苏省实施〈中华人民共和国反不正当竞争法〉办法》(2012 年修正)第 11 条第 2 款规定:"商业秘密,是指不为公众所知悉、能为权利人带来经济利益、具有实用性并经权利人采取保密措施的产品配方、工艺流程、技术秘诀、设计图纸、产销策略、客户名单、价格情报、货源情报等技术信息和经营信息。"《中央企业商业秘密保护暂行规定》(国资发〔2010〕41 号)第 10 条规定:"中央企业依法确定本企业商业秘密的保护范围,主要包括:

---

〔1〕 参见肖卫兵:《试论商业敏感性信息在信息公开法中的保护》,载《情报理论与实践》2006 年第 6 期。

战略规划、管理方法、商业模式、改制上市、并购重组、产权交易、财务信息、投融资决策、产购销策略、资源储备、客户信息、招投标事项等经营信息；设计、程序、产品配方、制作工艺、制作方法、技术诀窍等技术信息。”第 13 条规定：“中央企业商业秘密的密级，根据泄露会使企业的经济利益遭受损害的程度，确定为核心商业秘密、普通商业秘密两级，密级标注统一为‘核心商密’‘普通商密’。”根据《最高人民法院关于审理侵犯商业秘密民事案件适用法律若干问题的规定》（法释〔2020〕7 号）第 1 条的规定，技术信息是指“与技术有关的结构、原料、组分、配方、材料、样品、样式、植物新品种繁殖材料、工艺、方法或其步骤、算法、数据、计算机程序及其有关文档等信息”，经营信息是指“与经营活动有关的创意、管理、销售、财务、计划、样本、招投标材料、客户信息、数据等信息”。

从实践情况来看，“侵犯经营秘密类案件主要涉客户名单、产销策略、竞争方案、货源信息和管理诀窍等等，其中客户名单、产销策略占秘密种类的 60%”。〔1〕《最高人民法院关于审理侵犯商业秘密民事案件适用法律若干问题的规定》（法释〔2020〕7 号）指出：“客户信息，包括客户的名称、地址、联系方式以及交易习惯、意向、内容等信息。”“张某不服成都市工商行政管理局侵犯商业秘密行政处罚决定案”中法院认为“迈普公司所主张的经营信息商业秘密包括公司产品（主要是调制解调器）的销售渠道、价格、货款、用户情况、销售人员与用户建立的关系等符合第 10 条第 3 款规定的商业秘密的构成要件。”〔2〕

（二）核心商业秘密基于种类豁免公开

新条例第 15 条规定：“涉及商业秘密、个人隐私等公开会对第三方合法权益造成损害的政府信息，行政机关不得公开。但是，第三方同意公开或者行政机关认为不公开会对公共利益造成重大影响的，予以公开。”旧条例第 14 条第 4 款规定：“行政机关不得公开涉及国家秘密、商业秘密、个人隐私的政府信息。但是，经权利人同意公开或者行政机关认为不公开可能对公共利益造成重大影响的涉及商业秘密、个人隐私的政府信息，可以予以公开。”两相对比可以发现，条例修改后对涉及商业秘密政府信息豁免公开增加了“对第三方合法权益造成

---

〔1〕《中国商业秘密司法保护现状（2009—2018）》，载微信公众号“杭州知产宝”，2019 年 10 月 3 日。

〔2〕四川省高级人民法院（2000）川行终字第 23 号行政判决书。

损害”的表述。也就是说,商业秘密类信息豁免公开的事由需同时满足以下两个要件:该信息“涉及”商业秘密,该信息公开会对第三方合法权益造成损害。前者属于种类基础豁免公开,后者属于损害基础豁免公开。司法部负责人就《政府信息公开条例》修订答记者问中针对不公开政府信息的具体情形指出:“为了落实‘公开为常态、不公开为例外’的原则,条例规定了不予公开的政府信息,具体包括……公开会对第三方合法权益造成损害的政府信息。”旧条例的规定强调“商业秘密”信息的豁免公开,新条例则重在强调“对第三方合法权益造成损害”的信息豁免公开,商业秘密作为政府信息公开的例外,似乎从种类基础豁免过渡到损害基础豁免。新旧条例对商业秘密豁免公开的规定虽有变化并增加了“对第三方合法权益造成损害”的要求,但针对商业秘密的豁免公开依然是基于信息种类的豁免公开,而非基于损害的豁免公开。理由如下:

首先,列入豁免公开范围的仍然是“涉及商业秘密”的政府信息。只要信息属于或涉及商业秘密,一般情况下信息就应当加以保密。诚然,信息公开本身就是利益衡量的结果,这种利益衡量存在于立法阶段和行政阶段。立法者在衡量公共利益和私人利益的基础上,将某种或某类信息纳入免于公开的范围,因此在行政管理阶段,针对涉及商业秘密的政府信息是否公开的关键是信息的种类,而不是信息所涉及的公共利益和私人利益的大小和公开后对其的损害。

其次,如果信息涉及商业秘密,那么公开该信息后必然对权利人的合法权益造成损害。这是由商业秘密的性质和特点所决定的。《反不正当竞争法》(2019 年修正)第 9 条第 4 款规定:“商业秘密,是指不为公众所知悉、具有商业价值并经权利人采取相应保密措施的技术信息、经营信息等商业信息。”因商业秘密具有商业价值需要加以保密,一旦公开这种商业价值将丧失。因此,“公开会对第三方合法权益造成损害”的后果是“商业秘密”这一种类信息的附带结果,并非在商业秘密之外增加豁免公开的条件。

再次,政府信息公开的程序包括主动公开和依申请公开两类,按照这两类程序公开的政府信息都可能涉及商业秘密,但条例仅规定了依申请公开情况下涉及商业秘密类政府信息的处理程序。结合条例第 19 条和第 20 条主动公开范围的规定,可以得出这样的结论:涉及商业秘密的信息不予公开;如果公民、法人或者其他组织所申请公开的政府信息涉及商业秘密,行政机关应依据条例

第32条的规定征求第三方的意见,并在衡量公共利益和私人利益的基础上决定是否予以公开。

最后,只有特殊情况下,即行政机关决定公开涉及商业秘密的政府信息前,才考虑信息公开所造成的权利人损害大小,并在衡量公共利益和第三方权益损害的基础上,决定是否公开信息。可见,利益衡量和损害大小的判断仅在公开涉及商业秘密的信息时才发挥作用,纳入免于公开范围的基础是该信息的种类而非损害的大小。

二、其他商业信息

我国《政府信息公开条例》和《反不正当竞争法》具有不同的立法目的,其他商业信息应豁免公开的前提是商业秘密无法覆盖此类信息,但这些信息能为权利人带来经济利益而具有保护的必要性,这涉及对商业秘密范围大小的理解。《反不正当竞争法》修改之前,其所界定的商业秘密仅限于"技术和经营信息",当信息公开和商业秘密碰撞时,对豁免公开的商业秘密范围大小产生了不同的见解:

广义说的学者在借鉴美国《政府信息自由法》的基础上,认为当涉及政府信息公开和商业秘密保护时,对商业秘密的狭义界定显得能力不足,无法对抗涉及范围广泛的信息公开,基于对企业利益的保护,立法者将免除公开的范围扩大至"商业和金融信息"。"信息公开法所豁免公开的商业秘密,不应仅指商业秘密本身,对与商业秘密相关的信息也应当豁免公开。这是为了防止商业秘密被利益相关人利用高科技手段进行重组和分析之后拼凑、整合和推导出商业秘密本身。"[1]我国行政和司法实践中,对"商业秘密"采取广义的理解,技术信息、经营信息和财务信息均属于商业秘密的范围。[2] 我国《政府信息公开条例》没有对豁免公开的商业信息进行分类和分级,缺乏对商业秘密信息豁免公开的独立判断标准,不能区别对待商业秘密和一般商业敏感信息,尤其是对于一些尚不构成商业秘密但具有商业价值的信息、以不公开为条件获取的商业信息在公开与否的问题上缺乏可操作性的判断标准,企业的不公开主张往往会获

---

〔1〕 戚红梅:《我国政府信息豁免公开制度研究》,苏州大学2013年博士学位论文。

〔2〕 参见高秦伟:《美国政府信息公开申请的商业利用及其应对》,载《环球法律评论》2018年第4期。

得支持,最终导致损害"最大限度公开原则"。

狭义说的学者则认为"'商业秘密'概念同'国家秘密'的内涵一样需要'收窄',紧密限制于直接与竞争相关的核心秘密,即直接构成生产、销售或服务提供的(非公开)过程一部分的信息以及服务对象的秘密信息,紧扣直接与企业竞争力息息相关的原则,以企业经营的各项流程为中心加以分别划定"。[1]

上述纷争中,持广义说的学者占多数。其理由在于对豁免公开商业秘密的狭义解释"不能区别对待极具保护价值的技术性商业敏感性信息和一般意义上的商业敏感性信息,因此也就不能借用国际上的保护惯例来对我国的商业敏感性信息进行全面性保护,同时也会损害到信息公开法中的'最大化公开'原则"。[2] 根据这一理解,多数学者认为"商业秘密"的概念并不能完全涵盖豁免公开的所有商业信息。有学者建议用"商业机密"的概念取而代之,"商业机密包括商业秘密和其他机密商业资料,是由私人自己进行保密并有一定商业价值的资料"。[3] 有学者提出"商业敏感性信息"的概念,具体包括两类:"第一类是商业秘密;第二类是除商业秘密外的其他具有商业价值的信息。后者一般包括财务和商务信息。"[4]亦有学者采用"商业信息"的概念,其范围包括"商业秘密和其他具有商业利益的信息两类。其他商业信息包括:有关潜在新产品的研究和规划;产品生产成本信息;产品销售预测信息;商业战略规划;推销新产品或现有产品的市场规划;与竞争性投标的准备有关的信息;有关公司的金融和商业生存能力的信息;等等。"[5]尽管用语不同,但从学者的论述中可见,学界对条例的规定理解基本一致,即认为豁免公开的范围不限于狭义的"商业秘密",还应包括其他应当保密的商业信息。例如"当公司对其董事会决议采取一定的保密措施加以保护且社会公众特别是公司的竞争对手无法从公开渠道获知决议内容时,可采取扩大解释的方法将其纳入商业秘密的保护

---

[1] 湛中乐、苏宇:《论政府信息公开排除范围的界定》,载《行政法学研究》2009 年第 4 期。

[2] 肖卫兵:《试论商业敏感性信息在信息公开法中的保护》,载《情报理论与实践》2006 年第 6 期。

[3] 王红一:《免于公开的商业机密的界定问题》,载《暨南学报》2005 年第 5 期。

[4] 肖卫兵:《试论商业敏感性信息在信息公开法中的保护》,载《情报理论与实践》2006 年第 6 期。

[5] 杨伟东:《政府信息公开主要问题研究》,法律出版社 2013 年版,第 187 页、第 188 页。

类型当中。”[1]

2019年《反不正当竞争法》进行修正，扩展了“商业秘密”的概念，在原有商业秘密外延仅限于“技术信息和经营信息”的基础上增加了“等”字以扩大商业秘密的外延。也就是说，根据修正后的法律规定商业秘密包括两类：一类是技术和经营信息，可以作为核心商业秘密；另一类是其他商业信息。虽然立法修正只有一字之差，但立法对商业秘密从狭义的解释转变为相对宽泛的解释。即只要符合商业秘密的三个构成要件：不为公众所知悉、具有商业价值并经权利人采取相应保密措施的信息都可以认定为商业秘密。这一变化将原来不能认定为商业秘密但仍具有一定经济价值的商业信息作为商业秘密来对待，契合商业秘密保护范围不断拓宽的国际趋势。

政府信息公开领域对商业秘密的认定和对商业秘密范围的理解应围绕《反不正当竞争法》的规定，在现有立法之外另外建立一套认定商业秘密的规则既不可能亦不适宜，否则既不便于操作，也容易造成对豁免公开范围的肆意解释。“信息公开法与其他法律的关系主要是两种类型：一是信息公开法的法律阶位更高，效力优于其他法律规定；二是在信息公开法中为其他法律明确特别保留的领域，如免于公开的规定、救济机制的规定等，其他法律可以作为特别法优先适用。商业秘密的构成、内涵和范围，自然应当按照专门商业秘密立法的规定予以认定。”[2]随着《反不正当竞争法》的修改和对商业秘密范围相对宽泛的界定，信息公开领域对商业秘密范围大小的纷争应随之终止，回归《反不正当竞争法》的立法规定。

三、以不公开为条件取得的商业信息

（一）以不公开为条件取得的商业信息豁免公开的规范依据

根据我国《政府信息公开条例》第15条的规定，“涉及商业秘密、个人隐私等公开会对第三方合法权益造成损害的政府信息，行政机关不得公开。”商业秘密豁免公开的核心要素是政府信息“涉及”商业秘密，对于“涉及”的理

---

〔1〕田尧：《商业秘密民法保护的解释学分析——以〈民法总则〉第123条为中心》，载《山东审判》2017年第5期。

〔2〕王红一：《免于公开的商业机密的界定问题》，载《暨南学报》2005年第5期。

解可能存在一定的争议:其一是认为信息“属于”商业秘密;其二是认为信息虽不“属于”商业秘密,但跟商业秘密紧密相关,一旦公开会对第三方合法权益造成损害。故对“涉及”所涵盖信息范围的不同理解,将影响豁免公开的适用。

除《政府信息公开条例》外,规章和规范性文件对于涉及商业秘密政府信息的公开问题也作了解释或执行性的规定。综合下位法规范的规定,对商业秘密公开例外的规定可以分为三类:第一,“属于”商业秘密的政府信息豁免公开;这类规定将条例所指的“涉及”商业秘密等同于“属于”商业秘密;第二,“涉及”商业秘密的政府信息免于公开,这类规定简单重复上位法的规定;第三,“涉及商业秘密或者以不公开为条件取得的信息”免于公开,相关规定如表 6-1 所示。这类规定将不公开的商业秘密类信息细分为“商业秘密”和“以不公开为条件取得(或提供)的信息”,将涉及商业秘密的其他信息冠之以“以不公开为条件”获取的信息。由于条例没有明确规定“以不公开为条件”获取的信息可以豁免公开,因此,对此类信息豁免公开适用上出现争议。

表 6-1　商业秘密豁免公开规范内容对比

文件类型	文件名称	具体内容
中央规范性文件	《财政部关于进一步推动地方财政部门政务公开工作的意见》(财预〔2006〕7 号,已失效)	涉及商业秘密或者以不公开为条件取得的信息
	《财政部关于进一步推动驻各地财政监察专员办事处政务公开工作的实施意见》(财监〔2006〕16 号)	涉及商业秘密或者以不公开为条件取得的信息
	《国家粮食局机关政务公开暂行办法》(2005 年 7 月 20 日发布)	涉及商业秘密或者企业以不公开为条件所提供的信息
	《交通部机关政务公开规定(试行)》(交办发〔2004〕58 号,2004 年 2 月 16 日发布)	涉及商业秘密或者企业以不公开为条件向部机关提供的信息
地方规章	《辽宁省政府信息公开规定》(辽宁省人民政府令第 222 号,2008 年 11 月 7 日发布)	商业秘密或者以不公开为条件主动向行政机关提供的信息

续表

文件类型	文件名称	具体内容
地方规范性文件	《宁夏回族自治区新闻出版广电局政府信息公开指南》(2016 年 3 月 14 日发布)	涉及国家秘密、工作秘密、商业秘密或者其他组织以不公开为条件提供的信息
	《陕西省粮食局政府信息公开暂行办法》(陕粮办发〔2008〕196 号,2008 年 12 月 15 日发布)	涉及商业秘密、个人隐私或企业以不公开为条件提供的信息
	《广东省林业局政府信息公开工作制度》(粤林〔2008〕99 号,2008 年 9 月 3 日发布)	涉及国家秘密、工作秘密、商业秘密或者其他组织以不公开为条件提供的信息
	《上海市安全生产监督管理局政务(政府信息)公开暂行规定》(沪安监管办〔2008〕82 号,2008 年 4 月 10 日发布)	涉及商业秘密或者企业以不公开为条件向局机关提供的信息
	《浙江省财政厅深入推行政务公开工作实施办法》(浙财法字〔2006〕11 号,2006 年 8 月 15 日发布)	涉及商业秘密或者以不公开为条件取得的信息
	《淄博检验检疫局政务公开暂行规定》(淄检办〔2006〕37 号,2006 年 6 月 6 日发布)	涉及商业秘密或者企业以不公开为条件向本局提供的信息
	《贵州省商务厅政务公开实施办法》(黔商发(2006)33 号,2006 年 2 月 23 日发布)	涉及商业秘密或者企业以不公开为条件所提供的信息

(二)“以不公开为条件”获取的商业信息应否免于公开的争议

尽管修正后的《反不正当竞争法》对商业秘密概念采用“等”字进行相对宽泛的解释,但政府信息豁免公开是否仅限于“商业秘密”还是扩展到其他商业信息,即对“涉及”商业秘密的政府信息豁免公开范围的理解仍可能有不同意见:

一种意见为否定说,即反对将“以不公开为条件获取的信息”纳入免于公开的范围。政府信息豁免公开的范围仅限于“商业秘密”,对商业秘密的解释严格依照《反不正当竞争法》的规定,包括“技术信息、经营信息以及其他符合商业秘密构成要件的商业信息”。商业秘密这一个概念所涵盖的外延范围已比较广泛,能为权利人带来经济利益或潜在经济利益的信息都可以纳入商业秘密加以保护。如果将豁免公开的范围进一步扩大到“以不公开为条件获取的信息”,既无法操作,也会扩大免于公开的范围,甚至会使政府信息陷入基本无法公开的境地。美国司法实践中,法院对于其他商业信息应否公开的态度,采用以下标准进行审查:“如果公开商业或者财务信息会导致任何以下两种结果之一,则该信息属于应该‘保密’的信息:(1)会影响政府机关以后获得类似的必要信息;(2)对信息提供者的竞争地位造成实质性的损害。”[1]其他商业信息包含的范围广泛,如果权利人一律主张这类信息不予公开,那么将使信息公开陷入瘫痪。

另一种意见为肯定说,即同意将“以不公开为条件获取的信息”纳入免于公开的范围。政府信息公开的目的和《反不正当竞争法》的立法目的不同,不能完全依照《反不正当竞争法》的规定厘定政府信息公开中商业秘密信息豁免公开的外延。政府信息公开的目的是保障知情权,同时基于公共利益和私权益的衡量,将商业秘密类信息作为私权益保护的内容之一,允许在利益衡量的基础上豁免公开。从我国《政府信息公开条例》的规定来看,条例所指豁免公开的商业信息是指“涉及商业秘密的信息”,即并不严格限于“商业秘密”信息,还应包括其他商业信息,结合规范性文件的规定来看,这些商业信息应是指“以不公开为条件获取的信息”。司法实践对“以不公开为条件获取的商业信息”免除公开持肯定态度,最高人民法院在“郑某某、杭州市拱墅区人民政府城乡建设行政管理纠纷案”中指出:“实践中豁免公开的政府信息,既包括涉及国家安全等需要绝对豁免公开的信息,也包括可以由信息公开义务主体利益衡量后裁量免于公开的信息,还包括可以与第三方协商确立的豁免信息等等。”[2]与核心商业秘密不同,其他商业信息与企业经济利益的关联度稍远,这意味着判断此类信息的价值性难度更大,行政机关在适用该理由拒绝公开信息时很难说理和判断。尽管立法和司法实践认可“以不公开为条件”获取的商业信息可以豁免公开,但在中国裁判文书网和北大法宝进行全文检索,没有发现一起此类争议的涉诉纠纷。可见,行政机关甚少使用该理由拒绝公开信息。

笔者认为,政府“以不公开为条件”获取的商业信息,是双方协商一致的结果,政府在取得这些信息时作出了不予公开的承诺,基于诚信政府和相对人信

---

〔1〕 周汉华主编:《外国政府信息公开制度比较》,中国法制出版社 2003 年版,第 61 页。

〔2〕 最高人民法院(2018)最高法行申 2928 号行政裁定书。

赖保护的要求,此类信息应当纳入豁免公开的范围。《政府信息公开条例》和《反不正当竞争法》虽然具有不同的立法目的和立法定位,但基于法律统一的原则,对“商业秘密”的解释应一致和统一。我国《反不正当竞争法》修改后,商业秘密的外延包括“技术信息、经营信息和其他商业信息”,对于“以不公开为条件”获取的商业信息应理解为《反不正当竞争法》中的“其他商业信息”,两部法律对商业秘密的解释和外延并不冲突。其区别在于,由于《反不正当竞争法》没有对核心商业秘密和其他商业秘密作出分级,《政府信息公开条例》对两类敏感程度不同的商业秘密是否应采用相同的豁免公开标准是现行立法中尚不明确的问题。

(三)“以不公开为条件”获取的商业信息免于公开的条件

如前所述,“以不公开为条件”获取的商业信息属于“其他商业秘密”即非核心商业秘密。有学者将“以不公开为条件”获取的信息豁免公开归纳为以下几点:“(1)行政机关已经对信息提供者作出保密承诺;(2)信息提供者并没有在日常向公众公开该类信息;(3)公开此类信息可能影响到行政机关以后再获得类似必要信息;(4)公开相关信息可能会对该信息提供者的地位造成实质性的危害。”[1]

1. 相对人出于法定或自愿提供信息

“以不公开为条件获取的信息”可能是相对人主动提供的信息,此时相对人没有提供信息的义务,但相对人愿意主动配合行政机关的管理、期冀行政机关掌握更多企业的情况,自愿提供相关信息;也可能是相对人被动提供的信息,此时相对人虽然不情愿提供信息,但提供这些信息是相对人的法定义务,其没有选择权。如果相对人有提供信息的法定义务,那么相对人“不公开”信息的主张并不必然成立。因相对人具有法定义务,其不提供信息将带来不利的后果,即可能受到处罚或者拒绝许可等。如果相对人没有提供信息的法定义务,那么相对人完全可以拒绝提供信息。美国司法实践中“法院判例形成了‘自愿提交’的标准,认为申请人自愿向政府提交的信息,应视为属于商业或金融秘密;行政机关依法强制收集的信息,一般被视为不属于商业或金融秘密。一般情况下,自愿提交的信息受到保护的程度要高于非自愿提交的信息受到保护的程度。但

[1] 戚红梅:《我国政府信息豁免公开制度研究》,苏州大学2013年博士学位论文。

是对于什么构成‘自愿提交’也存在一定的争议，法院判断时要考虑政府收集信息能力和信息提交者商业竞争利益的保护”。[1]

2. 信息提供者具有保密的意愿

无论相对人主观上是否自愿提供信息给行政机关，只要该信息是行政机关履行职责过程中所制作或收集的信息，都成为政府信息的一部分。相对人主动还是被动提供信息，其在主观意愿上都不希望信息被广泛知晓，权利人也会采取一定的措施对这些信息加以保密，并明确向相关主管机关提出保密的要求。“以不公开为条件”从相对人的角度来看是“不公开”的主张，从行政机关的角度看是不公开的承诺。“对于政府而言，通过对这类信息施加免于公开的保护，可以消除信息提交者的忧虑，获取更加真实可靠的信息。对于信息提交者而言，无论是自愿还是被要求提交信息，都无须担心该信息会被强制公开从而损害其商业竞争优势和利益。”[2]

3. 行政机关作出保密的承诺

一旦相对人提供信息后，这些信息便构成了政府信息的组成部分，而对政府信息是否公开的判断权不在相对人，而是行政机关。如果相对人的保密主张和行政机关的保密承诺共同构成不公开的条件，客观上信息提供者即具有直接否定信息公开的权力。显然，从信息公开法的立法出发，这一判断权在行政机关而不是相对人，行政机关在利益衡量的基础上作出是否公开的决定。相对人可以主张信息不公开，但行政机关并不必然作出这种承诺。“信息提供者在将信息提供给政府机关时，许多机关会提示提供者考虑信息的公开问题。提供者因此有机会说服政府机关不应公开该信息，信息提供者也可以根据信息自由法提起诉讼，阻止政府机关公开某信息。”[3]

4. 公开将损害企业的利益和政府的信赖

“以不公开为条件获取的信息”公之于众，将对企业和政府造成两败俱伤的结果。“从私人处获取的商业的财务信息是否属于商业秘密难以认定，那么本着保护权利人利益的原则，侧重于考量披露对于信息所有人竞争优势的损害，

---

〔1〕 高秦伟：《美国政府信息公开申请的商业利用及其应对》，载《环球法律评论》2018 年第 4 期。

〔2〕 高秦伟：《美国政府信息公开申请的商业利用及其应对》，载《环球法律评论》2018 年第 4 期。

〔3〕 周汉华主编：《外国政府信息公开制度比较》，中国法制出版社 2003 年版，第 61 页。

以及政府获取信息能力的损害。"[1]对企业而言,此类信息虽不明确是否属于核心秘密,但企业基于生产经营管理的需要不希望对外公开,或其竞争对手可能通过对信息的总结、归纳和分析进一步获得核心秘密,从而损害企业的经济利益和竞争优势地位。对政府而言,信息的获取是基于企业对政府的信任,且政府在收集信息时作出了保密的承诺,如果信息公开将影响政府的公信力、损害企业对政府的信赖,影响政府以后取得信息的能力,进而影响政府掌握信息、获取必要的管理资料的能力,将影响政府进一步作出决策。

四、商业秘密豁免公开的例外情形

一定条件下,即使公开商业秘密或涉及商业秘密的相关信息可能对企业造成不利影响,但基于保护更重要的利益之需求,仍应公开相关信息。下述情况构成商业秘密豁免公开的例外:

(一)权利人同意公开

商业秘密豁免公开是基于保障权利主体的特定利益,是立法者在公共利益和私人利益衡量基础上的选择结果。如果权利主体自愿放弃这种特别的保护,对公共利益而言有利而无害。权利人以口头、书面或其他方式自愿将商业秘密公之于众,无论权利人是出于何种原因,此时商业秘密都不再具有秘密性。不过,实践中作为权利主体的第三方不但不愿意放弃这种权利,反而在多数信息公开申请的征求意见程序中以各种理由拒绝公开。

(二)重大的公共利益

保护商业秘密不能无限,立法在承认商业秘密豁免公开必要性的同时,也承认基于重要的公共利益需求对商业秘密的合理公开和利用。欧盟《商业秘密保护指令》第5条规定了侵犯商业秘密的"例外"(exceptions):"各成员国应当确保在以下情形中,商业秘密权利人不得通过本法获得相应的商业秘密保护:(1)出于行使合法的宪章规定的个人或者媒体言论自由以及信息自由的需要;(2)为了揭露权利人的不当行为、错误行为或者非法行为,且行为人是出于公众利益的需要;(3)根据欧盟法或者国内法的规定,出于员工代表行使其合法职权

---

[1] 蓝纯杰:《涉政府信息披露中对商业秘密的法律保护——基于美国法的考察》,载《电子知识产权》2019年第9期。

的必要,员工向其员工代表透露的;(4)根据欧盟法或欧盟国家国内法的规定,出于保护某一项合法权利的需要。"[1]涉及商业秘密信息的公开是应当加以证明的例外,应当符合以下条件:

首先,公共利益是现实存在的。是否公开商业秘密对公共利益应有一定的影响,行政机关应证明这种影响是迫切的、必然存在的。鉴于"公共利益"固有的不确定性和变动性使利益间的冲突与权衡难以把握,而政府信息公开中的两面性加剧了衡量的难度,主要体现在以下几个方面:"眼前利益与长远利益之间的衡量,特定个体利益与不特定社会利益之间的衡量,物质或者精神利益与法律价值之间的衡量,可量化利益与不可量化利益之间的衡量。"[2]

其次,公共利益必须是重大的。政府信息承载着公众知情权,不公开涉及商业秘密的信息是对知情权的限制,或者说对公共利益有一定的影响。但在一般情况下,这种影响是一般的、轻微的影响。特定情况下,不公开涉及商业秘密的政府信息如果对公共利益造成重大的影响,则利益衡量的天平倾向公开。这些重大的公共利益可能涉及公众健康、环境保护、生命权和自由权等方面。对涉及商业秘密的政府信息是否应当公开,应当遵循一定的标准,但目前所流行的标准只能诉诸利益衡量。"在严重危及人身安全的领域,商业秘密的例外是无效的,因为没有任何利益能和人的生命相比。"[3]

最后,公共利益具有优先于经济利益的必要性。商业秘密因其实用性能给权利人带来一定的经济利益,"对于更重要的价值对象如生命权、健康权、人身自由、人格尊严等,应当优先于经济利益,鉴于公开商业秘密所损害的利益一般可认为是经济利益,当不公开使前面这些价值受损时,即应考虑公开(如对于某些食品、药品的制造流程不当对公众健康造成严重威胁,需要公众知晓时);否则,需要衡量信息公开造成的损失,只有当公开信息可以避免的损失远远大于所造成权利人的损失时,方得公开"。[4]

---

[1] 周克放:《欧盟商业秘密保护例外问题研究》,载《电子知识产权》2018 年第 7 期。

[2] 王敬波:《政府信息公开中的公共利益衡量》,载《中国社会科学》2014 年第 9 期。

[3] 陈杰:《政府信息公开中商业秘密的公开标准——从商业秘密的法律属性出发》,载《武汉科技大学学报》(社会科学版)2016 年第 2 期。

[4] 湛中乐、苏宇:《论政府信息公开排除范围的界定》,载《行政法学研究》2009 年第 4 期。

(三)制定法明确规定应当公开

公共利益本身是一个不确定的法律概念,重大和公共利益的叠加条件使信息公开中的利益衡量变得更加难以捉摸,可行的方法之一是通过立法明确可以公开的公共利益情形。一般情况下,无论是主动公开还是依申请公开政府信息,行政机关都应当隐去涉及商业秘密的信息,尤其是涉及技术信息的核心商业秘密,《企业信息公示暂行条例》(国务院令第654号)规定对侵犯商业秘密行政处罚案件的公示,只显示当事人、案件名称和处罚结果等情况;行政处罚决定书等文书中表述商业秘密的案件名称,不能载明商业秘密的具体内容。《食品药品行政处罚案件信息公开实施细则》(食药监稽〔2017〕121号)第12条规定:"主动公开行政处罚案件信息时,应该隐去以下信息……(五)产品的生产配方、工艺流程、购销价格及客户名称等涉及商业秘密的信息。"

单行法律、法规规定涉及商业秘密的信息公开,是利益衡量的结果,一般不公开技术秘密,而只涉及经营信息;即使涉及经营信息的公开,也应以必要性为限度,公开与行政监管需要、违法行为有关的信息。从现有立法规定来看,单行法律规范可能涉及的商业秘密信息公开包括:其一,对于一些与公共利益密切相关的特殊企业,其不当行为可能对公共利益造成重大损害,立法对其信息公开提出更多的要求,以加强对企业的监管。《企业事业单位环境信息公开办法》(环境保护部令第31号)第9条第1款规定:"重点排污单位应当公开下列信息:(一)基础信息,包括单位名称、组织机构代码、法定代表人、生产地址、联系方式,以及生产经营和管理服务的主要内容、产品及规模;(二)排污信息,包括主要污染物及特征污染物的名称、排放方式、排放口数量和分布情况、排放浓度和总量、超标情况,以及执行的污染物排放标准、核定的排放总量;(三)防治污染设施的建设和运行情况;(四)建设项目环境影响评价及其他环境保护行政许可情况;(五)突发环境事件应急预案;(六)其他应当公开的环境信息。"其中所涉及的产品规模通常会被企业自身作为"商业秘密"加以保护,但企业不得以保守商业秘密为借口,拒绝公开前款所列的环境信息。环保部门所收集到的环境信息涉及上述内容,同时也应公开。其二,对于企业的一些违法行为予以公开,这些行为包括可能被企业纳入商业秘密的信息。例如,《广东省企业信用信息公开条例》(2007年)第6条规定:"行政部门应当将依法履行职责中掌握的下列企业信用信息予以公开:(一)企业的基本登记事项、组织机构代码;(二)企业取得行政许可的情况;(三)企业产品、服务、管理体系的认证情况和商标认定情况;(四)企业产品质量的抽查、检验、检疫、检测情况;(五)企业年度审计、审核情况和企业社会保险登记证年检情况;(六)企业拖欠社会保险费和行政事业性费用的情况;(七)企业拖欠、骗取、偷逃税款的情况;(八)企业违法用工、拖欠员工工资等重大劳动保障违法行为的查处情况;(九)企业重大质量、安全生产、环境污染等事故的责任追究情况;(十)生效的行政处罚记录;(十一)其他依法应当公开的企业信用信息。"

五、完善我国商业秘密豁免公开的实体法规范

(一)商业秘密豁免公开的分级保护

《反不正当竞争法》修改后,商业秘密的范围较以前扩大,对于所有商业秘密是否一律采用统一的"对利害关系人权益有影响"的标准免于公开,是政府信息公开面临的问题。诚如有学者建言,"为避免过于笼统的'商业秘密'界定,应该区分出对竞争起直接作用的关键信息(如招投标竞标文件、核心技术秘密、生产流程、谈判底价、客户名单等)和起间接作用的一般信息(如资产状况、股权分布、盈亏情况,甚至企业收购成交价等),并列举若干项目加以厘清,只将直接的、关键的信息列为商业秘密,其余信息至少应该在局部范围内公开。"[1]笔者认为,将商业秘密区分为"核心商业秘密"和"一般商业秘密"的观点具有可取之处,但针对其公开的观点笔者则持不同意见,一般商业秘密也应豁免公开,但不同类型的商业秘密应建立不同的豁免公开标准,核心商业秘密的保密要求高于一般商业秘密。对于商业信息(秘密)的豁免公开,"美国似乎采用的绝对免除公开,英国则区别两种情形:一种情形是属于商业秘密类信息,为绝对免除公开;另一种情形是属于一般商业信息(秘密),为有限免除公开"。[2] 构建商业秘密豁免公开的标准,应从商业秘密的分类出发,核心商业秘密采用接近种类基础豁免的标准;一般商业秘密又可分为"以不公开为条件"获取的商业秘密和其他商业秘密,前者适用承诺豁免公开的标准,后者采用损害基础豁免的标准。"对于涉政府信息披露中的商业秘密必须建立相关标准,按照涉政府行为的不

---

〔1〕 湛中乐、苏宇:《论政府信息公开排除范围的界定》,载《行政法学研究》2009年第4期。

〔2〕 杨伟东:《政府信息公开主要问题研究》,法律出版社2013年版,第185页。

同类型，在信息记载时明确其分类，区分为政府有无限权利的信息、有有限权利的信息，并按照机密的程度在这两个分类的基础上建立细化的保密等级。"[1]唯有对商业秘密进行分级保护，才能在信息公开和商业秘密保护之间寻找到恰当的平衡点。

（二）细化应当公开的"公共利益"情形

政府信息公开中的商业秘密豁免主要涉及商业秘密的认定和应当公开商业秘密的公共利益例外，信息公开立法的重点在于公开，因此，信息公开立法应对商业秘密豁免公开的"实质损害"和应当公开的"公共利益"情形进行列举式规定，增强立法的可操作性。例如，加拿大《信息获取法》第20条规定："政府机构的负责人应拒绝公开包含第三方商业机密的信息，如果此类信息被公开，很可能会对第三方造成极大的经济损失，损害第三方的竞争地位。如果申请人要求公开的信息经第三方同意，方可公开。如果申请人申请信息的目的是出于公共健康、公共安全或环境保护的，政府机构可以将其公开。"在知识产权这一权利族群中，为了平衡公共利益和私人权利，往往对权利加以一定的限制，例如通过法律设定权利享有的期限，规定特殊情形下的强制许可。但在政府信息公开领域，"不公开会对公共利益造成重大影响"这一原则性规定既赋予行政机关过大的裁量权，同时对行政机关而言也是一种难以承受的负担，为了避免错误判断可能带来的国家赔偿，势必采取非常保守的态度对待涉及商业秘密信息的公开问题。加之商业秘密保护范围不断扩大的趋势，更增加了行政机关的判断难度。"关键问题在于政府数据开放部门和司法部门对公共利益与商业秘密的界定是否准确，'公共利益'范围的扩大与'商业秘密'范围的缩小都可能使商业秘密权利人受损。反之则可能导致一味地保护商业秘密，忽视公共利益。出于减少不必要麻烦的考虑，我国政府在对待可能涉及商业秘密的数据上多数时候选择拒绝开放，更倾向于保护企业与相关机构的利益。"[2]缩减行政机关的裁量权，立法为其在判断是否应当公开时提供更加具有可操作性的标准，才是减少涉商业秘密信息公开纷争的解决之道。

---

〔1〕 蓝纯杰：《涉政府信息披露中对商业秘密的法律保护——基于美国法的考察》，载《电子知识产权》2019年第9期。

〔2〕 赵龙文、孙倩倩：《政府数据开放中的商业秘密保护与利益协调》，载《图书馆学研究》2019年第4期。

综合域外立法和我国现有法律、法规关于主动公开内容的规定，应当公开涉及商业秘密的政府信息应符合“涉及公众利益调整、需要公众广泛知晓或者需要公众参与决策的政府信息”；立法方式上采用“概括＋列举”相结合的形式。公众应是指不特定的多数人，公众利益包括人身权益和财产权益：前者涉及不特定多数人的生命、健康安全，如公共卫生事件、重大食品安全事件、食品药品行政处罚信息、环境违法信息等；后者涉及不特定多数人的财产利益，如公共资金的预算、支出和使用等。正如有学者建议：“具有下列情形之一，披露、使用保密信息的行为不构成侵权：1. 为了制止、发觉或揭露已经发生或按计划将要发生的犯罪行为或侵权行为；2. 为了制止、发觉或揭露已经发生或按计划将要发生的欺诈社会公众的行为；3. 为了制止、发觉或揭露现在或将来会危及公众健康、安全的事项；4. 出于保障国家安全的需要；5. 基于其他公共利益事由。商业秘密权利的行使不得妨碍公民个人行使宪法赋予的基本权利。”〔1〕

第三节　商业秘密信息豁免公开的程序

无论是政府信息的主动公开还是依申请公开，都涉及商业秘密的保密审查。行政机关面向企业的行政许可、行政处罚、行政强制执行等领域，会收集企业大量的商业信息，其中包括了商业秘密。《政府信息公开条例》修改后取消了申请人“三需要”的限制，行政机关面对大量市场竞争中商业对手通过信息公开达到获取对方商业信息的目的的现象，如何在公开与保密之间寻求平衡，既保障公众的知情权又维护公平市场竞争秩序，是未来面对的一个难点问题。

一、行政机关对商业秘密的审查权

政府信息公开中，对商业秘密的判断因主体不同而有差异，包括商业信息的持有者认为的商业秘密、行政机关所划定的商业秘密以及法院判断的商业秘密。主动公开政府信息程序中，行政机关在收集信息时可以要求企业明示是否

〔1〕 黄武双：《英美商业秘密保护中的公共利益抗辩规则及对我国的启示》，载《知识产权》2009 年第 2 期。

需要保密。行政许可申请人在向行政机关申请办理行政许可事项时,对按照《反不正当竞争法》等法律法规界定的商业秘密要予以明示,对需要保密的商业信息也要予以标明。对可以通过公开渠道获知、不具有商业价值、未采取有效保密措施的商业信息,不得作为商业秘密和保密商务信息。依申请公开政府信息程序中,申请人对涉及商业秘密的政府信息提出公开申请,行政机关对商业秘密信息享有首次判断权。如果行政机关认为所申请公开的信息构成商业秘密,则应征求利害关系人是否公开的意见,但第三方是否答复和是否同意公开都不具有否定信息公开的效力。行政机关应在衡量公共利益和私人利益的基础上决定是否公开。

政府获取商业信息可能是根据立法的直接规定,也可能是在行政执法中获取的信息;既可能是强制收集的信息,也可能是企业自愿提供的信息。针对涉及商业秘密的政府信息公开申请,行政机关应行使首次判断权,对申请公开的信息是否涉及商业秘密进行判断。这既是行政机关的职权也是其职责,不能因商业秘密识别的困难而放弃行使权力。“余穗珠诉海南省三亚市国土环境资源局案”中法院强调了行政机关行使首次判断权的必要性,“对于是否构成商业秘密,行政机关应先行判断。考虑到行政机关获取的企业环境信息可能存在涉及第三方商业秘密的情形,应当首先由行政机关在行政程序中作出判断,法院并未越俎代庖直接判决公开,而是责令行政机关重新作出是否公开的答复,体现了对行政机关首次判断权的尊重。”[1]然而,实践中对商业秘密的判断相当困难,这也成为行政机关放弃判断权的重要原因。“行政机关在对涉案信息是否为商业秘密不作审查的情况下,径行征求第三方关于是否公开的意见,并以第三方不同意公开作为信息不予公开的理由,于法无据。行政机关对涉及商业秘密的信息具有进行审查的法定职权,并对此应当负有举证责任。”[2]

人民法院在合法性审查中,应当根据行政机关的举证作出行政机关的公开或不公开决定是否合法的判断。由于商业秘密的判断具有一定的技术性,且其识别过程中必然会接触到这些秘密,因此,行政机关往往不愿意对商业秘密或

〔1〕 余穗珠诉海南省三亚市国土环境资源局案,最高人民法院公布全国法院政府信息公开十大案例之一(2013年)。

〔2〕 李刚诉国家外汇管理局信息公开案,北京市第一中级人民法院(2014)一中行初字第10188号行政判决书。

个人隐私进行主动审查，政府信息中只要包含第三方的信息，就倾向于认定为商业秘密。行政机关应在行政程序阶段完成信息是否涉及商业秘密的判断并在诉讼中承担举证责任，如果行政机关放弃这种判断权径行认可第三方的商业秘密主张，属于违法的行政行为。“北京北方国讯通信有限责任公司与北京市海淀区人民政府政府信息公开纠纷案”中法院认为“行政机关对涉及商业秘密的信息具有进行审查的法定职权，其在对涉及商业秘密的信息不作审查的情况下，径行征求第三方意见，并以第三方不同意公开作为信息不予公开的理由，没有法律依据”。[1] “芦兰香诉兰州市国土资源局等复议案”中法院认为“被告市国土局应对原告申请公开的土地出让合同涉及商业秘密进行举证，但被告市国土局只提供了其发给第三方征询意见函及第三方的回复，没有对是否涉及商业秘密进行调查核实”。[2] “实践中，有的法院放弃了对这一问题的司法判断，完全听从行政机关或者第三方的说辞。行政机关对于哪些属于经济信息、经营信息、保密措施还是一头雾水。为了避免纠纷，甚至为不公开政府信息找挡箭牌，只要涉及企业的信息，只要有企业数据，就以商业秘密为由不予公开。”[3]

商业秘密本身是一个极具专业技术性的概念，除商业秘密外，涉及商业秘密的信息是否应公开，其界限相当模糊。《政府信息公开条例》修订的重大变化之一是取消了对依申请公开申请者的限制，即不再要求公民、法人或者其他组织必须“根据自身生产、生活、科研等特殊需要”申请获取相关政府信息。取消“三需要”的限制符合最大限度公开原则，但同时也等于给政府信息的商业利用敞开了大门。尤其是针对商业信息的公开申请，其申请者往往是信息权利主体的竞争者，面对大量的政府信息公开商业利用申请，政府应如何处理是一个两难的选择。“政府信息公开的商业利用确实给行政机关运作带来压力，然而美国联邦基于平等获取政府信息的理念并没有限制此种商业利用。相反，学者们建议应该完善主动公开制度，充分利用网络和信息技术，使公众均能够及时平

---

〔1〕 参见北大法宝，http://www.pkulaw.cn/case/pfnl_a25051f3312b07f3f5fc6c340e2a39c9cab89719a3b3d97bbdfb.html?，2019 年 12 月 3 日访问。

〔2〕 兰州铁路运输中级法院(2017)甘 71 行初 2 号行政判决。

〔3〕 上海市高级人民法院：《政府信息公开法律问题研究》，载最高人民法院行政审判庭编：《行政执法与行政审判》(2008 年第 1 集)，人民法院出版社 2008 年版，第 126 页。

等地利用这些数据。"[1]

二、征求第三方意见的必要程序

依申请公开政府信息可能涉及第三方合法权益的，征求第三方意见是必经的法定程序。第三方同意的前提是知悉影响自己权益的信息可能公开，这就意味着在其不知悉的情况下无法做出同意的意思表示，因此行政机关负有告知第三方的义务。2019 年修订的《政府信息公开条例》第 32 条规定："依申请公开的政府信息公开会损害第三方合法权益的，行政机关应当书面征求第三方的意见。第三方应当自收到征求意见书之日起 15 个工作日内提出意见。第三方逾期未提出意见的，由行政机关依照本条例的规定决定是否公开。第三方不同意公开且有合理理由的，行政机关不予公开。行政机关认为不公开可能对公共利益造成重大影响的，可以决定予以公开，并将决定公开的政府信息内容和理由书面告知第三方。"行政机关收到政府信息公开申请后，经过审查认为该信息公开申请涉及第三方的商业信息，信息公开可能会损害第三方的合法权益。在正式作出决定之前，应征求第三方的意见。这是权益可能受损害方对信息公开程序的参与权、陈述权和申辩权的体现。征求意见程序既是法定的程序、也是对相对人权益有重要影响的程序，违反征求意见程序的情况构成程序违法，征求意见的方式必须采用书面的形式。属于主动公开的政府信息，如扶贫、教育、医疗、社会保障、促进就业等方面的实施情况信息，根据 2019 年修订的《政府信息公开条例》的规定，主动公开的政府信息即使可能影响第三方的合法权益，也无须再征求其意见，立法过程中已完成了对公共利益和个人权益的取舍，根据相关规定直接公开信息即可。主动公开的范围是《政府信息公开条例》或其他法律、法规明确规定应当公开的信息，即使信息公开会损害第三方的合法权益，但立法者在立法过程中已经进行了利益衡量，认为公开利益大于不公开的利益，行政机关只需要根据法律规定实施公开即可，不需要再进行利益衡量和征求意见。

第三方没有必须答复的法定义务，其答复意见也不具有否定信息公开的必然效力。对行政机关而言，征求第三方意见是其法定义务，行政机关没有征求

---

[1] 高秦伟:《美国政府信息公开申请的商业利用及其应对》，载《环球法律评论》2018 年第 4 期。

意见的构成行政程序违法;对于第三方而言,并没有答复的法定义务。第三方享有的程序权利是为了保障其权益不受损害,第三方可以放弃其程序权利,即不对行政机关的征求意见作出答复。新旧条例均为行政机关设定了征询意见的义务程序,但旧条例对第三方没有答复处理的情况未做出规定。针对此问题,《山东省政府信息公开办法》《上海市政府信息公开规定》等多数地方立法均规定:"权利人对是否同意公开的意见征询未向行政机关作答复的,视为不同意公开。""第三方不同意公开或者逾期未提出意见,但是行政机关认为不公开可能对公共利益造成重大影响的,可以决定予以公开,并将决定公开的政府信息内容和理由书面告知第三方。"但《湖南省实施〈中华人民共和国政府信息公开条例〉办法》(湖南省人民政府令第245号)第10条第2款规定:"有证据证明权利人已收到书面通知,权利人逾期不答复又不提供不答复的正当理由的,视为同意公开。"2019年修订的《政府信息公开条例》规定"第三方应当自收到征求意见书之日起15个工作日内提出意见"意在指第三方答复的法定期限,并非为第三方设定法定的答复义务。从"第三方逾期未提出意见的,由行政机关依照本条例的规定决定是否公开"的规定来看,条例认可第三方并非必须在法定期限内答复。从实践的情况来看,"第三方拒绝公开率较高。第三方在行政机关向其征求意见之后,一般以涉及商业秘密、不同意公开为由作出答复,或者根本不予回复。"〔1〕但第三方意见并不具有否定信息公开的法定效力,行政机关应对第三方拒绝公开的理由进行实质审查,如果第三方不同意公开,必须进行利益衡量。在政府信息公开实践中,"第三人的意见对行政机关决定不公开产生很强的约束力。"〔2〕行政机关经常会以申请的政府信息涉及商业秘密为理由不予公开,但有时会出现滥用。"行政机关的判断一般遵从第三方意见,只要有企业或者个人不同意公开,行政机关经常表示同意或认可。"〔3〕《最高人民法院关于审理政府信息公开行政案件若干问题的规定》(法释〔2011〕17号)第5条规定:"被告拒绝向原告提供政府信息的,应当对拒绝的根据以及履行法定告知和说明理由义务的情况举证。因公共利益决定公开涉及商业秘密、个人隐私政

〔1〕 申静:《政府信息公开的例外研究》,法律出版社2016年版,第90页。

〔2〕 张鲁萍:《我国涉"商业秘密"信息公开之反思》,载《天津行政学院学报》2012年第2期。

〔3〕 申静:《政府信息公开的例外研究》,法律出版社2016年版,第90页。

府信息的，被告应当对认定公共利益以及不公开可能对公共利益造成重大影响的理由进行举证和说明。”“王某某诉天津市和平区房地产管理局案”中，法院认为“行政机关应当根据《反不正当竞争法》所确定的标准对商业秘密进行审查，而不应单纯以第三方是否同意公开作出决定。本案和平区房管局在行政程序中，未进行调查核实就直接主观认定申请公开的信息涉及商业秘密，在诉讼程序中，也没有向法院提供相关政府信息涉及商业秘密的证据和依据，导致法院无从对被诉告知书认定‘涉及商业秘密’的事实证据进行审查，也就无法对该认定结论是否正确作出判断”。[1]

三、行政机关作出公开或不公开的决定

行政机关向第三方征求意见后，无论第三方是否答复，也无论其答复内容是否同意公开，行政机关都应衡量公共利益和权利人的私人利益，并在此基础上作出公开或不公开的决定。

行政机关决定不公开信息的，应告知申请人不予公开信息的理由和法律救济途径，同时通知第三方不公开信息的决定。《最高人民法院关于审理政府信息公开行政案件若干问题的规定》（法释〔2011〕17 号）第 5 条第 1 款规定：“被告拒绝向原告提供政府信息的，应当对拒绝的根据以及履行法定告知和说明理由义务的情况举证。”如果行政机关在利益衡量的基础上决定公开信息，应通过法定方式向申请人公开相关信息，同时告知第三方公开信息的决定。第三方认为信息公开决定损害其合法权益的，有权依法申请复议和提起诉讼。

我国对涉及商业秘密的政府信息虽严格限制公开，但并不完全排除公开。即使信息涉及商业秘密，根据分割原则进行区分处理，仍应公开那些不涉密的信息。“赵某某诉上海市杨浦区房屋土地管理局信息公开纠纷案”中法院认为“原则上，涉及商业秘密的政府信息是不应当公开的，但是如果该信息能够作区分处理，而当事人仅对不涉及商业秘密的可以公开的部分内容申请公开的，则行政机关就应当根据其申请对已获取的该部分信息予以公开”。[2]

---

〔1〕 最高人民法院公布全国法院政府信息公开十大案例之三（2013）。

〔2〕 参见北大法宝，http://www.pkulaw.cn/case/pfnl_a250，2019 年 12 月 13 日访问。

四、完善强制公开的异议和救济程序

商业秘密的识别和信息公开的利益衡量存在相当的困难,无法避免争议。立法虽看起来体现了利益平衡,但从涉商业秘密信息公开案件的实践来看,偏重对商业秘密持有者的保护。除了从实体上对商业秘密进行分级保护、细化应当公开的公共利益情形外,程序设置上应给行政机关和相对人留有一定的缓冲期,避免因其决定错误而给企业造成无法挽回的经济损失,是未来完善涉商业秘密政府信息公开的重要途径。

《政府信息公开条例》针对商业秘密信息公开的决定缺乏缓冲期,涉及商业秘密的政府信息公开,无论是行政机关认为不构成商业秘密,或者即使构成商业秘密但基于公共利益的需要仍然选择公开,行政机关作出初步公开的决定并送达相对人,程序上在初步决定和正式公开之间应设置一定的缓冲期。此外,允许利害关系人针对初步公开决定寻求行政救济,即申请行政复议和提起行政诉讼。初步公开决定虽然不是正式作出的行为,但其内容已充分证明可能对相对人的权益造成损害。《关于强化行政许可过程中商业秘密和保密商务信息保护的指导意见(征求意见稿)》规定:"行政许可机关依法公开权利人商业秘密和保密商务信息的,要允许权利人在合理期限内提出异议;权利人认为行政许可机关的行为侵犯其合法权益的,可以依法申请行政复议或者提起行政诉讼。"[1]通过上述缓冲期和行政救济的规定,给行政机关以试错的机会。

[1] 司法部政府网,http://www.moj.gov.cn/government_public/content/2020-08/14/657_3254208.html,2020年8月20日访问。

第七章

个人隐私信息的豁免公开

第一节　政府信息豁免公开中的个人隐私

政府是个人信息最大的收集者和利用者。包含个人隐私的政府信息向第三方公开会导致侵犯私人权益,从而引起公众知情权与个人隐私权之间的矛盾。如何处理两者的关系,一直是政府信息公开立法的重点和难点之一。

一、个人隐私例外还是个人信息例外

(一)个人隐私与个人信息概念之争

个人隐私强调私密性,而知情权则主张政府信息最大限度的公开。一般情况下,两者各司其职,但当政府信息包含个人隐私或者信息的公开可能侵犯隐私权时,国际公约、条约、国际组织文件和域外国家立法均将个人隐私作为政府信息公开的例外之一。隐私权首创于美国,学者基于独处权理论论证其合理性:“个人对人身和财产享有完全的保护是普通法上的一项基本原则,从严格意义上讲……隐私权是基于一个文明社会对个人隐私空间和个人人格的应有尊重,既不根植于财产权,也不根植于著作权,而只是施行于个人的、一般性的、不受打扰的权利。”[1]美国上下两院于1974年通过了《隐私权法》,[2]其内容着

---

[1] Samuel Warren & Louis D. Brandeis, *The Right to Privacy*, 4 Harv. L. Rev. 193, 193 (1890).

[2] *The Privacy Act*, 1974年12月31日通过,1979年美国第96届国会修订《联邦行政程序法》时将其编入美国法典第五编,形成第552a节, See 5 U. S. C. § 552a(b)。

力于个人信息的收集、持有、使用和传输。以美国为代表的一些国家在政府信息免除公开中使用的是“个人隐私”(private privacy)一词,美国从实用主义出发,采用大隐私权的概念,没有对个人信息和个人隐私作严格的界分。[1]

以德国为代表的另外一些国家在信息公开立法中则采用的是“个人信息”(personal information)、“个人数据”(personal data)的概念。德国最早承认个人信息权,学者提出了同心圆理论,“将私人的生活领域按照同心圆的形式划分为私密或者秘密领域、私人领域,以及公共或者社会领域。任何对于私密领域的侵害都会被认为是对当事人人格尊严的侵害。而对于秘密领域和私人领域的保护,则需要根据个案进行利益衡量”。[2] 后来又发展出“信息自决”的概念,“基于自我表现对人格发展的重要意义,以及《基本法》第2条第1款中对人格自由发展的保护,个人应当有权决定如何使用自己的个人信息”。[3] 大陆法系国家基于完整的人格权理论体系,多制定统一的个人信息保护法,并在立法中对个人信息的外延加以详细列举。

笔者认为,个人信息与个人数据概念基本等同,两者只是载体的差异,个人数据是在数字化时代背景下通过网络、平台存储、利用和交换个人信息。个人隐私与个人信息的关系比较复杂,存在“等同说”与“区分说”两种认知。“区分说”为学界之通说,此种观点又可以细分为两种主张:个人信息与个人隐私之间是包容关系,个人隐私是个人信息的下位概念;[4] 两者之间是交叉关系。[5]

(二)我国立法与实践中的个人隐私与个人信息

我国立法中“个人隐私”与“个人信息”概念并存。隐私权概念在我国立法中是逐步获得承认的,《民法总则》第110条规定自然人享有“隐私权”。尽管立法已经规定了隐私权,但其外延范围相当模糊。与此同时,我国立法中亦承认

---

〔1〕 See Tom Gerety, *Redefining Privacy*, 12 Harvard Civil Rights - Civil Liberties Law Review233, 1977; Ruth Gavison, *Privacy and the Limits of Law*, 89 Yale Law Journal 421, 1980.

〔2〕 谢远扬:《信息论视角下个人信息的价值——兼对隐私权保护模式的检讨》,载《清华法学》2015年第3期。

〔3〕 谢远扬:《信息论视角下个人信息的价值——兼对隐私权保护模式的检讨》,载《清华法学》2015年第3期。

〔4〕 参见齐爱民:《拯救信息社会中的人格:个人信息保护法总论》,北京大学出版社2009年版,第78页。

〔5〕 参见范姜真微:《个人资料保护法关于“个人资料”保护范围之检讨》,载《东海大学法学研究》2013年第41期。

对个人信息应予以保护，但却没有明确提出个人信息权的概念。《民法总则》(2017 年)第 111 条规定："自然人的个人信息受法律保护。任何组织和个人需要获取他人个人信息的，应当依法取得并确保信息安全，不得非法收集、使用、加工、传输他人个人信息，不得非法买卖、提供或者公开他人个人信息。"《中华人民共和国网络安全法》(2016 年)第 76 条将个人信息解释为："以电子或者其他方式记录的能够单独或者与其他信息结合识别自然人个人身份的各种信息，包括但不限于自然人的姓名、出生日期、身份证件号码、个人生物识别信息、住址、电话号码等。"《最高人民法院、最高人民检察院关于办理侵犯公民个人信息刑事案件适用法律若干问题的解释》(法释〔2017〕10 号)第 1 条规定："刑法第 253 条之一规定的'公民个人信息'，是指以电子或者其他方式记录的能够单独或者与其他信息结合识别特定自然人身份或者反映特定自然人活动情况的各种信息，包括姓名、身份证件号码、通信联系方式、住址、账号密码、财产状况、行踪轨迹等。"《民法典》第 1032 条第 2 款规定："隐私是自然人的私人生活安宁和不愿为他人知晓的私密空间、私密活动、私密信息。"第 1034 条第 2 款规定："个人信息是以电子或者其他方式记录的能够单独或者与其他信息结合识别特定自然人的各种信息，包括自然人的姓名、出生日期、身份证件号码、生物识别信息、住址、电话号码、电子邮箱、健康信息、行踪信息等。"

我国政府信息公开司法实践中，"个人隐私"与"个人信息"概念亦交替使用。"蔡某某与湖北省文化厅文化行政管理纠纷案"中，蔡某某向湖北省文化厅申请公开"蔡林记热干面技艺申遗的申报材料信息"。一审法院认为被告方"将涉及第三人的个人信息和热干面制作技艺作为个人隐私及商业秘密进行遮盖并说明理由，其他部分予以公开"的行为合法。[1] 但在另外一些案件中，法院关注到应当对"个人隐私和个人信息"进行明确的区分。"俞某某等诉宁波市鄞州区人民政府政府信息公开行政诉讼案"中，法院认为："政府信息公开中的'个人隐私'，应根据公开后是否会对权利人生产、生活造成明显不当影响来判断，不能将所有涉及个人的资料都列入'个人隐私'的范畴。……"[2] 总体而言，在《民法典》出台之前，我国的立法和司法实践无法清晰地呈现判断个人隐私的标

〔1〕 参见湖北省武汉市武昌区人民法院(2016)鄂 0106 行初 165 号行政判决书。

〔2〕 浙江省宁波市中级人民法院(2009)浙甬行终字第 44 号行政判决书。

准,也无法厘清个人隐私与个人信息的关系。政府信息公开实践中有些案件中将两者等同,客观上扩大了个人隐私豁免公开的适用范围。

(三)信息公开视角下的个人隐私例外

有学者主张应以个人信息概念取代个人隐私,理由在于"信息自由权作为公法上信息保护的理论基础具有诸多优越性:权利属性与功能指向的明晰;保护对象的广泛与普遍;相对保护与权利的开放多元"〔1〕。尽管个人隐私权和个人信息权的概念纠缠不清,但仍可以从"权利属性、权利客体、权利内容以及保护方式"〔2〕四个方面对两者加以区分。政府信息公开中对私人权益的保护,重点在于防止那些个人希望保密的信息被泄露。个人信息的种类包罗万象,但其中只有部分信息处于保密状态。根据个人信息的类别与性质不同,应进行分类保护。对此,有学者提出了"两头强化、三方平衡"的理论,"两头强化"是指建立"个人敏感隐私信息"的概念,在个人敏感隐私信息与个人一般信息区分的基础之上,通过强化个人敏感隐私信息的保护和强化个人一般信息的利用,调和个人信息保护与利用的需求冲突,实现利益平衡。〔3〕"个人敏感信息"的概念亦为《信息安全技术公共及商用服务信息系统个人信息保护指南》(GB/Z 28828—2012)所采纳。

笔者认为,个人隐私强调私密性,个人信息注重身份的识别性。个人敏感信息概念是联通两者的桥梁,"个人敏感信息应当强调保护的面向,一般性个人信息应当在保护的基础上注重利用的面向",〔4〕公开个人敏感信息可能侵犯隐私权。政府信息公开中所保护的对象,从权益的角度属于"个人隐私",从客观载体来看属于"个人敏感信息",通过立法列举豁免公开的个人信息范围,以增强其可操作性。《民法典》第 1034 条第 3 款规定:"个人信息中的私密信息,适

---

〔1〕 赵宏:《从信息公开到信息保护:公法上信息权保护研究的风向流转与核心问题》,载《比较法研究》2017 年第 2 期。

〔2〕 参见王利明:《论个人信息权的法律保护——以个人信息权与隐私权的界分为中心》,载《现代法学》2013 年第 4 期。

〔3〕 参见张新宝:《从隐私到个人信息:利益再衡量的理论与制度安排》,载《中国法学》2015 年第 3 期。亦有学者反对采用"敏感个人信息"的概念,参见周汉华:《中华人民共和国个人信息保护法(专家建议稿)及立法研究报告》,法律出版社 2006 年版,第 79 页。

〔4〕 廖宇羿:《我国个人信息保护范围界定——兼论个人信息与个人隐私的区分》,载《社会科学研究》2016 年第 2 期。

用有关隐私权的规定；没有规定的，适用有关个人信息保护的规定。”该款中所指的私密信息可以视为个人敏感信息。

二、个人隐私的权利主体

（一）保障自然人的个人隐私权

个人隐私的主体是“自然人”，首先是指存在之自然人。亡故之人是否还享有隐私权或隐私利益？这一问题无论是理论还是立法上均存在争议。从域外立法规定和实践来看，美国司法实践确认“对于死者的隐私权益，法庭通常认为死亡和自愿公开一样都等同于隐私权益的放弃，死者对于公开其身份信息没有隐私权益。但是在几个著名的案件中，法院倾向于承认死者家属的隐私权益。”〔1〕在“美国国家档案管理局诉法维西”案中，联邦最高法院第一次认可《信息自由法》的相关隐私权利益延伸适用于与死者具有紧密关系的家庭成员。〔2〕“澳大利亚和南非等国家，明确规定个人信息的主体不仅包括在世之人，而且涵盖亡故之人。相反，英国等一些国家则明确规定，有关个人信息规定仅适用于在世之人，而不包括亡故之人。”〔3〕我国民法学界学者曾提出“死者权利保护说”“死者利益保护说”“近亲属权利保护说”“人格利益继承说”“家庭利益说”“延伸保护说”等代表性观点。通说认为，“生命存续期间，人格与利益是统一的；生命一旦终止，人格虽灭，利益犹存。”〔4〕“对死者隐私权保护的内容是隐私，是一种利益，是死者近亲属的感情和名誉利益。”〔5〕我国《民法典》第13条明确规定：“自然人从出生时起到死亡时止，具有民事权利能力，依法享有民事权利，承担民事义务。”《最高人民法院关于适用〈中华人民共和国民事诉讼法〉的解释》（法释〔2015〕5号）第69条规定：“对侵害死者遗体、遗骨以及姓名、肖像、名誉、荣誉、隐私等行为提起诉讼的，死者的近亲属为当事人。”根据上述规定，公民死亡后，不应再享有民事权利，其近亲属作为权利义务的承受人，享有

---

〔1〕 王敬波：《阳光下的阴影：美国政府信息公开例外条款的司法实践》，载《比较法研究》2013年第5期。

〔2〕 *National Archives & Records Administration v. Favish*, 541 U. S. 157, 170 (2004).

〔3〕 杨伟东：《政府信息公开主要问题研究》，法律出版社2013年版，第186页。

〔4〕 税兵：《身后损害的法律拟制——穿越生死线的民法机理》，载《中国社会科学》2011年第6期。

〔5〕 张新宝：《隐私权的法律保护》，群众出版社1997年版，第23页。

隐私利益。司法实践中,“曹某某、刘某某、周某诉天津市社会保险基金管理中心”一案,法院支持了原告的请求,“三原告申请公开的《天津市涉及民事伤害赔偿工伤赔偿保险待遇核定表》属于周某某个人信息,本应由周某某本人申请公开或者行政机关可以拒绝公开,但是周某某已经死亡,曹某某、刘某某、周某分别为周某某之妻、之母、之子,属于其近亲属,理应成为周某某个人信息的权利人,他们应当享有申请公开周某某个人信息的权利。”〔1〕综上所述,自然人死亡后不再享有隐私权,但其近亲属享有基于死者隐私的权益。

(二)特定主体隐私的区分保护

一般情况下个人敏感信息属于个人隐私。例外情况下,对于特殊主体的个人信息给予更严格的保护,一律视为隐私,一般不予公开。《信息安全技术 个人信息安全规范》(GB/T 35273－2017)规定“通常情况下,14 周岁以下(含)儿童的个人信息和自然人的隐私信息属于个人敏感信息。”基于对未成年人的特别保护,规范将 14 周岁以下未成年人的个人信息视为“敏感信息”,即纳入与隐私相同层面的保护。《公安机关执法公开规定》(公通字〔2018〕26 号)第 13 条规定“被行政处罚人、行政复议申请人是未成年人的”法律文书不得向社会公开。2009 年重庆市招生自考办公室经过调查取消了 31 名违规更改民族成分的考生 2009 年全国普通高校招生录取资格,同时“鉴于 31 名考生系青年学生,其中大多数系未成年人,本着‘教育和保护相结合’和有利于青年学生成长的原则,故不对外公布这 31 名考生姓名及相关信息。”〔2〕本案中,对于是否公开违法行为人的个人信息存在争议。〔3〕在立法尚缺乏明确规定的情况下,行政机关出于保护未成年人的特殊需要作出不予公开的决定,具有合理性。

自然人均享有隐私权,但对于具有特定身份的人(如公职人员),其权利受到更多的限制。对公职人员的个人隐私与职务信息应区别对待,只有前者才属

〔1〕天津市和平区人民法院(2012)和行初字第 76 号行政判决书,转引自刘志强、张战华、高博:《死亡公民的近亲属可以申请公开涉及该死亡公民的个人信息》,载《人民司法》2013 年第 8 期。

〔2〕《重庆:对 09 年高招中少数民族加分问题处理情况通告》,载阳光高考网,http://gaokao.chsi.com.cn/gkxx/ss/200907/20090708/27634265.html,2009 年 7 月 8 日访问。

〔3〕陈杰人:《重庆,请别借未成年人糊弄公众》,载中国青年网,http://pinglun.youth.cn/zqsp/200907/t20090708_948273.htm,2009 年 7 月 8 日访问。

于豁免公开的范围。我国司法实践中对此存在矛盾的判决。[1] “广州市睿杰名店管理有限公司诉广州市花都区人民政府案”中,原告申请公开“白云机场航站楼‘10.27’火灾事故调查组成员名单”等政府信息,法院认为“事故调查组成员名单不属于个人生活中不愿向公众公开的,与公共利益无关的个人信息。”[2]但在“张某与长沙市财政局不履行政府信息公开法定职责案”中,法院认为“上诉人申请公开的第三方工作人员的姓名、性别、出生年月、出生地、学历、毕业院校、原工作单位、进入现单位的工作时间、每月基本工资、奖金、津贴等个人事项,一般认为属个人稳私”。[3] 该案中,法院将有关第三人的相关信息一律视为个人隐私,而没有区分与职务有关的信息和纯粹的个人隐私信息,值得商榷。该案中第三人的姓名、学历、毕业院校、进入现工作单位时间等明显属于与职务相关的信息,不应再视为个人隐私。判断公职人员的个人信息与职务关联信息,应综合考虑信息的性质、公务员的级别、信息与法定职责的关系以及公务员的产生方式等因素。[4]

三、信息公开视角下的个人隐私客体

个人隐私具有民族、地域性特征;在大数据的时代背景下,任何有关个人的微小信息都有可能被追踪至具体个人,因此很难对个人隐私划定一个清晰的边界。英国《个人数据保护法》(Data Protection Act,1998 年)规定可以免除公开的个人信息包括:“基于信任获取的信息、通过公开方式可以得到的信息、犯罪与税收、经营管理类信息、谈判信息、监管行为、法律意见及诉讼、社会工作记录、健康与教育记录等。”[5]美国《信息自由法》(1967 年)第 6 项免除公开条款中的个人隐私包括人事档案、医疗档案和类似档案三大类。“人事档案主要包括当事人的家庭住址、学习经历、考试成绩、工作绩效评价等信息;医疗档案是

[1] 实践中,除个人隐私外,行政机关还以执法人员信息属于内部信息为由拒绝公开,并获得法院支持。参见北京市第一中级人民法院(2017)京 01 行初 72 号行政判决书,江苏省南通市中级人民法院(2017)苏 06 行终 49 号行政判决书。

[2] 广州铁路运输第一法院(2017)粤 71 行初 163 号行政判决书。本案当事人均没有上诉。

[3] 湖南省长沙市中级人民法院(2012)长中行终字第 29 号行政判决书。

[4] 参见王敬波:《政府信息公开中的公共利益衡量》,载《中国社会科学》2014 年第 9 期。

[5] 参见英国信息专员办公室网站,https://ico. org. uk/media/for – organisations/documents/2014223/subject – access – code – of – practice. pdf,2017 年 6 月 11 日访问。

指公民个人的健康历史。既包括过去的病例和病史，也包括现在的健康状况、医疗状况、生理心理状况等事项的档案；类似档案是指人事档案和医疗档案以外的其他关于个人情况的记录，往往涉及个人的名誉和身份，如男女关系、是否父子关系、是否婚生子女关系、家庭纠纷、福利救济等。”[1]芬兰《政府行为公开法》第24条第24～32项则详细列举了需要例外保护的个人敏感信息，包括："24. 包含有关难民、寻求政治庇护者、居留权和护照申请人的信息的文档，但是公开后明显不会危及难民、申请人或其他相关人员安全的除外。25. 包含有关接受社会福利、劳动保障福利和救济、社会救济的人的信息的文档，以及包含有关个人健康状况、生理缺陷、医疗状况、性行为和性取向信息的文档。26. 包含嫌疑人、受害人和刑事案件其他相关人员私生活敏感信息的文档，以及公开后可能损害证人权益或给有关人员带来不当压力等后果的、涉及证人信息的文档。但是，为了执行公务必须公开的除外。27. 包含嫌疑人身体检查信息、未成年嫌疑人性格测试信息、替代拘禁的社区服务惩罚措施适应性研究信息的文档。28. 包含犯罪等被剥夺自由者信息的文档或登记资料，但是，公开后明显不会妨碍当事人未来生活、重新融入社会、人身安全，并且有正当公开理由的除外。29. 包含征兵、雇用、薪资确定过程中开展心理和资质测试情况及测试结果信息的文档。30. 有关学生福利、免修以及学生、报考人、毕业生考试结果的文档，有关学生人格测试评估的文档，以及入学考试委员会有关报考人分区分类的文档。但是，有关考试结束一年后相关文档应当解密。31. 涉及应当保密的电话号码、移动通信设备位置等信息的文档，以及包含当事人基于健康、人身安全或家庭安全等正当理由要求保密的个人住所、居所、临时居所、电话号码以及其他联络信息的文档。32. 包含政治信仰、人物评价、生活方式、参加志愿者组织情况、家庭生活以及其他私生活情况等信息的文档，但是，有关个人政治活动、竞选公职、注册政党、设立竞选组织等活动的文档除外。”[2]

我国立法对个人隐私的外延没有明确的规定，《网络安全法》(2016年)第76条和《最高人民法院、最高人民检察院关于办理侵犯公民个人信息刑事案件

---

〔1〕 杨建生：《美国个人隐私信息免除公开的司法审查》，载《行政法学研究》2015年第5期。

〔2〕 参见后向东：《信息公开的世界经验——十六国信息公开法译介与评析》，中国法制出版社2016年版，第129页。

适用法律若干问题的解释》(法释〔2017〕10号)第1条将“姓名、身份证件号码、通信通讯联系方式、住址、账号密码、财产状况、行踪轨迹等”信息作为个人信息中的重要内容加以列举。尽管存在一定的分歧,根据我国司法实践的情况,下列个人敏感信息通常被视为个人隐私:第一,个人身份信息,包括身份证、驾驶证、出生证、工作证等证件上记载的个人基本情况。例如在“左某某诉重庆市长寿区公安局撤销答复案”中,法院确认原告申请公开的信息“涉及李某某的个人身份信息和行踪,属于个人隐私。”〔1〕第二,网络身份标识信息和生物识别信息。第三,个人财产信息,包括银行账号、存款信息、房产信息、交易和消费记录等。第四,个人健康生理信息,“许某与岳阳县卫生和计划生育局行政监督案”中原告诉请公开2015年度省市医疗救助患者的基本信息,法院认为“依据《中华人民共和国精神卫生法》第4条规定:××患者的姓名、肖像、住址、工作单位、病历资料以及其他可能推断出生其身份的信息予以保密。”〔2〕第五,其他信息,包括个人电话号码、性取向、宗教信仰、违法犯罪记录、通信记录等信息。

第二节　个人隐私豁免公开的条件

一般情况下,对个人隐私的保障优先于信息公开的需求。个人隐私豁免公开作为一项例外,其适用并不是绝对的,即使存在需要保护的隐私利益,根据公共利益和私人权益损害的大小,仍然可以由立法规定或由行政机关裁量决定是否公开信息。多数国家立法以“损害”为基础决定是否公开涉及个人隐私的政府信息。法律对特定情形下的公共利益进行列举,即使存在侵犯隐私权的可能但基于更大的公共利益也只能公开相关信息。其他情况下,法律更多地从保护隐私的视角出发,留给行政机关裁量权,根据公共利益和私人权益损害的大小,并通过知情同意、危害测试、信息分割的过程,决定是否向第三人和社会公众公开信息。

〔1〕 重庆市长寿区(县)人民法院(2016)渝0115行初156号行政判决书。

〔2〕 湖南省岳阳县人民法院(2016)湘0621行初43号行政判决书。

一、个人隐私豁免公开的立法模式

（一）种类基础豁免

英国和加拿大立法属于此种模式，只要信息属于个人隐私，就可以豁免公开。在具体适用时，需要判断信息的性质是否属于个人隐私，无须考虑相关的公共利益，也不必在公共利益和私人利益之间进行利益衡量。英国《信息自由法》规定的例外事项繁多，且具体分为“绝对豁免公开”和“有条件豁免公开”两类，第 40 条规定申请公开的信息构成个人数据则属于豁免公开，且个人数据属于绝对豁免公开之列。[1] 加拿大《信息获取法》关于信息豁免公开的规定分为五大类，包括政府职责类信息、个人隐私类信息、第三方信息、政府运行的信息以及其他法律明确规定不得公开的信息。这些信息按照政府是否有权决定公开，又可以分为强制豁免和裁量豁免。第 19 条规定“申请公开的政府信息涉及《隐私权法》第 3 条的个人信息，行政机关的负责人有权拒绝公开此类信息”，可见个人隐私类信息属于强制豁免公开的范畴。[2]

（二）损害基础豁免

一些国家政府信息公开立法从权益损害的角度出发，规定“影响个人权益”“侵犯个人隐私”的政府信息免于公开。此种立法模式下，决定政府信息是否公开的关键是该信息对私人权益的损害程度，行政机关承担不公开的举证责任。不同国家立法对危害的要求存在差别，故此种模式下又分为两种不同的类型：一类是严格损害标准，美国《信息自由法》第 6 项免除公开为“个人隐私”即“公开会造成对个人隐私明显不法侵害的人事和医疗资料以及类似的资料”；第 7 项为“执法信息”免除公开，其中包括“基于合理的预期可能会侵犯个人隐私”的信息。[3] 美国《信息自由法》“以公开为原则”，司法实践中法院对不公开的信息从严把握，只有达到“明显的不法侵害”“合理预期可能产生的侵害”时，才承认该类信息可以不公开。另一类是一般损害标准，瑞典、澳大利亚等国立法规定信息公开将导致个人权益“不当”或“不合理”损害时，即符合豁免公开的

---

〔1〕 参见英国国家档案馆网站，http://www.legislation.gov.uk/ukpga/2000/36/contents，2017 年 6 月 11 日访问。

〔2〕 参见加拿大司法部网站，http://laws-lois.justice.gc.ca/PDF/A-1.pdf，2017 年 9 月 28 日访问。

〔3〕 5 U.S.C. § 552 (b)(6)(7).

标准。瑞典《出版自由法》第二章第2条规定限制获取官方文件的理由之一是“保护个人操守和个人经济状况”。[1] 澳大利亚《联邦信息自由法》第47条F是关于公共利益有条件豁免公开之“个人隐私”条款，如果文件的公开将引起个人（包括已死亡的人）信息之“不当”公开，那么该文件将获得有条件的豁免公开。[2] “不当”或“不合理”的损害标准在证明标准上要低于“明显的不法侵害”标准。

二、法律规定应当公开涉及个人隐私信息的情形

即使存在侵犯隐私权的可能，但基于更大的公共利益也只能公开相关信息。根据公共利益和私人权益损害的大小，可以由法律直接规定向第三人和社会公众公开信息。“在公共利益优先的情形之下，的确存在个人信息、隐私退让的情形。”[3]通过立法明确规定可以公开涉及个人隐私信息的情形，是处理信息公开与个人隐私冲突的积极方式。德国《信息自由法》采用了法定的方式处理公共利益和个人隐私的矛盾：(1)只有“公开的利益”高于“保护第三人的利益”时，或者第三人同意公开时，有关个人数据的信息才能公开。《联邦数据保护法》第3条第9项所规定的特定信息只有在第三人明示同意时才能公开。(2)有关第三人服役、公职、委任状或者其他构成专业秘密或官方秘密的信息，“公开的利益”低于“保护第三人的利益”。(3)有关第三人顾问、专家或其他类似身份向政府提交的材料中包含的姓名、头衔、学历、专业、办公地址和电话等信息，“公开的利益”高于“保护第三人的利益”。(4)不存在其他例外情况时，官方文件中有关官员姓名、头衔、学历、专业、办公地址和电话等信息，不应排除在信息公开范围之外。[4]

我国2019年修订的《政府信息公开条例》（以下简称新条例）和单行立法规范亦明确应当公开涉及个人隐私的政府信息。一方面，新条例第19条规定：

---

〔1〕 参见瑞典议会网站，http://www. riksdagen. se/en/SysSiteAssets/07. – dokument – – lagar/the – freedom – of – the – press – act – 2015. pdf/，2017年6月11日访问。

〔2〕 参见澳大利亚联邦立法登记网站，https://www. legislation. gov. au/Details/C2017C00102，2017年8月23日访问。

〔3〕 胡敏洁：《社会保障行政中的个人信息利用及其边界》，载《华东政法大学学报》2019年第5期。

〔4〕 参见德国联邦司法和消费者保护部网站，http://www. gesetze – im – internet. de/englisch_ifg/englisch_ifg. html#IFGengl_000P1，2017年9月28日访问。

“对涉及公众利益调整、需要公众广泛知晓或者需要公众参与决策的政府信息，行政机关应当主动公开”，如行政机关应主动公开的行政许可结果、行政处罚决定、涉及土地征收、房屋征收、治安管理、社会救助等方面的政府信息都可能包含个人隐私，立法者认为公开的公共利益优于私人利益。另一方面，通过单行法律、法规和规章规定应当公开的范围，新条例认可单行法律、法规、规章和有关规定扩大主动公开的政府信息范围。如《食品药品行政处罚案件信息公开实施细则》（食药监稽〔2017〕121 号）第 10 条第 2 项规定公开“被处罚的自然人姓名、被处罚的企业或其他组织的名称、统一社会信用代码（组织机构代码、事业单位法人证书编号）、法定代表人（负责人）姓名”，对于住址、自然人的身份证号码、照片等信息则不予公开。

三、裁量公开个人隐私信息应遵循的基本立场

（一）个人隐私应否公开的利益衡量

在政府信息公开法和相关立法都没有明确规定的情况下，行政机关依然享有是否公开信息的裁量权，应综合考虑信息所涉及的公共利益重要性、信息不公开对公共利益影响的大小、信息敏感程度等因素，运用比例原则在公共利益和个人利益之间进行损害衡量：

首先，公共利益本身越重要越倾向于公开。公共利益本身是一个模糊、不确定的法律概念，需要具体阐释。政府信息公开中的公共利益包括抽象利益和具体利益，前者是信息公开制度所保障的公民、法人和其他组织获取信息权、提高政府工作透明度、政府信息的服务作用等宏观利益，后者需要结合个案具体铺陈，与信息所涉及的人数、牵涉的权利、公众关注度等因素相关，例如重大环境污染的行政处罚信息与一般环境违法行为的处理信息相比，前者涉及的公共利益更重大。其次，公共利益受损害的程度越严重越倾向于公开。利益衡量的要求是进行必要的“危害测试”：特定信息属于法定不公开的信息种类；公开信息对私人利益造成损害，此种危害是“实际的、现实的或实质性的”，且可能产生的危害与信息公开之间具有必然的因果关系；不公开信息会对公共利益造成损害。新条例规定“行政机关认为不公开会对公共利益造成重大影响的”予以公开，可见，我国立法规定损害应达到“重大”的程度，才能倾向于公开信息。行政机关应举证证明这种损害可能存在且其程度重大。美国最高法院和下级联邦

法院通过一系列判例发展出了"核心目标"测试法来解决信息公开和个人隐私保护的矛盾,"《信息自由法》的核心目标是将政府活动置于公众的监督之下,这一点决定了是否公开相关信息必须将所请求文件的性质与《信息自由法》的基本目的联系起来。""如果公开所要求的信息不符合向公众告知政府活动的目的,信息公开将不被允许。"[1]"杨某某诉山东省肥城市房产管理局案"的焦点问题是享受保障性住房人的申请材料信息是否属于个人隐私而依法免于公开。二审法院认为"当涉及公众利益的知情权和监督权与保障性住房申请人一定范围内的个人隐私相冲突时,应首先考量保障性住房的公共属性,使获得这一公共资源的公民让渡部分个人信息,既符合比例原则,又利于社会的监督和住房保障制度的良性发展。"[2]最后,个人隐私信息敏感程度越低越倾向于公开。个人隐私信息的敏感程度有一定的差别,依一般社会主体的判断,若公开信息使拥有信息的个人感受到的伤害越大,信息的敏感度越高。通常来说,涉及身份的信息敏感程度高于财产类信息和其他信息,身份信息中的医疗信息、行踪信息其敏感度又高于家庭住址、身份证号码等一般性的身份信息。

公开涉及个人隐私的政府信息应是不得已而采取的手段。行政机关在最终决定公开之前,应寻找替代公开的解决方案。进一步,行政机关应说明没有其他途径可以达成目的,公开相关信息是唯一的手段。可以寻求的替代方案主要包括:"申请人在不能得到申请的文件时,是否也可以达到他申请文件所追求的目的;申请人是否有其他信息来源;行政机关在最初获取信息时,是否对提供信息的人承诺保密;对于申请的文件,在删除文件中可以识别个人身份的信息后,文件的公开是否不至于侵犯个人的隐私权。"[3]如果天平倾向于公开的公共利益,信息公开对个人隐私造成的损害应限制在尽可能小的范围内。政府信息公开的目的是保障公众的知情权和对行政行为的监督,政府信息涉及的个人隐私包括相当多的内容,个案中不宜将个人隐私全部公开,而应当只公开适当

---

〔1〕 Fred H. Cate, D. Annette Fields and James K. McBain, *The Right to Privacy and the Public's Right to Know: The Central Purpose of the Freedom of Information Act*, 46 Administrative Law Review 41, 72 (1994).

〔2〕 杨某某诉山东省肥城市房产管理局案,最高人民法院公布全国法院政府信息公开十大案例之四(2013)。

〔3〕 王名扬:《美国行政法》,中国法制出版社2005年版,第988页。

的部分，如必要的当事人姓名、案件事实和行政行为结果。“如果公开利益更为重大，应选择对当事人隐私权利益损害最小的方式公开。在公开的范围和方式上应把握不扩散的原则，严格局限于知情权的范围内。”〔1〕

（二）权利人对公开决定的参与权

行政机关决定公开涉及第三人个人隐私的政府信息，是对第三人不利的决定，应遵守正当程序原则，给予其公平听证的机会。加拿大《信息获取法》第27条和第28条详细规定了信息公开中的第三人介入程序，包括：第一，通知程序。如果行政机关负责人有理由相信信息的公开可能影响第三人的商业秘密或个人信息，则应在收到信息公开申请后30日内书面通知第三人，第三人已同意公开的例外。第二，第三人的陈述与决定。第三人应在收到通知之日起20日内提出陈述意见，说明信息不能公开的理由。该陈述应采用书面的形式，经行政机关负责人许可也可以采用口头形式。第三，公开决定的通知。行政机关决定公开信息的，应书面通知第三人，通知中应告知其有权在通知之日起20日内申请复审。第四，信息向申请人公开。行政机关负责人应在公开决定通知第三人之日起20日内向申请人公开相关信息。如果第三人申请复核，则20日的期限例外。〔2〕 其他国家立法对上述程序中的具体期限有不同规定，但程序步骤则基本相同。上述规定明确赋予了第三人参与公开决定的程序权利，通过设定程序节点和期限来保障第三人的权益。

四、个人隐私豁免公开事由的消灭

涉及个人隐私的政府信息豁免公开是为了保护个人的隐私权益。但在一些情况下，私人权益已不具有例外保护的必要性，主要包括：

（一）信息对权利人和利害关系人公开

个人隐私保护排斥信息向第三人公开，但不排除对本人或权利人的公开，本人可以查询与自己有关的信息。权利人既包括信息所指向的个人本人，也包括法定代理人、死亡公民的近亲属等。《非洲信息获取示范法》第27条(f)项规定：“信息涉及的个人已死亡，且请求公开信息者是其近亲属或法定代理人，或

〔1〕 谭星光：《年龄是否构成隐私而不作为政府信息公开》，载《人民司法》2010年第14期。

〔2〕 参见加拿大司法部网站，http://laws-lois.justice.gc.ca/PDF/A-1.pdf，2017年9月28日访问。

者获得其近亲属或法定代理人的书面同意,或者是遗产执行人,或者信托的受托人可以从死者的个人财产中受益,”涉及个人信息的申请可能不会被拒绝。[1] 我国政府信息公开实践中,法院认可本人、近亲属和利害关系人有权申请涉及个人隐私的信息。“张某某、英德市公安局行政管理纠纷案”争议的焦点问题是“英德市公安局有否将涉案的传唤证、检查证、证据保全决定书、行政处罚决定书、行政拘留家属通知书、证据保全清单等六份信息的原件交付给原告。”法院确认“张某某要求公开属于其个人隐私的信息,被上诉人英德市公安局应当予以公开。”[2]“尚某某与韶关市人民政府不履行政府信息公开纠纷上诉案”中,二审法院亦认为“尚某某与信息公开第三人尚某具有亲子关系,尚某的工资收入状况对于决定其应否向上诉人支付抚养费,以及支付数额具有重大影响”[3]。故尚某某有权要求韶关市人民政府公开该信息。

(二)权利人同意公开

个人隐私豁免公开的理由是保护特定的私人利益,但如果权利人同意公开,则不存在侵权的风险。“同意”包括两种情况:(1)行政机关在收集信息的过程中明确告知相对人该信息属于将公开的政府信息,且权利人不反对的;(2)行政机关已持有该信息且欲公开,通过书面通知征求权利人的意见,权利人通过书面形式明确表示同意的。上述两种方式分别为默示和明示同意。涉及个人隐私的政府信息公开应采用明示同意的方式,否则应视为不同意公开。特定情况下,当信息的公开对权利人有益,而权利人对信息的公开缺乏判断能力,且请求人为权利人的监护人,法律推定权利人同意公开。《非洲信息获取示范法》第 27 条(e)项规定下列情况下可以公开信息:“该信息与个人的身体或心理健康有关,信息所涉及的个人处于请求者的照顾之下且其未满 18 岁;或者其不能理解信息公开请求的实质且公开有助于该第三人的个人利益。”[4]我国立法和司法实践均采用权利人明示同意的方式。《政府信息公开条例》规定涉及个

[1] 参见非洲人权委员会网站,http://www.achpr.org/files/instruments/access - information/achpr_instr_model_law_access_to_information_2012_eng.pdf,2017 年 9 月 28 日访问。

[2] 广东省清远市中级人民法院(2016)粤 18 行终 174 号行政判决书。

[3] 广东高级人民法院(2013)粤高法行终字第 2 号行政判决书。

[4] 参见非洲人权委员会网站,http://www.achpr.org/files/instruments/access - information/achpr_instr_model_law_access_to_information_2012_eng.pdf,2017 年 9 月 28 日访问。

人隐私的政府信息"第三方同意公开"的予以公开,同意应采用明示的知情同意程序。权利人对是否同意公开的意见征询未向行政机关作答复的,视为不同意公开,但第三人不同意公开的意见并不具有必然否定公开的效力。"符某某、云南省昆明市西山区人民政府再审审查与审判监督行政裁定书"中最高人民法院认为:"符某某向西山区政府申请公开的信息,具体到螺蛳湾中央商务区项目范围内被征收人的姓名、被拆迁房屋的详细位置、面积及分户补偿的方式、补偿金额明细等,已涉及个人隐私。西山区政府考虑符某某房屋的具体位置及与整个项目的关系,在原昆明虫胶厂宿舍范围内征询被征收人的意见,将明确表示同意公开的5户的相关信息向符某某公开,既保护了其余被征收人的隐私权,也保障了符某某的知情权,符合法律法规的有关规定。"[1]

(三)信息经过处理后不具有可识别性

如果信息经过处理后不具有可识别的特征,信息的公开不会对个人权益造成损害,也不需要经过权利人的同意。处理隐私信息通常采用匿名和隐名等手段分割个人隐私信息和其他信息,不属于隐私的信息依然应公开。我国《政府信息公开条例》第37条规定:"申请公开的信息中含有不应当公开或者不属于政府信息的内容,但是能够作区分处理的,行政机关应当向申请人提供可以公开的政府信息内容,并对不予公开的内容说明理由。"司法实践中法院亦采用"分割原则"处理信息的公开与保密问题,"齐某某诉上海市松江区人民政府、上海市人民政府信息公开、行政复议案"中,最高人民法院认为"如果政府信息公开申请人申请的政府信息只有一部分或非主要内容涉及商业秘密或者个人隐私,行政机关可以根据《政府信息公开条例》第22条(此处指原条例)的规定,作出区分处理后,径行作出告知,而无须征求第三方意见后再予答复。"[2]

(四)特定时间的经过

《美洲信息获取示范法》第40条(a)项规定:"关于隐私权的例外不适用于公共官员,或者个人已死亡超过20年。"[3]对于死者隐私信息权益的保护并非

---

〔1〕 最高人民法院法院(2018)最高法行申688号行政裁定书。

〔2〕 最高人民法院(2017)最高法行申311号行政裁定书。

〔3〕 参见美洲国家组织网站,http://www. oas. org/en/sla/dil/docs/AG – RES_2607 – 2010_eng. pdf,2017年9月28日访问。

永远有效,《非洲信息获取示范法》第 27 条规定“第三方已死亡超过 10 年”的情况下,涉及个人信息的申请可能不会被拒绝。[1] 南非《信息公开促进法》明确规定个人信息不包括“死亡 20 年以上之个人信息”。[2] 可见,公开是永恒、绝对的主题,法律对个人隐私的保护存在“有效期”。

我国立法对涉及死者权益的保护期限没有专门的规定,且在理论上存在一定的争议。有学者提出“死者人格之精神利益之保护期限以其近亲属生存期限为限;对商品化利用程度较高的死者肖像、姓名等财产利益,可类推适用《著作权法》以死者死后 50 年为其保护期限,商品化利用程度不高的其他人格利益,由法院依据社会现实作出适当判断。”[3]《中华人民共和国档案法》(2016 年修正)第 19 条规定:“国家档案馆保管的档案,一般应当自形成之日起满 30 年向社会开放。经济、科学、技术、文化等类档案向社会开放的期限,可以少于 30 年,涉及国家安全或者重大利益以及其他到期不宜开放的档案向社会开放的期限,可以多于 30 年,具体期限由国家档案行政管理部门制订,报国务院批准施行。”尽管我国档案信息的公开不适用《政府信息公开条例》,[4]《政府信息公开条例》关于政府信息保密的期限仍可以参考《档案法》的规定,政府信息中涉及个人隐私的保护期限为自然人的生存期限;自然人死亡后,保护期限需要立法作出明确的规定,可以参考《档案法》30 年之有效期。

(五)信息在客观上已经公开

个人隐私的核心特征是其“私密性”,即不为他人所知悉。如果信息通过其他方式已经公开并为公众所知晓,含有个人隐私的政府信息之公开不存在侵犯个人权益的问题。《非洲信息获取示范法》第 27 条规定“信息已存在于公共领

---

〔1〕 参见非洲人权委员会网站,http://www.achpr.org/files/instruments/access－information/achpr_instr_model_law_access_to_information_2012_eng.pdf,2017 年 9 月 28 日访问。

〔2〕 参见南非法律在线,https://www.acts.co.za/promotion－of－access－to－information－act－2000/index.html,2017 年 9 月 28 日访问。

〔3〕 杨巍:《死者人格利益之保护期限》,载《法学》2012 年第 4 期。

〔4〕 最高人民法院在“王姝诉上海市嘉定区人民政府信息公开案”[(2017)最高法行申 821 号裁定]中指出:“政府信息转变成档案信息有两种情形:一是政府信息由行政机关的档案机构或者档案工作人员保管。行政机关仍保存政府信息,仅仅是保存主体的内部分工发生改变,应适用《中华人民共和国政府信息公开条例》的规定;二是政府信息已经移交各级国家档案馆。行政机关已不再保存该信息,在客观上难以提供相关信息的,应依照有关档案管理的法律、行政法规和国家有关规定执行。”

域,涉及个人信息的申请可能不会被拒绝。”[1]我国《政府信息公开条例》对此没有规定,但行政审判实践认可已经公开的个人隐私信息不再具有保密的必要性。在“纪某某等与如皋市国土资源局政府信息公开上诉案”中,法院认为“公民个人有权对其个人信息进行处分,可以公开或者不公开某项个人信息。个人信息已经公开,因其为公众所获知而不再成为个人隐私。”[2]

(六)特别重大的公共利益

当知情权所保护的“公共利益”明显大于个人隐私权所保护的“私人利益”时,或者说,当不公开信息对公共利益造成的损害大于公开信息对个人权益造成的损害时,私人权益应让位于公共利益,必须公开相关信息。信息的公开是基于保护公益之目的,豁免公开则是经过利益衡量的例外,对于信息可能涉及种族灭绝、危害人类、严重侵犯人权、严重影响环境、严重腐败等行为时,即便存在特定需要保护的私人利益,这些利益也应让位于公共利益,此时信息仍应公开。基于绝对公共利益而应公开政府信息的特定情形,应通过立法加以明确规定,这意味着立法者对公共利益和个人利益已经进行了衡量,并认为特定情形下的公共利益高于私人利益。由于有立法的明确规定,行政机关在决定公开时仅需要向权利人告知公开的决定,不需要征求第三人的意见,也无须等待第三人的答复即可公开信息。

第三节 我国个人隐私豁免公开的立法规范与完善

个人隐私保护与政府信息公开分别指向不同的价值追求,当两者狭路相逢,无论公开与否都会对一方权益造成损害,立法期冀在两者之间寻找最佳的平衡点。立法者通过对“利益”“损害”“例外之例外”的规定实现这种平衡;立法列举应当公开的“绝对公共利益”情形;赋予行政机关裁量权,通过比例原则衡量公共利益和个人利益的得失,利用正当程序原则实现对行政机关的约束;

---

〔1〕 参见非洲人权委员会网站,http://www.achpr.org/files/instruments/access - information/achpr_instr_model_law_access_to_information_2012_eng.pdf,2017 年 9 月 28 日访问。

〔2〕 江苏省南通市中级人民法院(2014)通中行终字第 00194 号行政判决书。

对涉及个人隐私的政府信息应当公开的情形进行规定。可以说,例外的范围越清晰,对个人隐私的保护越有力度。

一、明晰个人隐私的外延和分类保护标准

(一)个人隐私属于事实上的种类基础豁免

我国《政府信息公开条例》第15条规定:"涉及商业秘密、个人隐私等公开会对第三方合法权益造成损害的政府信息,行政机关不得公开。但是,第三方同意公开或者行政机关认为不公开会对公共利益造成重大影响的,予以公开。"地方立法针对个人隐私豁免公开的规定分为三种情况:第一,属于"个人隐私"的政府信息不予公开。第二,对个人隐私进行列举式的规定,例如,《北京市政府信息公开规定》(北京市人民政府令第257号,已失效)第8条第2款第3项规定:"涉及他人身份、通讯、健康、婚姻、家庭、财产状况等个人隐私信息的"政府信息不予公开。第三,属于个人隐私和公开影响个人隐私的信息不予公开。例如《海南省政府信息公开办法》(海南省人民政府令第194号,2005年)第9条第1款第3项规定:"属于个人隐私或者公开可能导致对个人隐私权造成不当侵害的"不予公开。表面上看,条例第15条采用了"种类+损害"的立法技术,但由于利益衡量过程的非必要性和弹性效力,以及实践中利益衡量过程的虚置,我国立法在本质上仍属于"种类基础豁免"的模式。

政府信息公开立法的立足点是"公开"而非保密。公开和保密是一对矛盾体,例外事项的范围越小,政府信息公开的范围越大。"种类基础豁免"的立法模式下信息公开的范围相对较窄,与公众知情权对信息公开的要求不适应,与"公开为原则、不公开为例外"的原则不匹配,故域外多数国家立法没有采用此种模式。但针对个人隐私的豁免公开,多数国家信息公开立法采用的是"损害基础豁免"模式。我国政府信息公开立法针对个人隐私豁免公开的立法定位,应明确采用"损害基础豁免"的立法模式,明晰信息公开例外的范围和适用条件以及程序,以达到公开政府信息之根本目的。

(二)个人隐私信息豁免公开的分类保护

涉及个人隐私的政府信息豁免公开已成为公认的国际标准,然而个人隐私外延的不确定性为行政和司法实践带来了极大的挑战。解决政府信息公开中个人隐私保护的难题,既要从公法的角度完善信息公开的相关立法和制度,也

应从私法角度厘清个人隐私的主体和外延范围。“依据信息的识别性对个人信息进行认定，将能够直接或间接识别个人的信息纳入豁免公开的个人信息。”〔1〕我国虽已有《政府信息公开条例》，但《个人信息保护法》依然缺位。通过个人信息保护立法对个人信息的分类，将个人隐私与个人敏感信息关联，从而解决个人隐私外延不清的问题，系统构建个人隐私的法律保护体系。

如前所述，个人隐私信息敏感程度越低越倾向于公开。借鉴德国的“同心圆”理论，针对个人隐私信息构建不同层级的保护框架，不同级别的个人隐私信息适用不同的豁免公开标准，离圆心越近的信息敏感程度越高、公开的标准也越高。有学者将个人隐私信息依保护程度的不同分为强、中、弱三个阶层，并将重大公益与个人隐私的三个层级相对应，运用比例原则决定信息公开中公共利益的大小。〔2〕 借鉴上述分类标准，核心个人隐私信息适用种类基础豁免公开的标准；一般个人隐私信息适用“种类 + 损害”的豁免公开标准；而外围的个人隐私信息适用单纯的损害基础豁免标准。

二、重大公共利益的具体化

（一）条例增加重大公共利益具体情形的条款

《政府信息公开条例》仅规定“不公开会对公共利益造成重大影响”的涉及个人隐私之政府信息，由行政机关决定公开。综观整部条例，缺乏对“不公开可能对公共利益造成重大影响”的明确解释，行政机关的利益衡量既没有实体标准也欠缺程序制约，导致具体适用上的困境和例外事项的扩大化，实践中一旦信息涉及个人隐私，行政机关出于避免麻烦和害怕侵犯第三人权益的心理，往往倾向于不公开信息。“李某某与丽水市住房公积金管理中心缙云分中心不履行政府信息公开法定职责纠纷案”中，李某某与案外人麻某某存在债务纠纷，李某某向缙云公积金中心提出申请公开“办理麻某某领取公积金的一切材料”的政府信息。二审法院认为“本案上诉人申请公开的信息为麻某某申领公积金的手续材料，该信息涉及个人隐私。……被上诉人缙云公积金中心为征求麻某某的意见，曾先后向麻某某的工作单位及缙云县公安局了解麻某某的下落，但因

〔1〕 申静：《政府信息公开的例外研究》，法律出版社 2016 年版，第 107 页。

〔2〕 参见蔡星月：《个人隐私信息公开豁免的双重界限》，载《行政法学研究》2019 年第 3 期。

其去向不明，故无法取得联系。另外，本案亦不存在不公开可能对公共利益造成重大影响的情形。在未能征得麻某某同意的情况下，缙云公积金中心作出不予公开的决定并无不当。"[1]本案中，权利人采用了默示否定的方式，行政机关仍应对公开所涉及的公共利益和不公开所保障的私人权益，以及公开后对个人隐私权益的影响进行衡量，不能因权利人否定公开的意见而直接作出不公开的决定。在适用结果上，条例第15条规定"不公开会对公共利益造成重大影响"的情况下，行政机关可以决定"公开"，或者说行政机关也可以决定"不公开"。

有学者结合原条例第10～12条的规定，将我国政府信息公开语境下、知情权背后所代表的公共利益划分为以下五种类型："第一类是公共健康和公共安全，其中包括突发公共安全事件处理、公共卫生安全保障、交通安全、食品和药品安全监督、生产安全监督、产品重大质量问题处理、环境保护等；第二类是公共资源配置和基础设施保障，其中涉及行政收费、行政征用、行政征收、行政许可、重大项目建设等行政行为；第三类是促进经济社会发展，包括经济运行保障、职业保障、商业活动监管、消费者保护等；第四类是对政府使用公共资金的监督，包括对财政预算决算情况、行政运行经费使用情况等的监督；第五类是对国家机关及其工作人员公务活动的监督，其中一方面是对公务人员违法、不当和失职行为的监督，另一方面是对公务人员进行行政决策等一般行政活动的监督。"[2]

（二）通过单行法对应当公开个人隐私信息加以规范

任何权利都有一定的限度，个人隐私也不例外。在特定情形下，相对人因其行为违法或获益，其行为成为行政行为的前提，为了加强对行政行为监督的公共利益目标的需要，相对人应让渡一部分个人隐私信息，使行政行为的公开包括相对人部分个人隐私的公开。通常认为在下述领域，个人让渡一部分隐私信息具有正当性和合理性：

其一，相对人因行政违法行为而被公开部分个人隐私信息。《国务院办公厅关于全面推行行政执法公示制度执法全过程记录制度重大执法决定法制审核制度的指导意见》（国办发〔2018〕118号）规定："行政执法机关要在执法决定

---

〔1〕 浙江省丽水市中级人民法院（2016）浙11行终118号行政判决书。

〔2〕 蔡星月：《个人隐私信息公开豁免的双重界限》，载《行政法学研究》2019年第3期。

作出之日起20个工作日内，向社会公布执法机关、执法对象、执法类别、执法结论等信息，接受社会监督，行政许可、行政处罚的执法决定信息要在执法决定作出之日起7个工作日内公开，但法律、行政法规另有规定的除外。”对于行政违法行为信息公开的范围存在一定的争议，有学者认为“应该隐匿或删除可辨认和识别的个人信息”。[1] 笔者认为，为了保障公众的知情权和监督行政机关的处罚行为，行政处罚信息应当公开，违法行为人应在一定范围内放弃个人隐私，但这种放弃以达到政府信息公开所促进的公共利益为目的，而非将所有行政处罚中涉及的个人隐私信息全部公开。

其二，相对人因行政行为获益而被公开一部分个人隐私信息。行政给付是典型的授益行政行为，最低生活保障申请人为了获得保障待遇，需要提交涉及家庭收入、财产状况等部分个人隐私信息，且这些信息因为最低生活保障审核中的公示程序可能公之于众，其理论基础在于“社会保障是一种资格，进而可以容忍个人隐私的牺牲；社会保障的提供是一种公共资源的利用；福利欺诈的预防手段之一。”[2]《社会救助暂行办法》（2019年修正）对于涉及个人隐私信息的公开程序和公开内容予以明确规定，第11条规定：“……（二）乡镇人民政府、街道办事处应当通过入户调查、邻里访问、信函索证、群众评议、信息核查等方式，对申请人的家庭收入状况、财产状况进行调查核实，提出初审意见，在申请人所在村、社区公示后报县级人民政府民政部门审批。（三）县级人民政府民政部门经审查，对符合条件的申请予以批准，并在申请人所在村、社区公布；对不符合条件的申请不予批准，并书面向申请人说明理由。”

三、强制公开个人隐私信息的程序制约

为了避免行政机关滥用权力，应对其强制公开涉及个人隐私的政府信息决定进行必要的程序制约，赋予利益相关人参与程序的权利。

（一）我国立法第三人参与程序的规范要求

《政府信息公开条例》第32条规定：“依申请公开的政府信息公开会损害第

[1] 许莲丽：《论违法行为信息公开中的隐私权保护——重庆高考“加分门”事件引发的思考》，载《行政法学研究》2010年第1期。

[2] 胡敏洁：《社会保障行政中的个人信息利用及其边界》，载《华东政法大学学报》2019年第5期。

三方合法权益的,行政机关应当书面征求第三方的意见。第三方应当自收到征求意见书之日起15个工作日内提出意见。第三方逾期未提出意见的,由行政机关依照本条例的规定决定是否公开。第三方不同意公开且有合理理由的,行政机关不予公开。行政机关认为不公开可能对公共利益造成重大影响的,可以决定予以公开,并将决定公开的政府信息内容和理由书面告知第三方。"征求意见程序作为强制性程序,仅适用于行政机关裁量决定是否公开信息的利益衡量阶段,如果法律明确规定特定情况下涉及个人隐私的信息应当予以公开,则行政机关不需要再征求第三人的意见。"张某某诉北京市顺义区人民政府案"中原告申请公开"向阳村全体超转人员名单、死亡超转人员名单和超转人员资金使用情况",法院认为"超转人员在获得社会保障的同时即让渡了部分个人信息。因此,其相关信息的公开应当适用《政府信息公开条例》(2007年)第14条第4款'经权利人同意公开的涉及个人隐私的政府信息可以予以公开'的规定。"[1]此处法院采用了推定第三人同意公开的论证思路,笔者认为本案存在两点偏颇之处:其一,征求意见程序仅适用于行政机关裁量决定是否公开的案件中,如果法律规范明确规定特定信息应公开,立法已经进行了利益衡量,不需要再征询第三人的意见。本案中《北京市建设征地补偿安置办法》(2004年,北京市人民政府令第148号)规定应公开超转人员名单,属于法律规范已明确规定应当公开的情形。其二,第三人同意应采用"明示"的方式,而非默示或推定同意,推定同意实际上混淆了同意和告知程序。

(二)我国强制公开程序的进一步完善

我国立法虽然规定了必要的征求意见和通知程序,但强制公开涉及个人隐私政府信息的程序在公开决定与正式公开之间缺乏缓冲期,程序步骤的设置仍有进一步完善之必要。从域外立法可知,行政机关决定公开涉及个人隐私的政府信息并将这一决定内容告知第三人,同时给予第三人在一定期限内提出异议的权利,在此期限内信息并未正式公开。我国立法对信息公开的行政程序步骤并没有做如此细致的划分,基于行政行为的公定力原理,行政机关强制公开涉及第三人个人隐私的决定一经送达就具有法律效力,即进入公开阶段。由于上述步骤的缺失,导致在实践上豁免公开范围扩大适用之情形。按照条例的规

---

〔1〕 北京市高级人民法院(2015)高行终字第2944号行政判决书。

定，第三方的反对意见并不必然导致信息不公开，此时行政机关需要进行危害测试和利益衡量，判断公共利益和个人利益的损害，最终决定是否公开。但在行政实践中，第三人的意见往往具有实质性的否定效力，“绝对化保护个人隐私以及仅凭第三方不同意公开意见就判断构成了个人隐私都在一定程度上扩大了个人隐私的适用”。[1]

造成上述现象的原因与利益衡量标准的缺乏和第三人介入程序之不足有相当的关联性，行政机关害怕承担公开信息的责任，故采取非常谨慎的态度，对涉及个人隐私之信息能不公开则不公开。为解决这一问题，有学者提出应从四个方面完善强制公开程序：“采行拟公开决定后的征询意见程序、确立正式公开决定前的听证程序、确立公开决定的作出与公开决定的执行相分离的制度、明确规定救济期间公开决定中止执行的制度。”[2]新条例的规定依然缺乏“暂时性权利保护机制”，从行政程序的视角应明确区分决定程序和正式公开程序，“在行政程序环节设计阻却信息得以公开的制度机制，即附期限公开程序。一方面需要明确终局决定所确定的公开日期与终局决定生效日期具有一定的时间间隔；另一方面应当赋予第三人在这一间隔时间内再次表达异议并因此暂缓公开相关信息的权利”。[3]

---

〔1〕 肖卫兵：《论我国政府信息公开例外体系构建完善》，载《交大法学》2018 年第 1 期。

〔2〕 杨登峰：《政府强制公开第三人信息程序之完善》，载《法学》2015 年第 10 期。

〔3〕 鲁鹏宇：《论反信息公开行政程序——兼评我国〈政府信息公开条例〉第 23 条之规定》，载《国家行政学院学报》2012 年第 4 期。

第八章

行政事务类信息的豁免公开

第一节　行政事务类信息的范围

2007 年《政府信息公开条例》对行政事务类信息是否应当公开没有规定，2010 年《国务院办公厅关于做好政府信息依申请公开工作的意见》(国办发〔2010〕5 号)规定:"行政机关在日常工作中制作或者获取的内部管理信息以及处于讨论、研究或者审查中的过程性信息，一般不属于《条例》所指应公开的政府信息。"修订后的条例第 16 条规定:"行政机关的内部事务信息，包括人事管理、后勤管理、内部工作流程等方面的信息，可以不予公开。行政机关在履行行政管理职能过程中形成的讨论记录、过程稿、磋商信函、请示报告等过程性信息以及行政执法案卷信息，可以不予公开。法律、法规、规章规定上述信息应当公开的，从其规定。"根据该条规定，豁免公开的行政事务类信息包括内部事务信息、过程性信息和行政执法案卷信息。

一、行政事务类信息的类型

(一)内部事务信息

修订后的条例对内部事务信息豁免公开采用列举的方式进行规定，即人事管理、后勤管理、内部工作流程等方面的信息可以免于公开，但条例对何为内部事务信息没有明确解释，这为实践带来了难题。有学者从法规范的角度分析认为内部管理信息包括"(1)人事相关信息:包括职务任免、年度考核及交流、廉洁自律情况;(2)财务(资产)相关信息:包括设备使用、资产管理、财务收支及审计;(3)内部规章制度;(4)以及其他的机关内部信息。"[1]也有学者从司法实践总结出法院判定内部管理信息的五个标准"在日常工作中制作或获取的,不对外发生直接效力,行使内部管理职权时制取的,行政机关的内部机构制取的,有关行政内部工作的。"[2]综合学界观点和司法实践,内部事务信息具有以下特征:

首先,内部事务信息适用于内部相对人。内部事务信息基于内部行政法律关系而产生,人事管理是内部相对人与所在机关之间的关系,后勤管理和内部工作流程发生在内部行政机关或行政机构之间。内部事务发生在内部行政法律关系主体之间,与外部相对人不具有直接的关系。例如,"方某某诉重庆市江北区人民政府信息公开案"中法院认为"方某某申请公开的调资升级信息系国家机关对其工作人员根据国家相关政策实施内部管理工作而产生的记述和反映工作人员个人经历、行政级别、工资水平的人事档案信息,该信息系行政机关在日常工作中制作或者获取的内部管理信息,不属于政府信息公开的范围。"[3]

其次,针对内部管理事务而产生。并非所有基于内部法律关系而产生的信息都可以不公开,豁免公开的范围是内部"事务性"信息。内部事务信息是因为纯粹的机关内部事务而产生,例如,后勤管理类信息是为了保障行政机关正常运转提供服务性活动而产生的信息,"指那些与公共利益无关的纯粹内部事务信息,如车位使用、午餐时间、病假制度、电话使用等信息"。[4] 例如,"无锡市梦巴黎家具城等诉无锡市人民政府信息公开案"中法院认为:"取得执法证的依据资料是对执法证申领进行内部考核培训和人事管理所产生的信息,属于行政机关内部管理信息。"[5]

最后,内部事务信息仅在行政机关内部具有法律效力。内部事务信息因内部行政法律关系而产生,针对内部相对人,仅在行政机关内部具有法律效力,与

---

〔1〕 梁艺:《政府信息公开中"内部管理信息"的判定》,载《行政法学研究》2015 年第 1 期。

〔2〕 杨登峰:《内部管理信息的认定——基于上海等五省、市系列案件的分析》,载《法商研究》2015 年第 4 期。

〔3〕 最高人民法院(2017)最高法行申 695 号行政裁定书。

〔4〕 杨登峰:《内部管理信息的认定——基于上海等五省、市系列案件的分析》,载《法商研究》2015 年第 4 期。

〔5〕 最高人民法院(2017)最高法行申 4415 号行政裁定书。

行政机关行使行政管理职能没有直接的关系。例如,“贾某某与国家铁路局信息公开二审行政判决书”中法院认为:“内部管理信息具有行政机关的内部管理属性,是行政机关在正常运转过程中,为维护机构运转、正常对外履责,而进行的内部管理过程中形成的信息,该信息不具有社会性、不对外产生法律效力。”〔1〕政府信息公开的目的是保障行政权处于公众监督之下,尽管政府信息公开贯彻“以公开为常态、以不公开为例外”的原则,但信息公开的范围仍应具有一定的界限,应公开那些与行政权的行使具有直接关系的信息,即行政机关在履行行政管理职能过程中制作或者获取的信息。

（二）过程性信息

过程性政府信息是指行政决定作出前,行政机关为作出该决定而收集、制作的各种信息,该信息属于审议过程的一部分。“过程性信息,顾名思义是指没有形成最后定论的处理过程中的政府信息,调研报告、咨询论证意见、请示批复、会议讨论纪要等尚未最终形成决定的信息都属于过程中信息。”〔2〕过程性政府信息具有“过程性”和“行政性”两个特点:

一方面,过程性信息是行政职权行使“过程中”形成的信息。过程性政府信息是行政程序开始后行政决定作出之前收集、制作的信息。从时间节点上来看,过程性政府信息需要满足“决策前”和“审议中”两个条件。“‘决策前’的交换意见是在行政决定正式通过之前的。行政机关不必详细阐述最终的决定,但需要说明过程如何以及这些具有实质意义的文件在这一过程中扮演了什么角色。……‘审议中’反映了决定和政策赖以形成的建议和咨询过程。”〔3〕“过程性政府信息”强调信息是在行政程序中形成的,关注其“过程”性。“过程性政府信息”与“过程性政府信息公开”是两个不同的问题,前者强调概念的界定,而后者注重在概念既定的前提下信息应否公开。

另一方面,过程性信息是基于行使“行政权”而产生的信息。过程性政府信息仅指行政机关以及其他经授权和委托行使行政权的机构和组织在作出行政行为过程中收集、制作的外部政府信息,不包括立法机关、司法机关在作出相应

---

〔1〕 北京市高级人民法院(2018)京行终5770号行政判决书。

〔2〕 戚红梅:《我国政府信息豁免公开制度研究》,苏州大学2013年博士学位论文。

〔3〕 Michael N. Kennedy, *Escaping The Fishbowl: A Proposal To Fortify The Deliberative Process Privilege*, 99 Northwestern University Law Review 1769, 1815(2005).

行为时的过程性信息，亦不包括行政主体的内部管理信息。过程性政府信息与内部管理信息可能具有相同的外在表现形式，通常被作为一类信息排除在公开的范围，两者区分的主要标准是此类信息是否与行政权直接相关。

（三）行政执法案卷信息

行政执法案卷信息是指行政机关在立案受理、调查取证、审查决定、送达执行、执法程序等不同行政执法阶段制作、获取的信息。“案卷是指行政机关的行政行为所依据的证据、记录和法律文书等，根据一定的顺序组成的书面材料。”〔1〕行政执法具体包括哪些行使行政权的行为，例如，《湖南省行政程序规定》（湖南省人民政府令第 222 号公布，2018 年修改）第 54 条规定：“本规定所称行政执法，是指行政机关依据法律、法规和规章，作出的行政许可、行政处罚、行政强制、行政给付、行政征收、行政确认等影响公民、法人或者其他组织权利和义务的具体行政行为。”行政执法案卷信息具有以下特点：首先，行政执法案卷依附于行政程序而产生。行政执法案卷是行政行为形成过程的载体，随着行政行为过程的推进，执法案卷逐步增多，行政程序结束后执法案卷完成，“且案卷一旦形成便具有了封闭性之特点”。〔2〕其次，行政执法案卷内容多样、形式规范。行政执法案卷包括行政行为所依据的相关证据、法律文书、内部讨论意见等内容；形式上应当符合合法性和规范性的要求。最后，行政执法案卷具有证明行政行为合法的作用。相对人对行政行为不服而申请行政复议或提起行政诉讼的，行政机关应将行政执法案卷作为证据提交给复议机关或人民法院，通过执法案卷证明行政行为的合法性，展示行政行为的作出过程。

行政执法行为类型多样，其案卷内容千差万别，制作标准和要求亦不同，根据相关文件的规定，行政执法案卷包括执法文书、证据、报告等综合资料。《文化市场综合行政执法案卷评查办法》（文市发〔2012〕24 号）第 3 条第 1 款规定：“……文化市场综合行政执法案卷，是指各级执法部门按照法定程序，在办理行政处罚案件过程中直接形成的，能反映案件真实情况、体现执法过程、具有保存价值的各种文字、图表、声像等不同形式的历史记录，依照一定组成规律和有机联系形成的案卷。”《专利行政执法案卷评查办法（试行）》（国家知识产权局 2016 年

〔1〕姜明安主编：《行政法与行政诉讼法》，北京大学出版社、高等教育出版社 2015 年版，第 355 页。

〔2〕姜明安主编：《行政法与行政诉讼法》，北京大学出版社、高等教育出版社 2015 年版，第 356 页。

8月25日发布)第4条规定:“专利行政执法案卷是指在专利行政执法过程中,依照法定程序直接形成的,能反映案件真实情况、体现执法环节、具有保存价值的文字、图表、声像等不同形式的历史记录,按照一定的逻辑结构形成的档案材料,包括查处假冒专利、处理专利侵权纠纷和调解其他纠纷三类。”

二、行政事务类信息的表现形式

(一)内部事务信息的范围

《政府信息公开条例》修改前依据《国务院办公厅关于做好政府信息依申请公开工作的意见》(国办发〔2010〕5号)将豁免公开的内部信息称为“内部管理信息”,但对之缺乏统一和明确的判断标准。有学者认为内部管理信息包括“(1)机关上下级之间的请示、报告、批复、意见等;(2)同级机关之间的往来函件、意见、通报等;(3)机关内部工作资料和人事管理信息”。[1] 条例修改后将豁免公开的内部管理信息进一步明确为内部事务信息,其关键点在于判断什么是“内部事务”。

1. 人事管理信息,是指内部相对人因入职、考核、培训、奖励、处分、工资、福利等产生的各类信息。结合各地公布的政务公开负面清单,不公开的内部人事管理信息通常包括:第一,尚未公布的工资(含津贴、补贴)、人事、机构编制、职位职称工作的计划、方案和政策以及相关的统计资料及报表;第二,国家机关、事业单位的人员计划和工资计划;第三,军官转业安置政策和分配计划;第四,干部任免考察材料;第五,干部的档案及汇总名册;第六,录用干部的计划、方案,录用干部考试的试题、试卷、备份卷和答案,干部出国进修考试的试题、试卷;第七,人事处分决定;第八,涉外活动中需要保密的事项等。“马某某诉上海市人民政府信息公开案”中,最高人民法院认为原告所申请的“上海市虹口区信访办调研员(原信访办副主任)刘宁京被国家信访局评为G20先进工作者并嘉奖的上报材料”,属行政机关在履行人事管理职责过程中形成的内部事务信息,不属于《信息公开条例》规定的政府信息范畴。[2] “周某某诉慈溪市人民政府信息公开案”中原告申请公开“其本人1998年2月至2006年10月保管浙江省

---

〔1〕 王敬波:《政府信息概念及其界定》,载《中国行政管理》2012年第8期。

〔2〕 最高人民法院(2017)最高法行申8098号行政裁定书。

慈溪市人民政府驻上海工作处公章的文件(包括但不限于公章交接、监交的文字记录)。"法院认定该信息"主要属于人事管理、工作职责分工的信息,属于行政机关内部事务信息"。[1]

2. 后勤管理信息,后勤管理是以资产管理为核心、以物质保障为基础、以维护政府职能活动正常运转为目标的服务性工作,后勤管理信息是指这类服务性工作相关的日常工作信息。按照《生产性服务业统计分类(2019)》(国统字〔2019〕43 号)所列的《国民经济行业分类和代码》,"单位后勤管理"(代码为7214)指为企事业、机关提供综合后勤服务的活动,具体包括安全保卫、物业维修管理、环境卫生保护、办公设施的维护和管理等工作。

3. 内部工作流程信息,是指行政机关内部各部门之间处理工作事务产生的信息,包括行政机关内部机构的审核、批准、集体讨论,上下级行政机关的审查、批准与备案,外部专家的评议、评审和评定等程序。[2] "何某某与南通市国土资源局、南通市人民政府纠纷案"中原告申请公开"通国土依复〔2017〕41 号《政府信息公开申请答复书》中市国土局使用(加盖)印章领导批准的信息",法院认为该信息"内容涉及行政机关内部工作流程,系履行内部管理职责,属于内部信息"。[3]

(二)过程性信息的范围

1. 讨论记录和过程稿。这类信息是行政行为形成过程的载体,其表现形式可能是会议纪要、备忘录、草案等。会议纪要"适用于记载会议主要情况和议定事项。"[4]呈现为"记录"、"纪要"、"要点"或者"备忘录",只要这类信息是行政机关在履行职责过程中形成的,并且对相对人的权利义务可能产生影响,就属于过程性政府信息。在"吴某某等四人诉杭州市人民政府不履行信息公开法定职责案"中,原被告双方争议的焦点即是以"会议纪要"形式表现的政府信息应否公开。杭州市中级人民法院认为"杭府纪要〔2006〕97 号文件是杭州市政府针对长运公司退养人员提出的股权问题、退养人员工龄置换款的处理问题等依

---

〔1〕 最高人民法院(2018)最高法行申 6646 号行政裁定书。

〔2〕 参见何海波:《内部行政程序的法律规制(上)》、《内部行政程序的法律规制(下)》,载《交大法学》2012 年第 1 期、第 2 期。

〔3〕 江苏省南通市中级人民法院(2017)苏 06 行终 587 号行政判决书。

〔4〕《党政机关公文处理工作条例》(中办发〔2012〕14 号,2012 年 4 月 16 日发布)第 8 条第 15 项。

职权作了处理，文件的形成是在市政府履行法定职责的过程中，并且以会议纪要的形式记录在案，形成可查阅的信息资料。因此，原告申请公开的杭府纪要〔2006〕97 号文件属于政府信息……杭府纪要〔2006〕97 号文件记录的会议是针对长运公司退养人员信访问题而召开的专题会议，该会议确定的所有事项，涉及长运公司退养人员的股权问题、退养人员工龄置换问题与原告的民生密切相关，原告应享有相应的知情权”。[1]

2. 磋商信函和请示报告。这类信息是行政机关之间或行政机关与其他主体之间的交流信息，具体表现形式可能是意见、报告、请示、批复、函等。意见“适用于对重要问题提出见解和处理办法”，报告“适用于向上级机关汇报工作、反映情况，回复上级机关的询问”，请示“适用于向上级机关请求指示、批准”，批复“适用于答复下级机关请示事项”，函“适用于不相隶属机关之间商洽工作、询问和答复问题、请求批准和答复审批事项”。[2] 由于这类信息在不同行政机关之间流动，也成为行政机关拒绝公开的一种主要的过程性信息。《浙江省政府信息公开暂行办法》（2019 年修正）区分了内部管理信息和过程性信息是否应当公开的界限，第 20 条第 3 项规定：“属于行政机关之间和行政机关内部行文的请示、报告、批复、会议纪要等文件和资料，不作为行政管理依据的，可以不予公开，但应当告知申请人并说明理由；作为行政管理依据的，应当予以公开，并按照本条第一项规定答复处理。”“陈永兵诉厦门市人民政府信息公开案”中，一审法院认为：“原告申请公开的市政府办公厅公文办理抄告单（编号 14178），系市政府办公厅对主送市政府及市政府办公厅的‘请示’‘意见’‘函’等公文的答复，从形式看，属于行政机关之间和行政机关内部行文；从内容看，属于行政机关的内部管理信息以及处于讨论、研究或者审查中的过程性信息，并非行政管

〔1〕 浙江省杭州市中级人民法院（2008）杭行初字第 60 号行政判决书。原告吴啟群等四人于 2008 年 7 月 22 日向杭州市政府邮寄了《要求公开 2006 年 5 月 19 日杭府纪要〔2006〕97 号文件的报告》，认为其系原国有企业杭州长运公司在 2001 年企业改制时的在册内退职工，2004 年 12 月以来因发现自身权益被侵害、国有资产流失等问题后，开始上访。2006 年 5 月 19 日，杭州市国资委、经委、劳动保障局、财政局、信访局、交通资产经营公司等部门及杭州长运公司召开专题会议，并形成杭府纪要〔2006〕97 号（以下简称《会议纪要》）文件。参见北大法宝，http://www.pkulaw.cn/case/pfnl_a25051f3312b07f3c4d633e84f7db1e187a390ebe38a86d1bdfb.html，2019 年 12 月 3 日访问。

〔2〕《党政机关公文处理工作条例》（中办发〔2012〕14 号，2012 年 4 月 16 日发布）第 8 条第 7 项、第 10 项、第 11 项、第 12 项、第 14 项。

理的依据。”[1]

(三)行政执法案卷信息的范围

与内部事务信息和过程性信息不同,条例对行政执法案卷信息没有具体列举内容,只能结合具体执法领域和相关规范来判断。行政处罚案卷一般包括正卷和副卷,正卷涵盖:(1)行政处罚决定书;(2)调查、检查通知书;(3)询问笔录、现场笔录(检查、调查)、检查(调查)登记表以及检查、调查过程中收集的其他证据材料;(4)查封、扣押决定书以及解除查封、扣押决定书,中止调查决定书、恢复调查决定书、终止调查决定书等;(5)行政处罚事先告知书;(6)陈述、申辩笔录;(7)听证通知书;(8)听证笔录;(9)责令通知书;(10)延期(分期)缴纳罚没款决定书;(11)履行行政处罚催告书;(12)申请人民法院强制执行书。此外,还包括送达回证、财物清单等辅助文书。副卷一般是不宜列入正卷的内部请示、报告、批示、案件讨论记录等材料,可见,副卷材料也属于过程性信息。录音、录像、笔录、调查报告是行政机关在作出行政行为过程中收集、制作的证据类行政执法信息。这些信息可能以书面的形式体现,也可能是视频资料,但他们都是执法过程的一部分。为了记录执法过程、加强执法监督,基层执法部门多配备执法记录仪,客观地保存执法全过程。如果执法记录仪所存储的信息作为行政决定的证据之一,则属于行政执法案卷信息,这种证据类信息对于最终做出的行政行为具有重要的意义,若公开的时机不当,则易造成相对人毁灭证据等妨碍执法的严重后果;且证据通常包括相对人及第三人的隐私信息,故一般情况下证据类信息只能向相对人公开,而不对公众公开。“瞿某诉南通市公安局港闸分局政府信息公开及南通市人民政府行政复议案”中法院认为:“首先,公安机关执法记录仪的视频录像系对报案进行处理过程中形成的材料,属于案件材料,不属于应当公开的政府信息范畴,不能通过申请政府信息公开的途径获得。其次,虽然接处警录音录像系民警在履行接处警过程中制作形成,但携带执法记录仪进行录音录像不是处警的法定程序,《公安机关执法公开规定》(公通字〔2018〕26号)亦未要求公安机关的接处警录音录像应当向特定对象公开。同时,接处警录音录像具有其特殊性,当作为公安机关办理案件的证据时,由于其直接涉及案件当事人的利害关系,故应当向案件当事人公开,反

[1] 福建省高级人民法院(2016)闽行终904号行政判决书。

之，接处警录音录像的作用主要在于公安机关内部对执法办案活动的监督，对当事人权利义务并无影响。”[1]

三、行政事务类信息识别的难题

（一）内部事务信息的界定不清晰

内部事务信息并非是严格的法定概念，其内涵和外延都可能存在争议，这就导致豁免公开的信息范围界限不清。人事管理、后勤管理和内部工作流程属于典型的内部事务信息，但在立法对内部事务信息以及相关下位概念缺乏清晰界定，又没有具体列举信息范围的情况下，在豁免公开的适用上难免出现争议。

首先，人事管理信息虽属于内部信息，但并非全部是“事务性”信息。人事管理涉及所有对行政机关内部工作人员的管理信息，人事任免信息是典型的人事管理信息。根据《政府信息公开条例》第20条第14项的规定，公务员录用结果应当主动公开，这类信息涉及相对人从非公务员身份到公务员身份的变化，虽然属于人事管理信息，但并非完全、纯粹的内部事务信息。行政机关人事任免涉及公务员职务的变动，尤其是较高级别公务员的任免，这类信息通常被纳入主动公开的范围。可见，人事管理信息和内部事务信息两个概念是交叉关系，而非种属关系。

其次，后勤管理是行政机关内部以提供服务为主要目的的保障性工作，后勤工作既有管理性又有服务性，涉及的职能广泛。后勤工作往往涉及政府财政资金的使用和分配，应遵守《中华人民共和国政府采购法》等相关法律法规的规定。《财政部关于做好政府采购信息公开工作的通知》（财库〔2015〕135号）规定政府采购信息公开的范围包括：1. 采购项目信息，包括采购项目公告、采购文件、采购项目预算金额、采购结果等信息；2. 监管处罚信息，包括财政部门作出的投诉、监督检查等处理决定，对集中采购机构的考核结果，以及违法失信行为记录等信息；3. 法律、法规和规章规定应当公开的其他政府采购信息。后勤管理中既涉及纯粹事务性信息，也包括与行政权行使间接相关但应接受社会监督的信息。后勤管理及后勤管理信息所涉及的范围不明，信息公开工作中必然出现对此问题的争议。

---

〔1〕 江苏省高级人民法院（2017）苏行申289号行政裁定书。

最后,内部工作流程信息包括流程本身的说明、流程中各个环节产生的信息。备案程序是典型的内部程序,但对备案信息是否应当公开,法院在个案判决中支持了公开的主张。“陈某某诉中华人民共和国国土资源部政府信息公开案”中争议的焦点是内部管理信息的认定问题,北京市高级人民法院认为“中华人民共和国国土资源部作为全国土地的管理和监督部门,要求省级政府将批准用地情况报其备案,相关的备案信息是在其履行职责过程中制作的并以一定形式记录、保存的信息,应属政府信息。被诉告知书认定涉案信息属于内部管理信息,不属于被告信息公开范围,属于认定事实不清。”[1]

(二)内部事务信息与过程性信息存在交叉

内部事务信息与过程性政府信息可能具有相同的外在表现形式,且行政行为作出过程中往往需要在行政机关内部不同部门之间流转,因此同一信息往往既被作为过程性信息也被视为内部事务信息。苏某某申请信息公开纠纷案中,法院认为当事人申请公开的“工作指示即使存在亦属于‘内部事务信息’‘过程性信息’。”[2]本案中法院将信息同时作为内部事务信息和过程性信息并认可不应公开。区分过程性政府信息和内部管理信息的主要标准是此类信息是否对相对人权利义务产生实际影响。“行政机关内部管理信息一般只涉及内部管理事务,对外部不具有约束力,亦对相对人的权利义务不产生实际影响,行政机关据此不予公开的,人民法院应予支持。实践中如行政机关内部管理信息对外部产生约束力,亦对相对人的权利义务产生实际影响,则属于《条例》的调整范围,行政机关以属于内部管理信息为由不予公开的,人民法院不予支持。”[3]在“张某某诉江苏省如皋市物价局案”中,法院对被告提出的“内部管理信息”理由不予支持,法院认为“行政机关进行行政管理活动所制作和获取的信息,属于政府信息。行政机关单纯履行内部管理职责时所产生的信息属于内部管理信息。如皋市物价局称其对丁堰镇政府作出不予处罚决定的依据即为‘皋价发〔2009〕28号’文件,在相关法律法规对某些具体价格违法行为所规定的处罚幅

〔1〕 北京市高级人民法院(2015)高行终字第4133号行政判决书。

〔2〕 广东省中山市中级人民法院(2019)粤20行终317号行政裁定书。

〔3〕 《北京市高级人民法院关于审理政府信息公开行政案件若干问题的解答》,北京市高级人民法院2014年2月18日发布。

度较宽时，该文件是该局量罚的参照依据。"[1]

（三）过程性信息与行政执法案卷信息有重合

行政执法信息必然覆盖行政执法的全过程，是行政机关在执法过程中收集、制作的信息。行政决定作出之前的信息，可以纳入为"讨论、研究或者审查中的过程性信息"。行政执法通过行政过程来体现和完成，过程性信息与行政执法案卷信息是不同视角的称谓，甚至有时出现内部信息、过程性信息与行政执法案卷信息完全无法区分的情况。内部流程信息、过程性信息和执法案卷信息是从不同角度的定义，三个概念有交叉且可以相互转化。既然这三类信息都属于豁免公开的范围，法院有时甚至放弃对信息种类的解释和说明，将信息笼统归结为豁免公开的信息。"胡某与济南市综合行政执法局等信息公开纠纷案"中原告申请公开"济城执告字〔2013〕第95号文件即市执法局与济南市规划局之间的磋商信函"。法院认为"该信息涉及行政执法案卷信息，属于行政机关对接工作的内部管理信息"。[2] 可见，法院认为行政机关之间的磋商信息既是行政执法案卷信息也是内部管理信息。立法上没有明确豁免公开信息的识别标准，司法上基于豁免公开范围的规定，放弃对信息种类的精准识别和判断。

第二节　行政事务类信息豁免公开的条件

政府信息公开的目的是实现公众的知情权，建立阳光和透明政府，避免行政权力滥用。因此那些与行使行政权直接相关的信息应当公开，与行政权行使没有直接关系的信息例如行政内部事务信息可以不公开。信息公开不能妨碍行政执法，为了保障行政执法顺利进行和工作人员坦诚交换意见，处于行政过程中的信息尤其是意见性信息不能公开。例外情形下，行政机关可以依据单行法律规范公开，也可以主动公开部分行政事务性信息，扩大公众监督的范围。

---

〔1〕 最高人民法院发布人民法院政府信息公开十大案例之六(2013)。

〔2〕 山东省济南市中级人民法院(2019)鲁01行终757号行政判决书。

一、行政事务类信息豁免公开的理由

（一）内部事务信息不具有外部性

政府信息公开所指的信息是行政机关在履行行政管理职能过程中制作或者获取的信息，人事管理、后勤管理和内部工作流程等方面的信息针对内部相对人，属于内部行政程序，其不公开的理由在于：

一方面，内部事务信息与行政机关行使"行政职权"没有直接的关系，"行政机关内部事务信息不具有外部性，对公众的权利义务不产生直接影响"，[1]没有必要把这些琐屑的信息一律告知相对人。政府信息公开的重点应是保障公众的知情权、监督行政机关依法行使职权，内部事务信息因与行使行政职权没有直接关系，故不应纳入信息公开的范围。"对于此类信息不公开，主要是因为该类信息对行政机关的决策、决定不产生实际影响，不公开不影响公民对行政权的监督，公开后对公民的生产、生活和科研等活动无利用价值。"[2]

另一方面，部分内部事务信息通过外部程序和行为已经公开。有些内部行政程序性中形成的信息随着行政程序的推进会被外部程序所吸收，不需要重复公开。法制审核是行政机关内部工作流程之一，《国务院办公厅关于全面推行行政执法公示制度执法全过程记录制度重大执法决定法制审核制度的指导意见》（国办发〔2018〕118号）规定：凡涉及重大公共利益，可能造成重大社会影响或引发社会风险，直接关系行政相对人或第三人重大权益，经过听证程序作出行政执法决定，以及案件情况疑难复杂、涉及多个法律关系的，"都要进行法制审核"。行政执法机关作出重大执法决定前，要严格进行法制审核，未经法制审核或者审核未通过的，不得作出决定。即使是一些非重大的行政执法决定，行政机关也通过自制方式推行法制审核程序。但法制审核意见并非行政机关的最终决定，法制审核的结论可能被行政决定所吸收，告知行政相对人并向社会公开行政决定的内容，即是公开了部分内部行政程序所形成的信息，因此没必要单独公开法制审核信息。

---

〔1〕《坚持"公开为常态、不公开为例外"——司法部负责人就政府信息公开条例修订答记者问》。

〔2〕宋某某、曹某某诉陕西省咸阳市秦都区人民政府信息公开案，最高人民法院（2018）最高法行申265号行政裁定书。

（二）过程性信息不具有确定性

过程性信息免于公开主要有以下两点理由：

其一是避免行政行为不成熟时受到不必要的干扰。行政行为通过最终的决定产生影响，预备阶段的选择和考虑因素被最终决定所吸收，如果将其公开，会导致公众对实际行政决策的混乱印象。德国《信息自由法》第4条第1款规定："如果提前公开行政决定的草案以及直接为决定的前期准备而进行的工作信息以及前置决定信息，会危及行政决定或已经采取的行政措施，则针对上述信息提出的公开申请应予拒绝。但证据调查、鉴定以及第三人的通知等，一般不属于前句规定所指的直接准备性工作。"该条第2款进一步规定："在相关行政程序结束后，应当告知申请人……免于公开的准备性信息必须是'直接'为决定的作出而进行的工作或前置决定。所谓直接准备性信息，是那些直接服务于最终决定，申请人一旦获取就能对最终决定进行具体预测的信息。如果再细分，所谓前置决定是指直接涉及决定草案的档案材料；而为决定的作出从事的相关工作，则属于'工作'范畴。"[1]我国司法实践中，"姚某某、刘某某诉福建省永泰县国土资源局案"法院运用了成熟原则来阐释过程性政府信息的公开，"此类信息一律公开或过早公开，可能会妨害决策过程的完整性，妨害行政事务的有效处理。但过程性信息不应是绝对的例外，当决策、决定完成后，此前处于调查、讨论、处理中的信息即不再是过程性信息，如果公开的需要大于不公开的需要，就应当公开。"[2]对过程性信息的成熟性存在争议时，作出行政行为的机关负有举证责任，当行政机关举证不足或不能时，基于"以公开为原则、以不公开为例外"的基本要求，应推定该过程性信息豁免理由不足，应予公开。过程性行政信息是为行政决定而服务的，是作出行政决定的基础和辅助性材料，行政决定作出后，即行政行为已经成熟了，过程性信息则不再具有豁免的基础，一般应予公开。

其二是保障行政机关工作人员坦诚地表达意见，可能"影响坦诚性原则、影响社会稳定、影响公平权益原则"[3]的信息应免于公开。在适用豁免公开时，

---

〔1〕 龙非：《德国〈信息自由法〉中的"过程性信息"保护》，载《行政法学研究》2013年第3期。

〔2〕 最高人民法院政府信息公开十大案例之五（2013）。

〔3〕 杨小军：《过程性政府信息的公开与不公开》，载《国家检察官学院学报》2012年第2期。

应充分考虑公共利益和个人利益的平衡、意见信息和事实信息的区分、行政行为是否处于成熟的时机。而意见性信息豁免公开的理由在于“自由和坦率的内部讨论有益于政府的决策。如果政府官员认为内部辩论及初步意见可能会公诸于众并受到公开质疑时,讨论就可能不会完全坦诚。相反,免予对决定前的提议、意见和建议公开,可以保护与会人员畅所欲言,也可以使公众避免因未成定论的意见或政策而产生思想混乱。”[1]过程性政府信息免于公开可以保护处于审议过程中的政府决策免受损害。

(三)行政执法案卷信息仅影响特定人的权益

根据司法部负责人就《政府信息公开条例》修订的相关说明,行政执法案卷信息不予公开的理由主要是其“与当事人、利害关系人之外的其他主体没有直接利害关系,且通常涉及相关主体的商业秘密和个人隐私”。[2] 根据该解释,行政执法案卷信息免于公开的理由有两点:一是执法案卷信息与公众没有直接的利害关系;二是执法案卷信息涉及利害关系人的商业秘密和个人隐私。如果行政执法案卷信息涉及商业秘密和个人隐私,行政机关应以该两项理由不公开信息,毕竟商业秘密和个人隐私豁免公开既是法律的规定也是各国立法的通例,行政机关没必要另外借助执法案卷的理由不公开信息。因此,行政执法案卷信息与公众没有直接的关系,仅与行政程序中的利害关系人有关、需要特定利害关系人知悉即可,而利害关系人基于卷宗阅览权可以查询案卷,立法对卷宗阅览和信息公开采择一适用的模式。

二、行政事务类信息豁免公开的质疑

(一)混淆了信息种类与信息公开两个问题

保护过程性政府信息在特定期间免于公开是出于公共利益的考量,避免行政行为在不成熟时受到不必要的干扰,保障行政机关工作人员能坦诚地表达意见。过程性政府信息争议的焦点问题是行政程序结束后该信息是否应当公开。过程性政府信息是作出行政决定的基础和辅助性材料。随着时间的推移,原来的过程性信息由于过程已经结束而丧失其保密的必要性。行政决定作出后,即

---

[1] 戚红梅:《我国政府信息豁免公开制度研究》,苏州大学 2013 年博士学位论文。

[2] 《坚持“公开为常态、不公开为例外”——司法部负责人就政府信息公开条例修订答记者问》。

行政行为已经成熟了,除非信息涉及国家秘密、商业秘密和个人隐私,否则过程性信息不再具有豁免公开的基础。

过程性政府信息具有"过程性"特点,但不能以信息的特点作为其免于公开的理由。过程性政府信息因过程的结束而丧失保密的理由,司法实践中,经常借"过程性"来否定"过程性政府信息"的公开。在"曾某诉上海市市政管理局案"中,法院认定"请示"属于过程性信息。二审法院认为:"曾某申请公开的文件'是市政管理局就建设项目可行性的请示',该文系行政机关在作决定之前的准备过程中产生的尚未确定或可能发生变化的政府信息,不代表行政机关的最后决定,市政管理局认定属于正在调查、讨论、处理过程中的信息,并据此作出不予公开决定,并无不当。"〔1〕该案中一审和二审法院均认定"请示"属于过程性政府信息,并据此判决被告拒绝公开并无不当。"请示"具有"过程性"和"行政性"的特征,属于过程性政府信息,但并非只有行政机关作出的结果信息应当公开,过程性信息同样应当公开。本案中法院以"过程性政府信息"为由不支持当事人的诉讼请求,即混淆了"过程性政府信息"和"过程性政府信息公开"两个问题。

(二)与公众参与和信息公开范围扩大的趋势不符

行政公开作为现代行政法的基本原则之一,不仅要求行政结果的公开,同时要求行政过程的公开。公众参与原则和行政决策的民主化不仅体现在立法程序中,亦在行政程序中日益受到重视。典型例证是规范性文件草案和重大决策方案的事前征求意见,以《广州市规章制定公众参与办法》(2020 年修订)和《广州市完善重大决策程序规范推进科学民主依法决策》为代表。〔2〕如果说过程性政府信息因其不成熟、过早公开可能危害行政决策过程,那么作为行政行

〔1〕原告曾某请求上海市市政管理局公开《关于报批中环线(浦西段)工程可行性研究报告的请示》。该请示已由上海市发展和改革委员会批复实施,且相关项目已竣工并交付使用。市政管理局以"请示"属于正在调查、讨论、处理过程中的政府信息为由,决定不予公开。曾某不服,先后提起行政复议与诉讼。复议机关与两审法院均以同一理由驳回其请求。参见上海市第一中级人民法院(2008)沪一中行终字第 328 号行政判决,上海市第二中级人民法院(2012)沪二中行终字第 124 号行政判决书。转引自杨登峰:《论过程性信息的本质——以上海市系列政府信息公开案为例》,载《法学家》2013 年第 3 期。

〔2〕《广州市规章制定公众参与办法》获得首届"中国法治政府奖"提名奖(2011 年);《广州市完善重大决策程序规范推进科学民主依法决策》荣获第二届"中国法治政府奖"(2012 年)。

为之一的规章和规范性文件的制定草案为什么能够公开？显然此处的理由在于公众参与的需求更大于公开可能带来的危害。公众的积极参与会集思广益，如果公众的异议比较大，恰说明行政决策可能有不妥之处，如果勉强出台相关政策，也可能导致执行不力。公众参与对于行政决策利大于弊。可见至少从实践的发展来看，成熟标准作为否定过程性政府信息公开的理由之一已不适用于传统的抽象行政行为。

（三）易借行政执法案卷信息扩大不予公开的范围

行政机关执行法律、法规和规章，作出的所有具体行政行为都可以称为行政执法行为。行政执法依附于行政程序，行政程序进行中行政执法信息可以归入过程性信息，行政程序结束后行政执法信息可以纳入档案信息。行政执法案卷包括正卷和副卷，正卷材料基本是行政行为形成过程中针对相对人制作的文书，自然应对相对人公开；这些材料中的部分内容也应当向社会公开；而副卷材料例如内部请示、报告、批示、案件讨论记录等也属于过程性信息。如此没有必要单独将行政执法案卷信息作为一类豁免公开的信息单独列举。将行政执法案卷类信息纳入不予公开的范围，正如有学者所担心，“由于行政执法的定义并不明确，范围极为广泛，从广义上可以把行政机关履行行政管理职能行为都称之为行政执法。因此，行政执法案卷信息不能因为实践中对行政执法过于泛化理解和存在歧义，而把行政执法案卷信息的例外情形作为‘口袋规定’，凡是行政机关不愿公开的政府信息，都以行政执法案卷信息为由不予公开。”[1]

行政执法案卷信息与公众没有直接利害关系而免除公开的理由并不成立。《政府信息公开条例》修订后已经取消了信息公开申请人与所申请信息具有“生产、生活和科研”三需要的要求，因此利害关系已不构成申请政府信息公开的障碍，故该项理由并不成立。此外，行政执法案卷信息豁免公开暗含着知情权和卷宗阅览权的择一适用，无论是新条例还是旧条例两者关于此都没有明确规定。《最高人民法院关于审理政府信息公开行政案件若干问题的规定》（法释〔2011〕17号）第2条规定：“公民、法人或者其他组织对下列行为不服提起行政诉讼的，人民法院不予受理：……（四）行政程序中的当事人、利害关系人以政府信息公开名义申请查阅案卷材料，行政机关告知其应当按照相关法律、法规的

---

〔1〕 程琥：《新条例实施后政府信息公开行政诉讼若干问题探讨》，载《行政法学研究》2019年第4期。

规定办理的。"该规定从行政诉讼受理的角度对知情权和卷宗阅览权进行了区分。卷宗阅览权又称阅卷权、查阅案卷权、查阅权，一般是指当事人在参与行政程序过程中，有查阅行政机关制作的与当事人的行政案件有关的一切卷宗材料之权利。[1] 根据上述规定，我国立法对知情权与卷宗阅览权采取"择一竞合模式"，即在两者出现竞合时，卷宗阅览具有优先适用的效力，当事人只能通过行使卷宗阅览权获得相关信息，不能申请信息公开。"因为《行政复议法》规定，行政复议申请人和利害关系人有权查阅复议卷宗，除法律规定情形外行政机关都应该允许查阅。很多行政相对人或其代理人，往往利用政府信息公开这个更好用的武器，要求复议机关公开复议程序中的相关材料，复议机关因此很受困扰。我国立法不仅仅将其局限于行政复议，从整体上把卷宗阅览权和信息公开请求权进行了区分。因为不仅《行政复议法》对卷宗阅览有规定，像《行政处罚法》《行政许可法》，也都有类似规定。"[2] 综上所述，一般社会公众申请获取政府信息不需要利害关系的条件，而行政程序当事人虽具有利害关系但不能依据《政府信息公开条例》获得政府信息，行政执法案卷信息与"其他主体没有直接利害关系"并不能成为免于公开的理由。

行政执法案卷信息可以免于公开的规定与行政执法公示的理念相悖。《国务院办公厅关于全面推行行政执法公示制度执法全过程记录制度重大执法决定法制审核制度的指导意见》（国办发〔2018〕118 号）指出："行政执法公示是保障行政相对人和社会公众知情权、参与权、表达权、监督权的重要措施。行政执法机关要按照'谁执法谁公示'的原则，明确公示内容的采集、传递、审核、发布职责，规范信息公示内容的标准、格式。建立统一的执法信息公示平台，及时通过政府网站及政务新媒体、办事大厅公示栏、服务窗口等平台向社会公开行政执法基本信息、结果信息。涉及国家秘密、商业秘密、个人隐私等不宜公开的信息，依法确需公开的，要作适当处理后公开。"该指导意见对行政执法的"事前公开、事中公示和事后公开"作了具体、明确的要求。行政执法行为在行政程序不同阶段的公示，必然涉及行政执法案卷信息的公开问题。条例将行政执法案卷

---

〔1〕 章剑生：《知情权及其保障——以〈政府信息公开条例〉为例》，载《中国法学》2008 年第 4 期。

〔2〕 李广宇：《政府信息公开司法解释的台前幕后》，载微信公众号"第四巡回法庭"，https://mp.weixin.qq.com/s/FFWcZZvY8HZSKMaJ8YbfZQ，2017 年 11 月 14 日访问。

信息纳入可以不公开的范围,执行中必然带来与执法公示冲突和协调的问题。

三、行政事务类信息豁免公开的例外

(一)法定例外

针对过程性信息和行政执法案卷信息,行政机关可以不予公开。但是法律、法规、规章规定应当公开的,从其规定。也就是说,在没有法律、法规和规章作出强制公开规定的情况下,行政机关拥有选择权,故有学者称之为"酌定豁免"[1]公开;如果有相关法律、法规和规章作出必须公开的规定,则属于豁免公开的法定例外情形。

在某些例外的情形下,基于公共利益的需要单行法律、法规或规章要求公开特定信息。听证公开是法律规定的豁免公开例外之一,《行政处罚法》第42条第1款第3项规定:"除涉及国家秘密、商业秘密或者个人隐私外,听证公开举行。"《行政许可法》第46条规定:"法律、法规、规章规定实施行政许可应当听证的事项,或者行政机关认为需要听证的其他涉及公共利益的重大行政许可事项,行政机关应当向社会公告,并举行听证。"听证不仅有当事人和利害关系人参与,而且应当向社会公众公开,允许公众旁听。重大行政决策过程信息的公开也是一种法定例外,《广州市依法行政条例》第24条规定:"重大行政决策起草部门应当通过政府网站、报纸等媒体向社会公布决策方案,公布的时间不得少于十五个工作日。公布的事项包括:(一)决策方案全文或者公众获得方案全文的途径;(二)关于决策的目的和必要性、合法性、合理性、可行性等情况的说明;(三)决策方案涉及的主要问题;(四)公众提交意见的方式、途径、起止时间;(五)接受公众意见的部门、人员和联系方式;(六)重大行政决策起草部门认为需要说明的其他事项。"该条所指的"决策方案全文"并非最终的决策结果,具有过程性和内部性的特点,但因为决策涉及经济社会发展全局,与公民、法人和其他组织利益密切相关,为了保障决策的科学性和可接受性,广泛吸收公众意见,草案形成后应将该过程性和内部信息公布并征求社会公众意见。

---

[1] 参见蒋红珍:《面向"知情权"的主观权利客观化体系建构:解读〈政府信息公开条例〉修改》,载《行政法学研究》2019年第4期。

（二）自制例外

行政自制是指“行政主体自发地约束其所实施的行政行为，使其行政权在合法合理的范围内运行的一种自主行为，简单地说，就是行政主体对自身违法或不当行为的自我控制，包括自我预防、自我发现、自我遏止、自我纠错等一系列下设机制。”〔1〕如果行政机关通过自我约束的方式选择公开，属于行政自制的例外。条例赋予行政机关是否公开特定信息的选择权，行政机关通过规章或规范性文件进行自我约束，主动公开相关信息，属于行政自制。根据《政府信息公开条例》第16条的规定，行政机关针对内部事务信息是否公开享有选择权，即可以公开也可以不予公开。以人事管理信息为例，《人力资源社会保障部政府信息公开实施办法》（人社厅发〔2010〕111号）第13条列举了应当主动公开的重点领域，其中涉及人事管理信息的包括：（1）部机关公务员招录公示事项；（2）中央国家机关公务员考试录用计划、职位及资格条件；（3）全国劳动模范、先进工作者和先进集体表彰情况；（4）国务院各部委、各直属机构及中央管理的企业因解决夫妻两地分居从京外调入人员的备案情况；（5）国际职员后备人员公开招考相关信息；（6）人力资源社会保障部承办的国务院任免国家工作人员的任免情况；（7）人力资源社会保障部资助的各类人才培训项目实施情况。上述七类信息中，部分属于条例规定应主动公开的信息，部分信息是否属于应当公开的范围并不十分明确，行政机关通过规章的形式具体列举了主动公开的人事管理信息，通过行政自制放弃豁免公开的选择权。此外，公务员以及参照公务员管理的企业和事业单位工作人员薪酬属于人事管理类内部事务信息，可以不予公开。但有些单位依然选择公开这类信息，例如人力资源和社会保障部自2016年起通过通告的形式公开中国人力资源和社会保障出版集团有限公司负责人的薪酬情况。〔2〕

针对过程性信息和行政执法案卷信息，法律、法规和规章没有规定强制公开，行政机关在享有公开选择权的情况下主动公开，也属于自制的例外。例如《湖南省行政程序规定》（2018年修正）第74条规定“行政机关认为必要的”或

---

〔1〕崔卓兰、刘福元：《行政自制——探索行政法理论视野之拓展》，载《法制与社会发展》2008年第3期。

〔2〕参见人力资源和社会保障部网站，http://www.mohrss.gov.cn/gkml/index.html，2019年10月13日访问。

者“当事人、利害关系人申请,行政机关认为确有必要的”情况下,行政机关在作出行政执法决定前应当举行听证会。上述两种情况下行政机关拥有是否听证的决定权,而听证应当公开进行。如果行政机关选择听证,那么就应将行政执法的听证过程向公众公开。

第三节 行政事务类信息豁免公开的具体适用

即使行政事务类信息存在不予公开的正当理由,也不意味着所有的信息都不能公开,而应当进行分割处理,将符合豁免公开条件的信息剥离出来,其余的信息仍应公开。我国《政府信息公开条例》第 37 条规定:“申请公开的信息中含有不应当公开或者不属于政府信息的内容,但是能够作区分处理的,行政机关应当向申请人提供可以公开的政府信息内容,并对不予公开的内容说明理由。”

一、分割原则的具体要求

(一)内部信息与外部信息的分割

内部事务信息因其“内部性”而免于公开,“郭某某、翟某某再审审查与审判监督”案中最高人民法院认为:“根据《党政机关公文处理工作条例》第 8 条第 15 项的规定,会议纪要属于行政机关内部公文,是适用于记载会议主要情况和议定事项的一种公文类型,具有过程性和决策性的特点。《会议纪要》中‘内部性’和‘非终极性’的信息免于公开,防止在决定尚未成熟前被公布,目的是保护政府决策过程的完整性。”[1]一旦这种内部性丧失,即内部事务信息出现效力外部化之情形,行政机关借内部信息的名义行外部行为之实,表面上的内部信息事实上具有影响相对人权利义务的实质,那么其豁免公开的理由也随之丧失。“如行政机关内部管理信息对外部产生约束力,亦对相对人的权利义务产生实际影响,则属于《条例》的调整范围,行政机关以属于内部管理信息为由不

---

〔1〕 最高人民法院(2018)最高法行申 9744 号行政裁定书。

予公开的，人民法院不予支持。"[1]"顾某某诉证监会不履行政府信息公开法定职责案"中原告申请公开《证券期货案件调查规则》(证监稽查字〔2002〕6号)，被告方以内部管理信息为由不予公开。法院认为"《证券期货案件调查规则》已在国务院裁决案件中作为证监会主张其立案调查程序合法的依据，且该主张已得到裁决机关的支持。由此可知，至少《证券期货案件调查规则》中的相关程序规定已被作为对外执法的法律依据，不应属于内部管理信息的范畴"。[2]

(二)过程性信息与结果信息的分割

过程中的政府信息免于公开，过程结束后，除非政府信息涉及国家秘密、商业秘密或个人隐私，否则仍应公开。法院也在多起案件中重申行政过程结束后过程性信息应当公开的观点。"罗某某诉南京市秦淮区人民政府信息公开案"中法院认为"在最终行政行为作出前，过程性信息的效力尚属不确定状态，行政机关对此可以豁免公开；在最终行政行为作出后，行政机关对于转化为事实性材料的过程性信息应当予以公开"。[3] "李某某等20人诉西安市人民政府信息公开案"中被告认为"25号《报告》系西安市法制办公室就潘家村拆迁行政裁决相关问题向市政府呈报的内部意见和建议，属于《国务院办公厅关于做好政府信息依申请公开工作的意见》所规定的过程性信息"，但法院认为"该报告已经作为《批复》的依据，属于'过程已成既往'，并非'处于讨论、研究或者审查中'的'过程性'文件"。[4] 在"徐某某诉广州市城市规划局信息公开案"中，原告徐某申请公开《广州市琶洲村改造规划》，被告称"该规划非法定规划，是过程性研究规划成果"，因此不予公开。二审法院认为"《广州市琶洲村改造规划》已经作为被上诉人规划审批的依据，具有可执行性，并非'过程性'文件，该文件与上诉人的权利义务有直接的利害关系，是结果性研究规划成果。"[5]同样的问题出现在"姚某某、刘某某诉福建省永泰县国土资源局案"中，福州市中级人民法院认为："永泰县国土资源局是'一书四方案'的制作机关，福建省人民政府

---

〔1〕《北京市高级人民法院关于审理政府信息公开行政案件若干问题的解答》，北京市高级人民法院2014年2月18日发布。

〔2〕北京市高级人民法院(2018)京行终1233号行政判决书。

〔3〕南京市中级人民法院(2014)宁行初字第200号行政判决书。

〔4〕西安市未央区人民法院(2014)未行初字第38号行政判决书。

〔5〕李广宇：《过程信息：徐志豪诉广州市规划局案》，载《行政执法与行政审判》(2013年第3辑)，中国法制出版社2013年版，第133页。

作出征地批复后，有关‘一书四方案’已经过批准并予以实施，不再属于过程性信息及内部材料，被上诉人不予公开没有法律依据。”[1] 上述案件中，法院均认为当事人申请公开的信息由于行政程序的结束而不再具有“过程性”特征，属于确定性的政府信息因而应当予以公开。

（三）事实信息和意见信息的分割

根据政府信息所记载的内容不同，可以分为事实性信息与意见性信息，通常认为对两者应区别对待，事实性政府信息不具备豁免公开的理由，这一点得到理论和立法的一致认可。[2] 在凯撒铝业化学公司（Kaiser Aluminum Chemical Corp.）诉美国政府一案中，原告凯撒试图从总务管理局获得一些政府文件，而原告想要获得的这些文件包含了政府与原告及其竞争者之间交易行为的审议过程，政府认为其中一份文件包括了官员的意见而不予公开这份文件，雷德法官同意了政府方的意见，他对免于公开特权的解释成为经典的司法意见：“如果政府雇员被强迫公之于众，有权利作出决定并应负责的个人应忍受错误判断的责备，那么行政管理中建议过程自由和公开评价的优缺点将会受到严重影响。”[3] 只有事实性信息与意见性信息无法分割的情况下，事实性信息才会获得例外的保护。问题的关键是如何区分意见性信息和事实性信息，“所谓‘商讨’只包括商讨的程序，而不包括商讨之前已经形成、构成商讨的依据并作为商讨对象的‘案件信息’以及商讨的结果信息”。[4]

在“谢某诉江苏省环境保护厅政府信息公开案”中，法院采纳了事实性信息应当公开的观点，被告方认为“企业提供的项目简介、运营合同和监测报告是报送环保部审批的内部管理信息，不属于公开的政府信息”。对于事实性行政过程信息是否应当公开，法院虽存在不同的意见，但最终秉持了支持公开的观点：“过程性信息的公开其本质是行政过程的公开，行政机关较多地注重对结果的公开，只要是过程信息就不公开，只公开行为的最终结果，大大缩小了预期的公开范围。许可审批作出后，根据《行政许可法》第40条的规定，其审批结论属应

---

〔1〕 最高人民法院发布人民法院政府信息公开十大案例之五（2013）。

〔2〕 戚红梅：《我国政府信息豁免公开制度研究》，苏州大学2013年博士学位论文。

〔3〕 Michael N. Kennedy, *Escaping The Fishbowl: A Proposal to Fortify the Deliberative Process Privilege*, 99 Northwestern University Law Review 1769, 1780（2005）.

〔4〕 龙非：《德国〈信息自由法〉中的“过程性信息”保护》，载《行政法学研究》2013年第3期。

当主动公开的信息,许可申请人申请时提交的借此证明许可申请合法的各种材料,都成为据此作出许可的纯事实性材料,只要不涉及商业秘密的材料应当成为信息公开的对象,即可以公开的信息。"[1]

二、执法人员信息的豁免公开

从司法实践的情况来看,当事人申请公开的行政执法人员名单信息具体又可以分为以下两种具体情形:具有执法资格的全部人员名单信息和参与每个具体案件的执法人员信息。执法人员信息的公开应注意个人信息与公务信息的区别和分割,具有执法资格的全部人员名单信息应向社会公开,参与每个具体案件的执法人员信息应向执法对象公开,但都限于与行使职权相关的"执法信息",不包括公务员的个人信息。

第一类具有执法资格的全部人员名单信息属于应当向社会公众公开的信息。"林某诉上海市文化市场行政执法总队政府信息公开案"中原告申请公开的信息之一是"行使市文物行政管理部门行政处罚权并已取得行政执法证具有执法资格的具体行政执法人员名单"。行政执法人员取得的行政执法证是行政机关为履行对外行政管理职责需要而制作,从行政机关规范行政执法行为角度而言,在行政处罚执法过程中执法人员需要依法向当事人或有关人员出示证件,也就是对外告知执法人员具有行政执法资格。本案中法院综合考虑了信息"与执法人员履行法定职责的关联,政府信息公开工作服务于人民群众生产、生活和经济社会活动的服务作用,公职人员的个人信息与个人隐私信息的区别以及行政执法人员权力资质的外部彰显等内容",据此认为当事人所申请的信息不属于内部事务信息。[2] 行政执法人员名录信息不仅属于应当向社会公众公开的信息,且属于行政机关主动公开的信息;不仅应当公开行政执法人员名录,还应当公开行政执法人员培训、考试、考核等基本情况。

第二类具体案件的执法人员信息是行政机关内部对公务员工作任务的分配,属于内部人事管理信息,执法人员的姓名、证件号码等基本信息应当向被执

---

〔1〕 江苏省南京市中级人民法院(2012)宁行初字第26号行政判决书。

〔2〕 参见陈瑜庭、张淼堂:《执法人员名单不属于内部管理信息——林某诉上海市文化市场行政执法总队不服政府信息公开告知案》,载《上海法学研究》(第16卷),2019年版,第9页。

法人公开,但可以不向社会公众公开。《行政处罚法》《行政强制法》《行政许可法》等相关法律都明确规定行政执法人员实施相关行为时必须"出示执法身份证件",展示证件恰是向相对人公开相关执法信息的过程。行政执法决定书中记载执法人员姓名的,执法决定书的公开同时包括了执法人员相关信息的公开。行政执法人员在行使行政权时需要向相对人表明身份,出示执法证件,其执法人员身份在外部行政程序中具有重要意义,因行政执法人员的姓名、执法证号、所属单位等基本信息与行使行政职权相关,属于应当公开的信息。"封某某诉北京市公安局丰台分局信息公开案"中原告申请公开"2018 年 5 月 6 日晚至 2018 年 5 月 7 日凌晨,右安门派出所在莫泰 168 旅店北京南站店 8535 号房间对封某某采取行政强制措施的执法人员信息,包括警察姓名、警号、警衔、职务、照片或者辅警姓名、编号、职务、照片等。"法院认为该信息是"执法人员信息,属于行政机关在日常工作中的内部管理信息,不属于《政府信息公开条例》的调整范围。"[1]笔者认为,法院对该案的说理并不充分。执法人员必须取得执法资格、具有执法证,在实施相关行政行为时,执法证可以表明其执法身份的正当性,是行政执法人员从事行政执法活动的统一有效证件。执法证记载的信息与行使行政职权密切相关,是行政主体合法的要求之一,必须向当事人公开。本案并非因相关信息属于"执法人员信息"和"内部管理信息"而不公开,而是当事人应依行政程序权利获取执法人员信息,不能根据《政府信息公开条例》申请信息公开。故本案的关键不是信息是否应向相对人公开,而是应当依据何种程序公开。"郑某某诉杭州市拱墅区人民政府、杭州市人民政府城建政府信息公开案"中最高人民法院认为:"有关执法人员名单和执法证,均属于政府机关内部人事管理信息,公开历次参与执法的人员名单和包括个人信息的执法证件,可能影响今后行政执法活动的顺利进行或者威胁相关人员人身安全,且当此类信息公开的重要性显著小于公开可能带来的危害性时,信息公开义务主体可以依法决定不予公开。"[2]本案的关键在于原告要求"公开历次参与执法的人员名单和包括个人信息的执法证件",这需要行政机关进行加工和汇总,本案信息不公开的原因并非"内部人事管理信息",而是当事人申请的信息需要行政

---

〔1〕 北京市第二中级人民法院 (2018)京 02 行终 1476 号行政裁定书。

〔2〕 最高人民法院(2018)最高法行申 2928 号行政裁定书。

机关进一步加工,属于不存在的政府信息。

三、机关内部协商信息的豁免公开

行政机关的内部协商信息是指作出决定的行政机关与其他机关、组织沟通、协商的信息,这类信息来自以下方面:同一行政机关内部不同机构之间的内部交换信息;不同行政机关包括上下级和平行行政机关之间的内部信息;以及行政机关和其他机关、企事业单位之间的交换信息以及行政机关与外国政府和国际组织沟通的信息。行政机关的内部协商信息通常与讨论性意见被相提并论,并被作为政府信息豁免公开的同一种例外规定在一起。

行政机关的内部协商信息与讨论性意见信息被作为同一类政府信息公开的例外,其理由也基本一致,即为了鼓励"行政机关内部的坦诚交流"。但笔者认为基于这一理由将全部行政机关的内部协商信息排除于公开范围外并不恰当。坦诚交流或充分表达意见只适用于个人或自然人,避免他们基于公共利益为行政行为决策提供充分建议时在个人生活中受到压力。这一豁免理由只适用于自然人而不适用于行政机关。行政机关作为执行部门,并不存在自然人所可能承受的这种压力。进一步来说,行政机关与行政机关之间的协商信息不应免除公开,行政行为形成过程中参与讨论的工作人员意见应豁免公开。机关之间的内部协商信息公开,参与行政行为的行政机关对意见负责,亦不会使机关内部的个人陷于不利的境地。公开机关内部协商信息,反而有利于公众加强对行政机关的监督。

基于上述分析,笔者认为,行政机关之间的内部协商信息应予公开。那么应当何时公开呢?也就是说,行政机关内部协商信息公开的时间点是在行政程序结束后,还是在行政进行中就可以公开?笔者认为,作为一种"协商性信息",在行政程序进行阶段,并没有对相对人的权利义务产生实际的影响。如果过早公开,可能妨碍行政决策的过程、影响行政效率。因此行政机关内部协商信息的豁免公开仍受成熟原则的规制,在行政程序结束后、行政决定作出时,是一个成熟的时间点,行政机关内部协商信息应予公开。

四、讨论性意见信息的豁免公开

行政行为决策过程中的讨论性意见来源于三个方面:政府内部的公务员、

有关咨询专家、与案件无利害关系但提供意见的公众。行政过程中的意见性信息免于公开的理由在于"确保行政过程中提供意见的人员能自由地表达他们的想法而不必担心公开。在日复一日的行政活动中,行政机关经常依靠雇员和临时顾问作出决定。这些咨询意见是行政审议过程不可分割的部分,将这些过程公之于众将阻碍他们坦诚地讨论并损害行政决定的质量。"〔1〕基于上述理由,讨论性意见作为世界各国信息公开的例外被多数国家立法所承认,"很多国家的档案法规定要在很多年后或是相关官员死后才能因历史研究的原因公开决策过程中的记录。"〔2〕但也有例外,牙买加《信息获取法案》没有保护内部审议过程(除保护内阁文件以外)的一般性例外:"尚未公布或不具有纯粹的事实、科学或技术性质的内阁文件;某些内阁文件——如为内阁准备的意见、忠告或建议,或内阁讨论纪要——应予以披露,如果这符合整体公共利益(第 15 条和第 19 条)。"〔3〕对于讨论性意见豁免公开的期限存在较大的争议,"是否仍然存在损害的可能性是确定商讨信息是否公开的唯一时间标准。不过,免于公开的期限并不限于商讨进行过程中,也包括商讨结束乃至整个行政程序终结之后,即所谓持续性的免于公开。"〔4〕

讨论性意见的豁免公开也不是绝对的。政府的不当行为构成讨论性意见豁免公开的例外,例如,当政府企图保护的讨论性意见与宪法上的平等原则有关时,政府的不当行为则不受豁免公开的保护。在完全福音教会牧师处诉约翰逊(Chaplaincy of Full Gospel Churches v. Johnson)案中,"原告是一群没有礼拜仪式的海军基督教牧师,他们声称在过去很多年中,他们在雇用、晋升和有选择性地提前退休等方面受到了歧视。为了证明这些论断,牧师们寻求现在和以前担任牧师晋升委员会的海军军官予以作证,以证明宗教标准在晋升中是否扮演了一个(重要)角色"。被告方则以审议中的特权寻求豁免公开的保护。为了否定这一特权,原告需向法院证明"有理由相信"政府的不当行为已经发生,并提

〔1〕 *Deliberative Process Privilege: Contemporary Decisions*, LandMark Publications, 2012, p. 339.

〔2〕 Mitchell W. Pearlman:《信息自由》,2007 年 5 月 21 日至 22 日的演讲,参见耶鲁大学中国法中心网站,http://www.law.yale.edu/documents/pdf/Intellectual_Life/CL-OGI-Pearlman-FOI-Chinese.pdf,2014 年 12 月 12 日访问。

〔3〕 [加]托比·曼德尔:《信息自由:多国法律比较》,龚文庠等译,社会科学文献出版社 2011 年版,第 78 页。

〔4〕 龙非:《德国〈信息自由法〉中的"过程性信息"保护》,载《行政法学研究》2013 年第 3 期。

供了海军之前的两份调查已经显示宗教歧视在海军晋升决定中实际存在。法院认为该调查提供了基于信仰基础的不当行为,因此同意了原告的公开请求。[1]

五、初步决策信息的豁免公开

初步决策信息是行政机关作出最终决定前,基于前期调查、收集的证据和相关规定,对相对人拟作出的行政行为决定,其目的是为最终决定提供初步的参考,结果可能与最终决定一致亦可能不一致。前述"谢某诉江苏省环境保护厅政府信息公开案"争议的焦点之一是预审机关作出的预审意见是否应当公开。《环境治理许可管理办法》规定预审机关为省级环保部门,行政许可机关为国家环保总局。对于预审意见是否应当公开,一种意见认为应视预审结论的不同区别对待:"(1)预审机关的预审意见同意许可申请人的申请,预审意见只是预审机关作出的初步审查意见,不是最终许可的审批结论,并不意味着许可申请已获批准。因此,预审意见未对其他利害关系人的权利产生实质影响,预审意见表现出的特性是可变的,尚不确定的许可过程性材料;许可申请人提交的材料是尚未确定的一般性材料,故其他利害关系人申请公开预审意见和申请材料,尚不具备公开的条件,不应公开。(2)如果预审意见认为许可申请人的申请不符合许可的条件,不予报送终审机关,如前所述,该行为完全符合可诉的具体行政行为的条件,作为预审行为重要载体的预审意见,虽是在许可过程中形成的非结论性意见,但确定不予受理的意见,其属性已脱离了过程性材料的性质,对许可申请人的权利义务产生了影响,符合《政府信息公开条例》第2条规定的信息,许可申请人申请公开预审意见,预审机关应当予以公开。"[2]

笔者并不同意以预审意见的不同结论作为是否公开的区分标准。预审意见虽不是最终的结论,具有一定的可变性,但对最终结论具有充分的影响。在国家劳动关系委员会诉西尔斯、罗巴克及管公司(National Labor Relations Board v. Sears, Roebuck & Co.)案中,法院认为"公众与行政决定所考虑的各种理由

---

〔1〕 Michael N. Kennedy, *Escaping The Fishbowl: A Proposal to Fortify the Deliberative Process Privilege*, 99 Northwestern University Law Review 1769, 1788 – 1789(2005).

〔2〕 参见北大法宝网, http://www.pkulaw.cn/case/pfnl_a25051f3312b07f3192fa6db5adbb713a9eb3977e4c27042bdfb.html, 2019年12月8日访问。

之间具有利害关系”,“这些理由构成了行政机关的‘活的法律’”。[1] 预审意见具有影响当事人权益的可能性。“预审意见同意许可人的申请,预审意见未对其他利害关系人的权利产生实质影响”的结论是不成立的,传统行政法中区分授益行政行为和侵益行政行为、直接相对人和间接相对人,但这种区分是相对的,同一个行政行为对直接相对人而言可能是授益的,但对于间接相对人而言可能是侵益的,行政许可就是这样一种典型的行政行为。现代行政法和行政诉讼制度的发展不断地扩大利害关系人的范围、赋予其权利救济手段。具体到本案中,若预审机关的预审意见同意许可申请人的申请,那么预审行为对于其他间接利害关系人而言有可能影响其权益。知情权所针对的权利主体是所有人,而不仅仅限于与案件有利害关系的人,知情权的目的是建立透明和公开的政府,接受社会监督。因此以预审意见对相对人权利义务不产生实际影响为由不予公开也是不成立的。进一步来说,预审意见作为一种过程性信息除非存在涉及国家安全、商业秘密和个人隐私等法定不予公开的事由外,否则应一律予以公开。

明确了初步决策信息应当公开,关键是这类信息应当何时公开,其分界点是行政决定作出后还是作出前?初步决策信息并不具有危害“国家安全、公共安全”的豁免公开理由,能够主张的主要依据在于行政行为并不成熟,只有最终决策信息才是成熟的信息并应予以公开。笔者认为,初步决策信息具有影响相对人权益的“现实可能性”;立法区分“初步决策行为”和“最终决定行为”,赋予初步决策机关(通常是下级行政机关)一定的“预审权”,这种权力具有一定的外部行政行为特征;将行政行为区分为两个不同的阶段,要求行政机关更加慎重地作出决定。因此在初步行政行为作出后,为了避免其决策错误,相对人可以充分地参与讨论和提出意见,如果初步决策不向相对人公开,就无法完成这一争辩过程。基于上述分析,笔者认为初步决策行为作出后,不必等待最终行政行为作出即应向相对人公开。为了避免行政行为的混乱,行政机关应告知这一决定是“初步决策”,待“最终决定”作出后才对相对人产生实际的效力,相对人也只能对最终决定寻求行政救济,但可以对初步决策提出意见和意义,以及参与最终决定的讨论。

---

〔1〕 Ronald A. Cass, Colin S. Diver, Jack M. Beermann & Jody Freeman, *Administrative Law: Case and Materials*, 7th ed. Wolters Kluwer Law & Business, 2016, p. 934.

结　语

加强抑或放松政府信息豁免公开

20 世纪以来信息公开成为立法和实践的重要主题，各国积极投身到信息公开立法的热潮中。然而实践的难题是，行政机关需要耗费大量的人力、物力和财力来处理信息公开申请，相伴而生的是行政效率的低下；大量重复性、纠缠性信息公开申请和诉讼更使这一问题雪上加霜。近年来，科学技术的迅猛发展，使碎片化的信息更具有利用价值。利用技术手段对零散信息的整合和分析，可能导致泄露国家秘密，危害国家安全，或者给权利人带来不利影响。如此，信息公开的发展受到了来自不同方面的质疑之声，信息公开的实践倾向于保守。

政府信息公开与保密一直相伴而生，甚至后者比前者具有更悠久的历史。政府信息公开例外并非是对知情权的蚕食，而恰是为了更好地保障知情权。只有不公开的范围明确、具体，公开的范围才具有可操作性。我国政府信息公开制度建设初期，豁免公开的范围分为三部分：一是 2007 年《政府信息公开条例》明确排除的公开，即国家秘密、商业秘密、个人隐私信息，以及危及“三安全一稳定”的信息；二是根据实践的总结并通过政策文件固定的豁免公开，主要包括《国务院办公厅关于做好政府信息依申请公开工作的意见》（国办发〔2010〕5 号）规定的内部管理信息和过程性信息；三是针对申请主体和政府信息客体的限制达到事实上排除公开的作用。《政府信息公开条例》修改后，一方面借鉴域外立法、总结实践经验，将政策中的豁免公开事项纳入立法；另一方面取消申请人与所申请信息具有“生产、生活和科研”三需要的限制，使政府信息豁免公开的范围更加科学、规范且具有可操作性。

法治国家必然要求加强透明政府建设，以往被列入不公开范围的政府信息,随着实践的发展公开范围不断扩大,当初人们所担心的那些不公开的理由亦被不断否定。但在公开与不公开之间,始终存在难以判断的情形,此时政府信息公开的理念起到重要的指引作用。《政府信息公开条例》修改后,增加了"以公开为常态、以不公开为例外"的基本原则,立法目的亦明确"为了保障公民、法人和其他组织依法获取政府信息,提高政府工作的透明度,建设法治政府,充分发挥政府信息对人民群众生产、生活和经济社会活动的服务作用"。在公开与不公开的判断上,一方面应分级构建不同种类信息豁免公开的具体标准,通过例外条款的精细化规定来保障公众的知情权;另一方面依赖基本原则和立法目的来解决争议问题,通过衡量政府信息对提高政府工作的透明度和发挥政府信息对人民群众生产、生活和经济社会活动的服务作用来审视公开与否,实现最大限度公开原则。

参考文献

一、著作

1. 孙笑侠:《法律对行政的控制——现代行政法的法理解释》,山东人民出版社1999年版。

2. 陈新民:《德国公法学基础理论》,山东人民出版社2001年版。

3. 林来梵:《宪法学讲义》,清华大学出版社2018年版。

4. 张翔:《基本权利的规范建构》,高等教育出版社2008年版。

5. 翁岳生编:《行政法》,中国法制出版社2002年版。

6. 许宗力:《法与国家权力》(一)、(二),台北,元照出版股份有限公司2006年版。

7. 吴庚:《行政法之理论与实用》,中国人民大学出版社2005年版。

8. 姜明安主编:《行政法与行政诉讼法》(第5版),北京大学出版社、高等教育出版社2015年版。

9. 蔡志方:《行政救济法论》,台北,月旦出版社股份有限公司1995年版。

10. 周佳宥:《行政法基本原则》,台北,三民书局股份有限公司2016年版。

11. 张新宝:《隐私权的法律保护》,群众出版社1997年版。

12. 周汉华主编:《外国政府信息公开制度比较》,中国法制出版社2003年版。

13. 刘杰:《知情权与信息公开法》,清华大学出版社2005年版。

14. 周汉华:《中华人民共和国个人信息保护法(专家建议稿)及立法研究报告》,法律出版社2006年版。

15. 齐爱民:《拯救信息社会中的人格:个人信息保护法总论》,北京大学出版社2009年版。

16. 王万华:《知情权与政府信息公开制度研究》,中国政法大学出版社2013年版。

17. 杨伟东:《政府信息公开主要问题研究》,法律出版社2013年版。

18. 李广宇:《政府信息公开判例百选》,人民法院出版社2013年版。

19. 李广宇:《政府信息公开司法解释读本》,法律出版社2015年版。

20. 后向东:《信息公开的世界经验——十六国信息公开法译介与评析》,中国法制出版社2016年版。

21. 王敬波:《政府信息公开:国际视野与中国发展》,法律出版社 2016 年版。
22. 申静:《政府信息公开的例外研究》,法律出版社 2016 年版。
23. 余凌云主编:《开放政府的中国实践——〈政府信息公开条例〉实施的问题与出路》,清华大学出版社 2016 年版。
24. 叶必丰等著:《〈政府信息公开条例〉评估报告》,中国法制出版社 2018 年版。
25. 中国现代国际关系研究院经济安全研究中心编:《国家经济安全》,时事出版社 2005 年版。
26. 王名扬:《美国行政法》,中国法制出版社 2005 年版。
27. 刘杰:《日本信息公开法研究》,中国检察出版社 2008 年版。
28. 后向东:《美国联邦信息公开制度研究》,中国法制出版社 2014 年版。
29. [美]杰克·唐纳利:《普遍人权的理论与实践》,王浦劬等译,中国社会科学出版社 2001 年版。
30. [法]孟德斯鸠:《论法的精神》,孙立坚、孙丕强、樊瑞庆译,陕西人民出版社 2001 年版。
31. [日]芦部信喜:《宪法》,李鸿禧译,台北,元照出版股份有限公司 2001 年版。
32. [奥]曼弗雷德·诺瓦克:《民权公约评注:联合国〈公民权利和政治权利国际公约〉》,毕小青、孙世彦等译,生活·读书·新知三联书店 2003 年版。
33. [加]托比·曼德尔:《信息自由:多国法律比较》,龚文庠等译,社会科学文献出版社 2011 年版。
34. Ronald A. Cass, Colin S. Diver, Jack M. Beermann and Jody Freeman, *Administrative Law: Case and Materials*, 7th ed. Wolters Kluwer Law & Business, 2016.

二、论文

1. 苏力:《〈秋菊打官司〉案、邱氏鼠药案和言论自由》,载《法学研究》1996 年第 3 期。
2. 刘作翔:《权利冲突的几个理论问题》,载《中国法学》2002 年第 2 期。
3. 林来梵、张卓明:《论权利冲突中的权利位阶——规范法学视角下的透析》,载《浙江大学学报》(人文社会科学版)2003 年第 6 期。
4. 张翔:《公共利益限制基本权利的逻辑》,载《法学论坛》2005 年第 1 期。
5. 胡锦光、王锴:《论我国宪法中"公共利益"的界定》,载《中国法学》2005 年第 1 期。
6. 胡鸿高:《论公共利益的法律界定——从要素解释的路径》,载《中国法学》2008 年第 4 期。
7. 郝铁川:《权利冲突:一个不成为问题的问题》,载《法学》2004 年第 9 期。
8. 梁迎修:《权利冲突的司法化解》,载《法学研究》2014 年第 2 期。
9. 崔卓兰、刘福元:《行政自制——探索行政法理论视野之拓展》,载《法制与社会发展》2008

年第3期。

10. 胡健:《改革开放四十年立法工作的七个转变》,载《中国法律评论》2018年第5期。

11. 黄舒芃:《法律保留原则在德国法秩序下的意涵与特征》,载《中原财经法学》2004年总第13期。

12. 梁上上:《制度利益衡量的逻辑》,载《中国法学》2012年第4期。

13. 陈淳文:《行政保留之比较研究》,载《中研院法学期刊》2012年第10期。

14. 刘权:《目的正当性与比例原则的重构》,载《中国法学》2014年第4期。

15. 刘权:《论必要性原则的客观化》,载《中国法学》2016年第5期。

16. 刘权:《均衡性原则的具体化》,载《法学家》2017年第2期。

17. 范进学:《论宪法比例原则》,载《比较法研究》2018年第5期。

18. 周佑勇:《行政法的正当程序原则》,载《中国社会科学》2004年第4期。

19. 周汉华:《起草〈政府信息公开条例〉(专家建议稿)的基本考虑》,载《法学研究》2002年第6期。

20. 郭道晖:《知情权与信息公开制度》,载《江海学刊》2003年第1期。

21. 章剑生:《知情权及其保障——以〈政府信息公开条例〉为例》,载《中国法学》2008年第4期。

22. 蒋红珍:《从"知的需要"到"知的权利":政府信息依申请公开制度的困境及其超越》,载《政法论坛》2012年第6期。

23. 王敬波:《政府信息公开中的公共利益衡量》,载《中国社会科学》2014年第9期。

24. 湛中乐、苏宇:《论政府信息公开排除范围的界定》,载《行政法学研究》2009年第4期。

25. 汤德宗:《政府资讯公开法比较评析》,载《台大法学论丛》2006年第35卷第6期。

26. 朱芒:《公共企事业单位应如何信息公开》,载《中国法学》2013年第2期。

27. 彭錞:《公共企事业单位信息公开:现实、理想与路径》,载《中国法学》2018年第6期。

28. 彭錞:《我国政府信息公开制度的宪法逻辑》,载《法学》2019年第2期。

29. 彭錞:《公共企事业单位信息公开的立法定位与制度选择》,载《环球法律评论》2019年第4期。

30. 彭錞:《公共企事业单位信息公开的审查之道:基于108件司法裁判的分析》,载《法学家》2019年第4期。

31. 汤德宗:《政府资讯公开请求权入宪之研究》,载汤德宗、廖福特主编:《宪法解释之理论与实务》(第5辑),中研院法律学研究所筹备处专书,2007年。

32. 汤德宗:《论资讯公开与卷宗阅览》,载汤德宗、刘书范主编:《2005行政管制与行政争讼》,中央研究院法律学研究所筹备处专书(2)。

33. 王敬波:《什么不能公开? ——信息公开例外事项的国际比较》,载《行政法学研究》2016 年第3 期。

34. 肖卫兵:《论政府信息公开例外立法的类别》,载《情报理论与实践》2010 年第 4 期。

35. 肖卫兵:《〈政府信息公开条例〉中的免予提供理由评析:基于上海的实践》,载《中国行政管理》2015 年第 8 期。

36. 肖卫兵:《论我国政府信息公开例外体系构建完善》,载《交大法学》2018 年第 1 期。

37. 黄伟群:《政府信息公开中的可分割性原则》,载《中共中央党校学报》2013 年第 5 期。

38. 余凌云:《政府信息公开的若干问题——基于 315 起案件的分析》,载《中外法学》2014 年第 3 期。

39. 吕艳滨:《政府信息公开制度实施状况——基于政府透明度测评的实证分析》,载《清华法学》2014 年第 3 期。

40. 陈仲嶙:《从信息公开法制之理念谈人民申请政府机关提供信息之救济——评台中高等行政法院 96 年度诉字第 495 号判决》,载《法令月刊》2010 年第 61 卷。

41. 王锡锌:《政府信息公开制度十年:迈向治理导向的公开》,载《中国行政管理》2018 年第 5 期。

42. 郑磊:《开放政府数据研究:概念辨析、关键因素及其互动关系》,载《中国行政管理》2015 年第 11 期。

43. 郑磊:《开放不等于公开、共享和交易:政府数据开放与相近概念的界定与辨析》,载《南京社会科学》2018 年第 9 期。

44. 胡小明:《从政府信息公开到政府数据开放》,载《电子政务》2015 年第 1 期。

45. 韦景竹、马翠嫦:《政府信息公开与保密协调机制实证研究——基于百个政府机关的调查》,载《档案学研究》2016 年第 3 期。

46. 黄璜、赵倩、张锐昕:《论数据开放与信息公开——对现有观点的反思与重构》,载《中国行政管理》2016 年第 11 期。

47. 何渊:《政府数据开放的整体法律框架》,载《行政法学研究》2017 年第 6 期。

48. 黄如花、刘龙:《我国政府数据开放中的个人隐私保护问题与对策》,载《图书馆》2017 年第 10 期。

49. 姜明安:《中国政府信息公开制度的发展趋势》,载《比较法研究》2017 年第 2 期。

50. 侯晓丽、彭靖、赵需要:《政府数据开放中国家秘密的泄露风险与保护策略》,载《情报理论与实践》2018 年第 7 期。

51. 邹东升:《政府开放数据和个人隐私保护:加拿大的例证》,载《中国行政管理》2018 年第 6 期。

52. 马怀德:《政府信息公开制度的发展与完善》,载《中国行政管理》2018 年第 5 期。
53. 宋华琳:《中国政府数据开放法制的发展与建构》,载《行政法学研究》2018 年第 2 期。
54. 王万华:《论政府数据开放与政府信息公开的关系》,载《财经法学》2020 年第 1 期。
55. 张力:《党政联合发文的信息公开困境与规则重塑:基于司法裁判的分析》,载《中国法学》2020 年第 1 期。
56. 王敬波:《政府信息概念及其界定》,载《中国行政管理》2012 年第 8 期。
57. 王敬波:《阳光下的阴影:美国政府信息公开例外条款的司法实践》,载《比较法研究》2013 年第 5 期。
58. 后向东:《美国 2016 年〈信息自由法〉改革法案述评》,载《电子政务》2016 年第 10 期。
59. 刘飞宇:《从档案公开看政府信息公开制度的完善》,载《法学评论》2005 年第 3 期。
60. 范姜真媺:《政府信息公开与国家机密保护——以日本之学说及实务见解为主》,载《政大法学评论》2007 年第 100 期。
61. 王锡锌:《政府信息公开中的"国家秘密"探讨》,载《政治与法律》2009 年第 3 期。
62. 沈福俊:《建立与政府信息公开制度相适应的保密制度——以〈保守国家秘密法〉的修改为视角》,载《法学》2009 年第 9 期。
63. 程洁:《美国的密级审查制度:依据、程序与理念》,载《保密工作》2012 年第 10 期。
64. 林广华:《荷兰、法国、英国保密法制建设的经验与启示》,载《中国发展观察》2010 年第 2 期。
65. 刘洪岩:《俄罗斯定密制度问题研究》,载《保密科学技术》2011 年第 2 期。
66. 郑磊:《论定密授权的规范内涵》,载《法学》2013 年第 10 期。
67. 程洁:《美国国家解密中心研究》,载《保密科学技术》2015 年第 6 期。
68. 张群:《国家秘密司法审查研究》,载《法治研究》2014 年第 6 期。
69. 章剑生:《政府信息公开中的"国家秘密"——〈政府信息公开条例〉中的"国家秘密"之解释》,载《江苏大学学报》(社会科学版)2012 年第 6 期。
70. 郑春燕:《政府信息公开与国家秘密保护》,载《中国法学》2014 年第 1 期。
71. 梁艺:《工作秘密不予公开的合法性反思——从杨婷婷高考试卷"调包"案切入》,载《时代法学》2015 年第 2 期。
72. 王军:《政府信息公开中"社会稳定"的司法认定》,载《行政法学研究》2015 年第 1 期。
73. 杨建生:《政府信息公开中镶嵌理论的适用与国家安全信息保护》,载《社会科学家》2014 年第 1 期。
74. 林三钦:《政府信息公开法之执行、保障与救济制度》,载《东吴公法论丛》(第三卷),2010 年。

75. 何洋:《试论刑法中“公共安全”的含义》,载《河北法学》2012 年第 3 期。
76. 徐英倩:《论我国国家经济安全立法》,载《学习与探索》2017 年第 10 期。
77. 王莘子:《国家秘密确定行为司法审查问题研究》,载《中国法律评论》2019 年第 3 期。
78. 王红一:《免于公开的商业机密的界定问题》,载《暨南学报》2005 年第 5 期。
79. 肖卫兵:《试论商业敏感性信息在信息公开法中的保护》,载《情报理论与实践》2006 年第 6 期。
80. 周克放:《欧盟商业秘密保护例外问题研究》,载《电子知识产权》2018 年第 7 期。
81. 陈杰:《政府信息公开中商业秘密的公开标准》,载《武汉科技大学学报》(社会科学版) 2016 年第 2 期。
82. 高秦伟:《美国政府信息公开申请的商业利用及其应对》,载《环球法律评论》2018 年第 4 期。
83. 徐朝贤:《商业秘密权初探》,载《现代法学》2000 年第 6 期。
84. 刘春田、郑璇玉:《商业秘密的法理分析》,载《法学家》2004 年第 3 期。
85. 吴汉东:《知识产权的私权与人权属性——以〈知识产权协议〉与〈世界人权公约〉为对象》,载《法学研究》2003 年第 3 期。
86. 吴汉东:《财产的非物质化革命与革命的非物质化财产法》,载《中国社会科学》2003 年第 4 期。
87. 吴汉东:《知识产权法价值的中国语境解读》,载《中国法学》2013 年第 4 期。
88. 黄武双:《英美商业秘密保护中的公共利益抗辩规则及对我国的启示》,载《知识产权》2009 年第 2 期。
89. 张鲁萍:《我国涉“商业秘密”信息公开之反思》,载《天津行政学院学报》2012 年第 2 期。
90. 胡良荣、易小辉:《激励与规制:商业秘密保护的经济学分析》,载《知识产权》2013 年第 11 期。
91. 蓝纯杰:《涉政府信息披露中对商业秘密的法律保护——基于美国法的考察》,载《电子知识产权》2019 年第 9 期。
92. 赵龙文、孙倩倩:《政府数据开放中的商业秘密保护与利益协调》,载《图书馆学研究》2019 年第 4 期。
93. 林秀芹:《商业秘密知识产权化的理论基础》,载《甘肃社会科学》2020 年第 2 期。
94. 许莲丽:《论违法行为信息公开中的隐私权保护——重庆高考“加分门”事件引发的思考》,载《行政法学研究》2010 年第 1 期。
95. 谭星光:《年龄是否构成隐私而不作为政府信息公开》,载《人民司法》2010 年第 14 期。
96. 税兵:《身后损害的法律拟制——穿越生死线的民法机理》,载《中国社会科学》2011 年第

6 期。

97. 杨巍:《死者人格利益之保护期限》,载《法学》2012 年第 4 期。

98. 范姜真媺:《个人资料保护法关于"个人资料"保护范围之检讨》,载《东海大学法学研究》2013 年第 41 期。

99. 王利明:《论个人信息权的法律保护———以个人信息权与隐私权的界分为中心》,载《现代法学》2013 年第 4 期。

100. 张新宝:《从隐私到个人信息:利益再衡量的理论与制度安排》,载《中国法学》2015 年第 3 期。

101. 谢远扬:《信息论视角下个人信息的价值——兼对隐私权保护模式的检讨》,载《清华法学》2015 年第 3 期。

102. 廖宇羿:《我国个人信息保护范围界定——兼论个人信息与个人隐私的区分》,载《社会科学研究》2016 年第 2 期。

103. 杨建生:《美国个人隐私信息免除公开的司法审查》,载《行政法学研究》2015 年第 5 期。

104. 赵宏:《从信息公开到信息保护:公法上信息权保护研究的风向流转与核心问题》,载《比较法研究》2017 年第 2 期。

105. 蔡星月:《个人隐私信息公开豁免的双重界限 》,载《行政法学研究》2019 年第 3 期。

106. 鲁鹏宇:《论反信息公开行政程序——兼评我国〈政府信息公开条例〉第 23 条之规定》,载《国家行政学院学报》2012 年第 4 期。

107. 杨登峰:《政府强制公开第三人信息程序之完善》,载《法学》2015 年第 10 期。

108. 杨登峰:《病患个人医疗信息的保护与公开——以〈政府信息公开条例〉"参照"条款和个人隐私条款为路径》,载《北方法学》2017 年第 4 期。

109. 何海波:《内部行政程序的法律规制》(上),载《交大法学》2012 年第 1 期。

110. 何海波:《内部行政程序的法律规制》(下),载《交大法学》2012 年第 2 期。

111. 杨小军:《过程性政府信息的公开与不公开》,载《国家检察官学院学报》2012 年第 2 期。

112. 杨登峰:《论过程性信息的本质——以上海市系列政府信息公开案为例》,载《法学家》2013 年第 3 期。

113. 王敬波:《过程性信息公开的判定规则》,载《行政法学研究》2019 年第 4 期。

114. 龙非:《德国〈信息自由法〉中的"过程性信息"保护》,载《行政法学研究》2013 年第 3 期。

115. 李广宇:《过程信息:徐志豪诉广州市规划局案》,载《行政执法与行政审判》(2013 年第 3 辑),中国法制出版社 2013 年版。

116. 孔繁华:《过程性政府信息及其豁免公开之适用》,载《法商研究》2015 年第 5 期。

117. 梁艺:《政府信息公开中“内部管理信息”的判定》,载《行政法学研究》2015 年第 1 期。
118. 梁艺:《行政执法案卷信息的解释与适用——以〈政府信息公开条例〉第 16 条为中心的初步观察》,载《政治与法律》2020 年第 2 期。
119. 张亮:《论政府信息推定不存在的限制与修正》,载《环球法律评论》2020 年第 4 期。
120. 程琥:《新条例实施后政府信息公开行政诉讼若干问题探讨》,载《行政法学研究》2019 年第 4 期。
121. 张龙:《行政知情权的法理学研究》,吉林大学 2005 年博士学位论文。
122. 戚红梅:《我国政府信息豁免公开制度研究》,苏州大学 2013 年博士学位论文。
123. Samuel Warren & Louis D. Brandeis, "*The Right to Privacy*", 4 Harv. L. Rev., 1890.
124. Fred H. Cate, D. Annette Fields, James K. McBain, "*The Right to Privacy and the Public's Right to Know: The Central Purpose of the Freedom of Information Act*", 46 Administrative Law Review, 1994.
125. Michael N. Kennedy, *Escaping The Fishbowl: A Proposal to Fortify the Deliberative Process Privilege*. 99 Northwestern University Law Review, 2005.
126. Mark J. Rozell, *Executive Privilege: Definition and Standards of Application*, 29 Presidential Studies Quarterly, 1999.
127. Tom Gerety, *Redefining Privacy*, 12 Harv. C. R. – C. L. L. Rev, 1977.
128. Ruth Gavison, *Privacy and the Limits of Law*, 89 Yale Law Journal, 1980.
129. *The Right to Privacy in Nineteenth Century America*, 94 Harv. L. Rev., 1981.
130. David E. Pozen., *The Mosaic Theory, National Security, and the Freedom of Information Act*, 115 Yale Law Journal, 2005.

三、法律、法规、规章和规范性文件

(一)法律

1.《立法法》(2015 年修正)
2.《人民法院组织法》(2018 年修订)
3.《人民检察院组织法》(2018 年修订)
4.《国防法》(2009 年修正)
5.《国家安全法》(2015 年)
6.《保守国家秘密法》(2010 年修订)
7.《对外贸易法》(2016 年修正)
8.《突发事件应对法》(2007 年)

9.《反不正当竞争法》(2019 年修订)

10.《档案法》(2016 年修正)

11.《网络安全法》(2016 年)

12.《民法总则》(2021 年已废止)

13.《行政处罚法》(2017 年修正)

14.《行政诉讼法》(2017 年修正)

15.《民法典》(2021 年)

(二)行政法规和地方性法规

1.《政府信息公开条例》(国务院令第 711 号)

2.《政府信息公开条例》(国务院令第 492 号,已被修改)

3.《中华人民共和国档案法实施办法》(国务院令第 676 号,2017 年修正)

4.《中华人民共和国保守国家秘密法实施条例》(国务院令第 646 号)

5.《企业信息公示暂行条例》(国务院令第 654 号)

6.《广州市依法行政条例》(广州市第十四届人民代表大会常务委员会公告第 88 号)

7.《江苏省实施〈中华人民共和国反不正当竞争法〉办法》(江苏省人民代表大会常务委员会公告第 102 号,2012 年修正)

(三)部门规章和地方规章

1.《最低工资规定》,劳动和社会保障部令第 21 号,2004 年 1 月 20 日发布。

2.《环境信息公开办法(试行)》,国家环境保护总局令第 35 号,2007 年 4 月 11 日发布,已失效。

3.《国家旅游局贯彻落实〈政府信息公开条例〉的实施办法》,2010 年 7 月 1 日发布。

4.《国家邮政局政府信息公开工作办法》,2014 年 8 月 6 日发布。

5.《国家卫生计生委政府信息公开管理办法》,国卫办发〔2014〕2 号,2014 年 1 月 15 日发布。

6.《国家秘密定密管理暂行规定》,国家保密局令 2014 年第 1 号,2014 年 3 月 9 日发布。

7.《文化部政府信息公开实施办法(试行)》,2008 年 6 月 17 日发布。

8.《食品药品安全监管信息公开管理办法》,食药监法〔2017〕125 号,2017 年 12 月 22 日发布。

9.《山东省电子政务和政务数据管理办法》,山东省人民政府令第 329 号,2019 年 12 月 25 日发布。

10.《湖南省行政程序规定》(2018 年修正),湖南省人民政府令第 222 号,2018 年 7 月 10 日发布。

11.《四川省社会稳定风险评估办法》,四川省人民政府令第 313 号, 2016 年 8 月 25 日发布。

12.《北京市政府信息公开规定》(已失效),北京市人民政府令第 257 号,2014 年 6 月 23 日发布。
13.《上海市政府信息公开规定》,上海市人民政府令第 32 号,2020 年 4 月 26 日发布。
14.《安徽省政府信息公开办法》,安徽省人民政府令第 256 号,2014 年 11 月 20 日发布。
15.《湖南省实施〈中华人民共和国政府信息公开条例〉办法》,湖南省人民政府令第 245 号,2009 年 11 月 16 日发布。
16.《浙江省政府信息公开暂行办法》(2019 年修正),浙江省人民政府令第 380 号,2019 年 11 月 10 日发布。
17.《贵州省政府信息公开暂行规定》(已失效),黔府发〔2011〕9 号,2011 年 3 月 22 日发布。
18.《海南省政府信息公开办法》,海南省人民政府令第 194 号,2005 年 8 月 31 日发布。
19.《黑龙江省政府信息公开规定》(已失效),黑龙江省人民政府令第 7 号, 2005 年 12 月 30 日发布。
20.《湖北省政府信息公开规定》,湖北省人民政府令第 262 号,2004 年 5 月 18 日发布。
21.《吉林省政务信息公开管理办法》,吉林省人民政府令第 163 号,2004 年 9 月 5 日发布。
22.《辽宁省政府信息公开规定》(2008 年修正),辽宁省人民政府令第 222 号,2008 年 11 月 7 日发布。
23.《宁夏回族自治区实施〈中华人民共和国政府信息公开条例〉办法》(已失效),宁夏回族自治区人民政府令第 21 号,2010 年 5 月 24 日发布。
24.《广州市政府信息公开规定》(2015 年修改),广州市人民政府令第 8 号,2015 年 9 月 30 日发布。
25.《广州市保守工作秘密规定》(2018 年修改),广州市人民政府令第 158 号,2018 年 2 月 13 日发布。
26.《深圳市政府信息公开规定》,深圳市人民政府令第 156 号,2006 年 8 月 3 日发布。
27.《海口市政府信息公开规定》,海口市人民政府令第 75 号,2009 年 9 月 16 日发布。
28.《南昌市政府信息公开规定》,洪府发〔2008〕9 号,2008 年 5 月 28 日发布。
29.《银川市政府信息公开办法》,银政办发〔2014〕162 号,2014 年 12 月 5 日发布。
30.《洛阳市政府信息公开暂行办法》(已失效),洛政〔2010〕3 号,2010 年 1 月 15 日发布。
31.《武汉市政府信息公开暂行规定》(已失效),武汉市人民政府令第 156 号,2004 年 5 月 31 日发布。
32.《宁波市政府信息公开规定》(已失效),宁波市人民政府令第 155 号,2008 年 4 月 16 日发布。
33.《苏州市政府信息公开规定》(已失效),苏州市人民政府令第 86 号, 2005 年 11 月 2 日发布。

(四)规范性文件

1.《国家行政机关公文处理办法》(已失效),国发〔2000〕23 号,2000 年 8 月 24 日发布。

2.《国务院办公厅关于施行〈中华人民共和国政府信息公开条例〉若干问题的意见》,国办发〔2008〕36 号,2008 年 4 月 29 日发布。

3.《国务院办公厅关于做好政府信息依申请公开工作的意见》,国办发〔2010〕5 号,2010 年 1 月 12 日发布。

4.《国务院办公厅关于进一步做好政府信息公开保密审查工作的通知》,国办发〔2010〕57 号,2010 年 11 月 20 日发布。

5.《国务院办公厅关于加强和规范政府信息公开情况统计报送工作的通知》,国办发〔2014〕32 号,2014 年 6 月 23 日发布。

6.《国务院办公厅关于全面推行行政执法公示制度执法全过程记录制度重大执法决定法制审核制度的指导意见》,国办发〔2018〕118 号,2018 年 12 月 5 日发布。

7.《关于禁止侵犯商业秘密行为的若干规定》(1998 年修订),国家工商行政管理局令第 86 号修订,1998 年 12 月 3 日发布。

8.《国家工商行政管理局关于商业秘密构成要件问题的答复》,工商公字〔1998〕第 109 号,1998 年 6 月 12 日发布。

9.《司法行政工作中国家秘密及其密级具体范围的补充规定》,司发通〔2002〕25 号,2002 年 3 月 18 日发布。

10.《交通部机关政务公开规定(试行)》,交办发〔2004〕58 号,2004 年 2 月 16 日发布。

11.《国家粮食局机关政务公开暂行办法》,2005 年 7 月 20 日发布。

12.《财政部关于进一步推动地方财政部门政务公开工作的意见》(已失效),财预〔2006〕7 号,2006 年 1 月 19 日发布。

13.《财政部关于进一步推动驻各地财政监察专员办事处政务公开工作的实施意见》,财监〔2006〕16 号,2006 年发布。

14.《纳税人涉税保密信息管理暂行办法》(已被修改),国税发〔2008〕93 号,2008 年 10 月 9 日发布。

15.《税务机关工作秘密范围的规定》(已失效),国税发〔2010〕16 号,2010 年 1 月 25 日发布。

16.《中央企业商业秘密保护暂行规定》,国资发〔2010〕41 号,2010 年 3 月 25 日发布。

17.《人力资源社会保障部政府信息公开实施办法》,人社厅发〔2010〕111 号,2010 年 12 月 13 日发布。

18.《卫生工作国家秘密范围的规定》,卫办发〔2011〕62 号,2011 年 7 月 13 日发布。

19.《文化市场综合行政执法案卷评查办法(试行)》,文市发〔2012〕24 号, 2012 年 7 月 30 日发布。

20.《专利行政执法案卷评查办法(试行)》,2016 年 8 月 25 日发布。

21.《国家海洋局政府信息公开实施办法(试行)》(已失效),国海规范〔2016〕5 号,2016 年 9 月 13 日发布。

22.《食品药品行政处罚案件信息公开实施细则》,食药监稽〔2017〕121 号,2017 年 12 月 20 日发布。

23.《生产性服务业统计分类(2019)》,国统字〔2019〕43 号,2019 年 4 月 1 日发布。

24.《浙江省财政厅深入推行政务公开工作实施办法》,浙财法字〔2006〕11 号,2006 年 8 月 15 日发布。

25.《淄博检验检疫局政务公开暂行规定》,淄检办〔2006〕37 号,2006 年 6 月 6 日发布。

26.《贵州省商务厅政务公开实施办法》,黔商发(2006)33 号,2006 年 2 月 23 日发布。

27.《广东省林业局政府信息公开工作制度》,粤林〔2008〕99 号,2008 年 9 月 3 日发布。

28.《上海市安全生产监督管理局政务(政府信息)公开暂行规定》,沪安监管办〔2008〕82 号,2008 年 4 月 10 日发布。

29.《陕西省粮食局政府信息公开暂行办法》,陕粮办发〔2008〕196 号,2008 年 12 月 15 日发布。

30.《河池市政府信息公开保密审查制度(试行)》,河政办发〔2010〕321 号,2010 年 11 月 12 日发布。

31.《宁夏回族自治区新闻出版广电局政府信息公开指南》,2016 年 3 月 14 日发布。

32.《蚌埠市人民政府办公室关于试行政务公开负面清单制度的通知》,蚌政办秘〔2017〕159 号,2017 年 8 月 9 日发布。

(五)司法解释和司法文件

1.《最高人民法院关于审理不正当竞争民事案件应用法律若干问题的解释》,法释〔2007〕2 号,2007 年 1 月 12 日发布。

2.《最高人民法院关于审理政府信息公开行政案件若干问题的规定》,法释〔2011〕17 号,2011 年 7 月 29 日发布。

3.《最高人民法院关于适用〈中华人民共和国民事诉讼法〉的解释》,法释〔2015〕5 号,2015 年 1 月 30 日发布。

4.《最高人民法院、最高人民检察院关于办理侵犯公民个人信息刑事案件适用法律若干问题的解释》,法释〔2017〕10 号,2017 年 5 月 8 日发布。

5.《最高人民法院关于司法公开的六项规定》,法发〔2009〕58 号,2009 年 12 月 8 日发布。

6.《最高人民检察院关于全面推进检务公开工作的意见》,2015 年 2 月 28 日发布。

7.《最高人民法院关于进一步深化司法公开的意见》,法发〔2018〕20 号,2018 年 11 月 20 日发布。

8.《最高人民法院关于审理侵犯商业秘密民事案件适用法律若干问题的规定》,法释〔2020〕7 号,2020 年 9 月 10 日发布。

四、国际与域外规范

(一)国际与区域性公约、文件

1.《世界人权宣言》

2.《公民权利和政治权利国际公约》

3.《联合国千年宣言》

4.《公众的知情权:信息自由的立法原则》

5.《约翰内斯堡关于国家安全、言论自由和获取信息自由原则》

6.《关于知情权的十项原则》

7.《关于推进知情权的亚特兰大宣言与行动计划》

8.《关于信息自由:知情权的布里班斯宣言》

9.《欧洲保障人权和基本自由公约》

10.《欧洲人权委员会官方文件访问权公约》

11.《美洲人权公约》

12.《美洲人权委员会言论自由原则宣言》

13.《美洲信息获取原则》

14.《美洲信息获取示范法》

15.《非洲人权和民族权宪章》

16.《非洲言论自由原则宣言》

17.《非洲信息获取示范法》

18.《英联邦信息自由原则》

19.《信息自由法案》

20.《公共信息公开政策》

21.《信息自由示范法》

22.《关于国家安全和信息权利的全球性原则》

23.《关于个人、群体和社会机构在促进和保护普遍公认的人权和基本自由方面的权利和责任宣言》

24.《在环境问题上获得信息、公众参与决策和诉诸法律的奥尔胡斯公约》

25.《财政透明度良好做法守则》

26.《与贸易有关的知识产权协议》

27.《商业秘密保护指令》(欧盟第 2016/943 号指令)

28.《开放数据宪章》

(二)域外立法

1. 瑞典《公众获取信息和保密法案》

2. 瑞士《联邦信息自由法》

3. 加拿大《信息获取法》

4. 澳大利亚《联邦信息自由法》

5. 美国《信息自由法》

6. 美国 13526 号行政命令

7. 美国《隐私权法》

8. 英国《信息自由法》

9. 英国《个人数据保护法》

10. 德国《信息自由法》

11. 南非《信息公开促进法》

12. 韩国《公共机关信息公开法》

13. 日本《行政机关拥有信息公开法》

五、案例

1. 吴某某等四人诉杭州市人民政府不履行信息公开法定职责案,浙江省杭州市中级人民法院(2008)杭行初字第 60 号行政判决书。

2. 北京北方国讯通讯有限责任公司与北京市海淀区人民政府政府信息公开纠纷上诉案,北京市第一中级人民法院(2010)一中行初字第 1225 号行政判决书。

3. 吴某某不服上海市虹口区国家税务局政府信息公开申请答复案,上海市虹口区人民法院(2011)虹行初字第 33 号行政判决书。

4. 曹某某、刘某某、周某诉天津市社会保险基金管理中心案,天津市和平区人民法院(2012)和行初字第 76 号行政判决书。

5. 谢某诉江苏省环境保护厅政府信息公开案,江苏省南京市中级人民法院(2012)宁行初字第 26 号行政判决书。

6. 李某诉国家外汇管理局信息公开案,北京市第一中级人民法院(2014)一中行初字第 10188 号行政判决书。

7. 李某某等 20 人诉西安市人民政府信息公开案，陕西省西安市未央区人民法院（2014）未行初字第 38 号行政判决书。
8. 罗某某诉南京市秦淮区人民政府政府信息公开案，南京市中级人民法院（2014）宁行初字第 200 号行政判决书。
9. 韩某某与如皋市住房和城乡建设局行政监督案，江苏省海安县人民法院（2016）苏 0621 行初 252 号行政判决书。
10. 蔡某某与湖北省文化厅文化行政管理，湖北省武汉市武昌区人民法院（2016）鄂 0106 行初 165 号行政判决书。
11. 左某某诉重庆市长寿区公安局撤销答复案，重庆市长寿区（县）人民法院（2016）渝 0115 行初 156 号行政判决书。
12. 许某与岳阳县卫生和计划生育局行政监督案，湖南省岳阳县人民法院（2016）湘 0621 行初 43 号行政判决书。
13. 王某某与南京市住房保障和房产局行政监督案，南京铁路运输法院（2016）苏 8602 行初 1021 号行政判决书。
14. 广州市睿杰名店管理有限公司与广州市花都区人民政府案，广州铁路运输第一法院（2017）粤 71 行初 163 号行政判决书。
15. 芦某某诉兰州市国土资源局等复议案，兰州铁路运输中级法院（2017）甘 71 行初 2 号行政判决书。
16. 深圳市元鸣实业发展有限公司诉深圳市工商行政管理局处罚侵犯商业秘密行为案，深圳市中级人民法院（1999）深中法行终字第 91 号行政判决书。
17. 张某不服成都市工商行政管理局侵犯商业秘密行政处罚决定案，四川省高级人民法院（2000）川行终字第 23 号行政判决书。
18. 俞某某等诉宁波市鄞州区人民政府政府信息公开行政诉讼案，浙江省宁波市中级人民法院（2009）浙甬行终字第 44 号行政判决书。
19. 周某某诉上海市人力资源和社会保障局政府信息公开案，上海市第二中级人民法院（2010）沪二中行终字第 189 号行政判决书。
20. 陈某某诉上海市卫生局案，（2010）静行初字第 114 号、（2011）沪二中行终字第 277 号行政判决书。
21. 曾某诉上海市市政管理局案，上海市第二中级人民法院（2012）沪二中行终字第 124 号行政判决书。
22. 张某与长沙市财政局不履行政府信息公开法定职责纠纷案，湖南省长沙市中级人民法院（2012）长中行终字第 29 号行政判决书。

23. 尚某某与韶关市人民政府不履行政府信息公开纠纷上诉案，广东省高级人民法院（2013）粤高法行终字第2号行政判决书。
24. 黄某某与莆田市城乡规划局不予公开政府信息纠纷抗诉案，福建省莆田市中级人民法院（2013）莆行再终字第1号行政判决书。
25. 纪某某等与如皋市国土资源局政府信息公开上诉案，江苏省南通市中级人民法院（2014）通中行终字第00194号行政判决书。
26. 储某某与如皋市公安局政府信息公开案，江苏省南通市中级人民法院（2014）通中行终字第0080号行政判决书。
27. 张某某诉北京市顺义区人民政府案，北京市高级人民法院（2015）高行终字第2944号判决书。
28. 陈某某诉中华人民共和国国土资源部政府信息公开案，北京市高级人民法院（2015）高行终字第4133号行政判决书。
29. 如皋市人民政府如城街道办事处与钱某某信息公开上诉案，江苏省南通市中级人民法院（2015）通中行终字第00075号行政判决书。
30. 陈某某诉厦门市人民政府信息公开案，福建省高级人民法院（2016）闽行终904号行政判决书。
31. 张某某、英德市公安局行政管理纠纷案，广东省高级人民法院（2016）粤18行终174号行政判决书。
32. 李某某与丽水市住房公积金管理中心缙云分中心不履行政府信息公开法定职责纠纷案，浙江省丽水市中级人民法院（2016）浙11行终118号行政判决书。
33. 朱某某与南通市崇川区钟秀街道办事处案，江苏省南通市中级人民法院（2017）苏06行终390号行政判决书。
34. 罗某与中华人民共和国商务部信息公开行政纠纷上诉案，北京市高级人民法院（2017）京行终字5065号行政判决书。
35. 贾某某与国家铁路局信息公开案，北京市高级人民法院（2018）京行终5770号行政判决书。
36. 钱某某诉浙江省慈溪市掌起镇人民政府案，最高人民法院公布全国法院政府信息公开十大案例之八。
37. 高某某与天津市蓟县人民政府政府信息公开行政纠纷再审案，最高人民法院（2016）最高法行申1350号、（2016）最高法行申1351号、（2016）最高法行申1352号、（2016）最高法行申1353号、（2016）最高法行申1544号、（2016）最高法行申1546号、（2016）最高法行申1547号、（2016）最高法行申1548号系列案。

38. 王某某诉天津市滨海新区人民政府信息公开案，最高人民法院(2016)最高法行申 1842 号行政裁定书。
39. 邵某某诉浙江省人民政府复议案，最高人民法院(2016)最高法行申 3071 号行政裁定书。
40. 阎某某诉陕西省商洛市商州区人民政府信息案，最高人民法院(2016)最高法行申 3125 号行政裁定书。
41. 齐某某诉上海市松江区人民政府等复议案，最高人民法院(2017)最高法行申 305 号行政裁定书。
42. 齐某某诉上海市松江区人民政府、上海市人民政府信息公开、行政复议案，最高人民法院(2017)最高法行申 311 号行政裁定书。
43. 方某某诉重庆市江北区人民政府政府信息公开案，最高人民法院(2017)最高法行申 695 号行政裁定书。
44. 王某诉上海市嘉定区人民政府信息公开案，最高人民法院(2017)最高法行申 821 号行政裁定书。
45. 蔡某某诉江苏省公安厅政府信息公开决定案，最高人民法院(2017)最高法行申 2213 号行政裁定书。
46. 无锡市梦巴黎家具城等诉无锡市人民政府信息公开案，最高人民法院(2017)最高法行申 4415 号行政裁定书。
47. 廖某某要求履行法定职责案，最高人民法院(2017)最高法行申 5300 号行政裁定书。
48. 蔡某某、天津市河北区人民政府再审审查与审判监督案，最高人民法院(2017)最高法行申 5327 号行政裁定书。
49. 余某某、中华人民共和国财政部财政行政管理(财政)再审审查与审判监督案，最高人民法院(2017)最高法行申 7653 号行政裁定书。
50. 马某某诉上海市人民政府信息公开案，最高人民法院(2017)最高法行申 8098 号行政裁定书。
51. 熊某某诉宜昌市伍家岗区人民政府等复议案，最高人民法院(2017)最高法行申 9280 号行政裁定书。
52. 符某某、云南省昆明市西山区人民政府再审审查与审判监督案，最高人民法院(2018)最高法行申 688 号行政裁定书。
53. 郑某某、杭州市拱墅区人民政府城乡建设行政管理纠纷案，最高人民法院(2018)最高法行申 2928 号行政裁定书。
54. 刘某某、江苏省人力资源和社会保障厅劳动和社会保障行政管理纠纷案，最高人民法院(2018)最高法行申 8929 号行政裁定书。

55. 郭某某、翟某某再审审查与审判监督案，最高人民法院(2018)最高法行申9744号行政裁定书。
56. 贾某某、北京市石景山区人民政府再审审查与审判监督案，最高人民法院(2018)最高法行申9790号行政裁定书。
57. 蔡某、中华人民共和国司法部司法行政管理再审审查与审判监督案，最高人民法院(2018)最高法行申11129号行政裁定书。
58. 余某某诉海南省三亚市国土环境资源局案，最高人民法院公布全国法院政府信息公开十大案例之一。
59. 王某某诉天津市和平区房地产管理局案，最高人民法院公布全国法院政府信息公开十大案例之三。
60. 杨某某诉山东省肥城市房产管理局案，最高人民法院公布全国法院政府信息公开十大案例之四。
61. 姚某某、刘某某诉福建省永泰县国土资源局案，最高人民法院公布全国法院政府信息公开十大案例之五。
62. 张某某诉江苏省如皋市物价局案，最高人民法院公布全国法院政府信息公开十大案例之六。